曹操領導力

東野君 著

前言

關於曹操，魯迅曾坦率地說：「我們講到曹操，很容易就聯想起《三國演義》，更而想起戲臺上那一位花面的奸臣，但這不是觀察曹操的真正方法。其實，曹操是一個很有本事的人，至少是一個英雄！」毛澤東也曾明確地講：「說曹操是白臉奸臣，書上這麼寫，劇裏這麼演，老百姓這麼說，那是封建正統觀念製造的冤案，這個案要翻！」

千百年來，無論民間還是官方對曹操多有貶損，就連唐代開國之君李世民，對曹操可謂是英雄惜英雄，曾極為讚許地評價說：「以雄武之姿，當艱難之運，棟樑之任，匡正之功，異於往代，臨危制變，料敵設奇。」但最後李世民給曹操下的結論仍是：「觀沉溺而不拯，視顛覆而不持，秉鈞國之情，有無君之跡。」可見，盛世時，人們謹防他；亂世時，人們抨擊他。其實說到底，這些對曹操的貶損正說明他處非常之世，創非常之業，建非常之功，做出了別人想做但不敢做，或者連想都不敢想的大事。

正如晉代史臣陳壽所著《三國志》所述：「漢末，天下大亂，群雄並起，而袁紹虎視四州，強盛莫敵。太祖運籌演謀，鞭撻宇內，攬申、商之法術，該韓、白之奇策，官方授材，各因其器，矯情任算，不念舊惡，終能總御皇機，克成洪業者，惟其明略最優也。抑可謂非常之人，超世之傑矣。」這裏是以戰國時代的申不害、商鞅、白起，以及漢初的韓信來比喻曹操。可見，無論人們喜不喜歡曹操這個人，但有一點必須承認，他是一位具有非凡政治、軍事才能的雄傑。那麼，曹操到底憑藉什麼在群雄角逐中脫穎而出終成霸業呢？

眾所周知，東漢末年的三國，是一個大動盪的時代。以曹操、劉備、孫權為代表的魏、蜀、吳三家，為爭奪全國的統治權，展開了一場又一場生死大搏鬥。「若建非常之功，必待非常之人。」三國的創立者，都知道人才對他們的功業極端重要。他們在爭奪人才中爭天下，在爭奪天下中爭人才。因此從一定意義上說，三國的縱橫捭闔、軍事較量，是一場爭奪人才的大戰。「盛衰之理，雖曰天命，豈非人事哉！」

「夫爭天下者，必爭人才。」群雄逐鹿，眾強爭鼎，透過金戈鐵馬的紛爭，刀光劍影的拼殺，最後看到是一場人才和人心的競爭和角逐。曾幾何時，一些強大的割據勢力如袁紹、袁術、呂布、劉表、劉璋等都如曇花一現，灰飛煙滅。塵埃落定，形成了三分天下的格局，其中，尤以曹操為最強。實踐證明，誰吸引並凝聚人才，誰就能在錯綜複雜的鬥爭中獲得優勢，贏得主動。

曹操的詩歌《短歌行》可以說是他聚攏人才的公開宣言。「青青子衿，悠悠我心，但為君故，沉吟至今。」這寓意深沉的詩句，是他渴望人才的自然流露。人才來了，他歡快地唱：「呦呦鹿鳴，食野之蘋。我有嘉賓，鼓瑟吹笙。」人才未到，他憂傷地唱：「明明如月，何時可掇。憂從中來，不可斷絕。」發現人才的所在，他禁不住：「越陌度阡，枉用相存。契闊談宴，心念舊恩。」面對天下人才，他鄭重承諾：「山不厭高，水不厭深。周公吐哺，天下歸心。」

常言說：「良禽擇木而棲，良臣擇主而仕。」曹操起於微末，一無顯赫的家世，二無廣大的地盤，最終憑著「天下之智力」成就了一番偉業。但是如此之多具備文韜武略的人傑為什麼甘心為曹操效命呢？其實，曹操最大的資本就是他自己，就是他的雄才大略、他的英雄本色和他的領袖風範，這些綜合起來就凝聚成巨大的「號召力」，這是他領導哲學的根本。

目錄

第二章　英雄不怕出身，不同凡響的統御能力

第一章 不拘一格，收攬人心的大謀略

常言說：「良禽擇木而棲，良臣擇主而仕。」曹操起於微末，一無顯赫的家世，二無廣大的地盤，最終憑著「天下之智力」成就了一番偉業。但是如此之多具備文韜武略的人傑為什麼甘心為曹操效命呢？其實，曹操最大的資本就是他自己，就是他的雄才大略、他的英雄本色和他的領袖風範，這些綜合起來就凝聚成巨大的「號召力」，這是他領導哲學的根本。

一、氣度恢宏，爭四海歸心

——人最大的幸福就是追隨一個能成氣候的「明主」，最大的悲哀莫過於輔導了一個扶不起的「阿斗」。

歷史上幾乎沒有一個成就大業的人不是能夠盡攬天下英才為我所用的人，又幾乎沒有一個能夠「任天下之智力」的豪傑不是胸懷博大、氣度恢宏的人。成就一代霸業的曹操可以說就是一個這樣的豪傑。因此，要論魏武曹操的統御之術，必須首先看他的用人氣度。對此，作為他的對手之一的孫權，佩服得五體投地，孫權曾這樣評論曹操：「至於御將，古之少有，比之於操，萬不及也。」

1.「山不厭高，海不厭深」

曹操的名字，對中國人民來說，那是太熟悉了。一提起他，不少人就想起戲劇舞臺上的那個白臉奸相。其實，歷史上的曹操可是個了不起的人物。他出身於宦官家庭，在東漢末年的朝政日甚一日腐敗中度過了前二十年，在軍閥蜂起，天下大亂之際登上了政治舞臺。他的詩句「白骨露於野，千里無雞鳴，生民百遺一，念之斷人腸」抒發了他對戰亂給人民帶來災難的悲哀和由此產生的平定天下願望；他的「山不厭高，海不厭深，周公吐哺，天下歸心」表達了他為實現政治理想要延攬天下人傑的思想。「山不嫌棄塵土亂石才稱其為高，海不嫌棄涓涓細流才稱其為深，我只有像周公那樣『一沐三捉髮，一飯三吐哺，起以待士，猶恐失天下之賢人』，才能把天下人統一在我的麾下。」曹操正是從一兵一卒抓起，從一官一吏用起，用了十九年的時間，將長江以北的混亂局面扭轉過來，實現了中國大半個版圖的統一。

曹操政治抱負宏大，在用人上氣度很是不凡。這在他與袁紹起兵的對話中，就已充分表現出來了。據《三國志．武帝紀》記載：「初紹與公共起兵，紹問公曰：『若事不輯，則方面何所可據？』公曰：『足下意以何如？』紹曰：『吾南據河，北阻燕、代，兼戎狄之眾，南向以爭天下，庶可以濟乎？』公曰：『吾任天下之智力，以道御之，無所不可。』」

曹操是這樣說的，也是這樣做的。曹操最想爭用的是劉備和孫權。劉備是三國時蜀國的創立者，他在羽翼未豐時，曾一度與曹操合作。那時的劉備，雖然勢孤力單，但在曹操看來，這是個可與自己打天下，也可與自己爭天下的屈指可數的英雄人物。據《三國志．先主傳》記載：「是時，曹公從容謂先主曰：『天下英雄，惟使君與操耳。』」

因此，他對劉備十分敬重，「出則同輿，坐則同席」，總想把他納入自己的營壘。劉備不甘在曹操之下，表面上應付著曹操，實際上另有己圖。他與曹操翻臉後，一次被曹兵打得大敗，妻子和大將關羽都被生俘。在這前後，曹操的謀士程昱、郭嘉等都幾次提醒其乘機殺掉劉備，可曹操的回答只是一句話：「方今收英雄時也，殺一人而失天下心，不可。」明知劉備是勁敵，也有機會殺他，但只要有一絲爭取的希望，也不肯下手，這是何等的氣量！惟恐殺一而丟掉一片，這又是多麼的高明！

孫權是三國時吳國的統治者，他比曹操晚生二十七年，當是曹操的後輩。曹操從西元一九〇年起兵，到二〇八年揮師南下，整整十九年，幾乎是大戰必勝。沒料到在大功眼看告成時，因遇到孫權等人的頑強抵抗而慘敗於赤壁。這一敗，使曹操要達到的政治目標成了泡影，也使他看到了虎虎有生的新的一代領袖人物。「生子當如孫仲謀！」曹操在後期，不止一次地發出過這樣的感歎，並採取過多種措施，想把孫權拉過來。他讓阮瑀為他起草的《與孫權書》，完全是站在平等立場上講話，從「百姓保安全之福」，孫權也可為天下一統做出更大貢獻的高度，勸導孫權與他合作。在曹操的殷殷招納和劉備的夾擊之下，孫權終於做出了稱臣的表示，如果不是曹操在這種情況下突然死去，他把孫權爭取過來是大有可能的。那樣，三國的歷史，就會因一老一少兩位政治家的握手、大江南北的統一而改寫。

三國之主都能用人，但只有曹操想著把另外兩主用起來。對於孫權來說，保江東是大局，不可能產生如何用曹操的念頭。劉備是曹操的同輩，在曹操設法團結他時，他想的只是如何鑽曹操的空子，搗曹操的鬼，也沒有敢用曹操的奢望。一般來說，在同樣的客觀條件下，用人的氣度與取得的業績是成正比的。天下三分，曹操得二，劉備和孫權各偏安一隅，絕非偶然。

任天下之智力，爭天下之歸心，最值稱道的，還是曹操正確對待反對自己的人，善於將對自己不利的人心，凝聚為對己有利的力量。曹操起兵時，只有本家族的幾個兄弟和侄子做骨幹，七拼八湊，不足四千兵馬。他想任劉備未獲成功，但在任其他優秀人才上卻收到了奇效，這樣就使他在短短的幾年內，造就了「謀士如雲，戰將如林」的龐大隊伍。

2．心胸狹窄，統御者的致命傷

費盡心機聚集起的人才，一定要利用好。如果僅僅把這些人當成擺設，最終不但會失去人才和人心，而且也不可能再聚集新的人才，對後續的事業極其不利。

荀彧和郭嘉是三國時大名鼎鼎的智囊人物，都曾是袁紹的幕僚。「彧度紹終不能成大業」，率先棄袁投曹，曹操得荀彧，高興地稱他是「吾子房也」。郭嘉看透了袁紹

「未知用人之機」，也跑到曹操營壘，曹操喜而讚之「真吾主也」。官渡大戰時，沮授、田豐、許攸都是袁紹的重要謀士，張郃、高覽都是袁紹的大將，除田豐被袁紹忌殺外，都臨陣投降了曹操。

袁紹是東漢末年很有影響的人物。他在同各地方勢力的爭鬥中嶄露頭角，據有冀、青、幽、並四州，成為當時北方最大的割據勢力。但自從官渡之戰被曹操打敗後，袁紹的勢力就很快衰敗下來。這裏面，原因是多方面的，其中「心胸狹窄，有才而不能用」是他失敗的重要原因之一，而在這方面也正是曹操比袁紹高明的地方。

對於統御者來說，「心胸狹窄，有才而不能用」就會使「英雄無用武之地」，人才不得已就會棄暗投明，紛紛離開統御者而去。許攸、郭嘉等投靠曹操集團的原因，就是由於袁紹方面心胸狹窄，導致缺乏人才發揮聰明才智的環境。何以見得，請看事實：

——**任人惟親，忌才拒能**　袁紹的幾個兒子、外甥都是無德無才之輩，他卻任長子袁譚為青州刺史，次子袁熙為幽州刺史，外甥高幹為並州刺史。如袁譚在青州，信用群小，肆志奢淫，州內盜賊橫行，萬戶之邑，著籍者不滿數百，收納賦稅，三分不能得到一分，把個青州弄得一團糟。「溫酒斬華雄」的關羽，武略超群，赤膽忠義，只因當時是一個門第低下的無名之卒，被其鄙視，不予重用，使這位英雄不得已而憤然離去。

——**聽信讒言，無端猜疑**　曹操往劫烏巢糧草時，袁紹拒不聽張郃、高覽的正確建議，卻偏信郭圖、審配、逢紀等人讒言，欲加害於張、高二將，結果是烏巢糧草被燒，張郃、高覽被迫棄袁投曹。上述類似事例，不勝枚舉。袁紹的行徑，搞得人人自危、軍心渙散，使己陷入危難險境。

——順昌逆亡，濫施暴虐　官渡之戰前夕，謀士許攸知曹操糧盡，向袁紹建議「兩路擊之」之策，袁紹非但不聽，還偏信審配讒言，將其驅逐。當袁紹盲目出兵伐曹、決定進攻許昌的關鍵時刻，謀士沮授勸他說：「最近已征討公孫瓚，連年興師動眾，百姓困苦窮乏，倉庫沒有積儲，不可輕舉妄動。」謀士田豐也反對出兵，但袁紹執意不聽忠言，結果被曹操打得大敗。事情發展到這種地步，按說孰是孰非問題已很明確，袁紹反而卻將提過正確建議的沮授、田豐囚禁下獄，後又惱羞成怒，將田豐殺害。

而曹操則不同，他非常重視營造人才發揮聰明才智的寬鬆環境。他主要是從以下幾方面入手創造一個良好的用人環境的——

其一，任人惟賢　曹操知道用人是一個十分重要而敏感的問題。如何選人用人，關係到事業的成敗、人心的向背。要做到這一點，曹操首先堅持選賢論能、惟才是舉的用人路線。再就是要全面考察了解，把素質好、威信高的人選拔為各級將領。同時，還要針對屬下的特點與專長，安排適宜位置，用其所長，人盡其才，才盡其用。

其二，信任部屬　作為統御者，要尊重、理解、信任部屬，做到「用人不疑，疑人不用」。不能像袁紹那樣偏聽偏信，無端猜疑，否則將渙散鬥志，挫傷部屬的積極性，造成上下築起隔牆，彼此離心離德，部屬的聰明才智就很難得以發揮。君臣之間、統帥與部屬之間，信任是相互的。將心比心，真誠相待，部屬就會充滿信心，幹勁倍增，忠心報主。歷史上殺身取義、精忠報國的事例為數可觀。

其三，從諫如流　只愛聽歌功頌德、報喜藏憂的順耳話，對「忠言逆耳」的話不願聽，甚至談「虎」色變。如果任其發展下去，勢必堵塞言路，最終損失最大的還是統御者自身，危及的也是其事業。因此，曹操比袁紹一個高明之處，就在於他在做出決策時非常注意聽取各方面的意見，特別是不同意見乃至反對意見，善納群言。從治人攏心的角度講，這樣會使部屬感到自己的價值，從而更加激發起他們為主報效之心。

上述對於曹公用人氣度之論可以看作是魏武統御術的總綱。

二、卓而不群，贏天下人心

——敢行非常之事方為英雄本色，能居高見遠才稱雄才大略。立身不能高一步，猶如塵裏振衣，如何脫穎而出？

各路英雄豪傑苦心尋找的「明主」，一定是非同尋常之人。因為，這些人傑們自身就是出眾的人才，如果統御者的能力還不如自己，為什麼還要投奔他呢？曹操就是這樣一個不同尋常之人，他的不尋常之處主要體現在兩個方面：一是敢做敢當、意志堅決；二是高瞻遠矚、雄才大略。這樣的領袖才能為眾多人傑指明方向，並帶領大家百折不撓地前進，這樣部屬才能由信而敬，由敬而忠。如此一來，治人攏心易如反掌。

1．成大事者起兵以義，敢戰者成功

傑出人物在觀大局、處大事上，都有其不同尋常之處。其中之一是不畏強權，敢做敢為，為了「天下大義」不惜以卵擊石。這樣的「大義」、「大勇」之士，天下英雄誰不傾心。

東漢末年，政治黑暗。朝廷內部由於外戚和宦官勢力的激烈鬥爭，導致皇權易位的變故常在旦夕之間。宮廷內部的鬥爭，終於導致手握重兵、殘暴專橫的並州牧董卓帶兵進京，經過一番瘋狂的殘殺、掠奪，董卓成為了一個控制著皇帝，橫行於世，誰也奈何不得的霸主，其淫威如日中天。而在這時，曹操卻毅然不受董卓之召任，逃出洛陽，在陳留招兵買馬，建立起了一支由曹操的宗族家兵為基本力量的僅僅四、五千人的武裝，曹操依著這支武裝為基礎，開始走上討伐董卓以及後來的統一天下之路。

中平六年（西元一八九年）十二月，曹操在陳留郡正式起兵。當時各地州牧郡守有的還在積極籌備，有的甚至還在猶豫觀望，只有陳留太守張邈與曹操互相呼應、共同籌劃，與他同時起兵。曹操雖然兵少，主觀上也不想多招兵，但他沒有被動地等待機會，沒有消極地保存自己的力量，而是首舉義兵，為天下倡，表現了非凡的膽識、氣魄和勇氣，這對迅速掀起反董鬥爭的高潮起了十分關鍵的作用。

第二年正月，繼曹操、張邈之後，函谷關以東各州郡才紛紛起兵討伐董卓，主要有後將軍袁術、冀州牧韓馥、兗州刺史劉岱、河東太守王匡、勃海太守袁紹、東郡太守橋瑁、廣陵太守張超（張邈之弟）、山陽太守袁遺及騎都尉鮑信等人。荊州刺史劉表得知消息後也聚兵屯駐襄陽與義兵遙相呼應。長沙太守孫堅則率兵北上，準備直接討董。

由於曹操的首倡，才形成了一個全國性的天下共討董卓的高潮迅速到來。關東諸軍分駐各地，袁紹同王匡駐河內，韓馥駐鄴城，袁術駐南陽，曹操與劉岱、張邈、張超、橋瑁、袁遺、鮑信等人駐酸棗。於是他們開始聯合，共同討「賊」。駐紮酸棗的諸軍，設壇盟誓，由張超手下的功曹臧洪登壇宣讀誓詞。臧洪聲討董卓暴行，辭氣慷慨，涕淚交流，在場的將士無不深受感動。由於袁紹是「四世三公」之後，在消滅宦官的行動中又出過大力，同董卓鬧翻後又率先逃到冀州反對董卓，因此在盟會上大家公推袁紹為盟主。袁紹得知消息，欣然領受，自號車騎將軍，領司隸校尉。

但是，接下來關東諸侯雖陳兵前線，以討董救國相號召，實際上卻同床異夢、各懷一心，只想保存實力，並沒有同董卓真正交鋒的打算。對此，曹操十分失望，他氣憤地對各路將領說：「起義兵而誅暴亂，今大軍會合已齊，還有什麼疑慮的呢？如果我們剛開始舉動，董卓扶持王室，佔據長安、洛陽各地險阻，以皇上的聲威號令天下，儘管他們殘暴無道，但還是讓人擔心的。可現在董卓竟然劫持天子、焚燒宮室，舉國震動，人心惶恐，天怒人憤，這正是他自投羅網，一戰即可定天下，這時機萬萬不可錯失啊！」

諸將對曹操振振之詞無動於衷，曹操決定單獨出兵，以此帶動諸將，結果僅鮑信兄弟響應，連張邈也只派衛茲帶了少量士兵隨同作戰，自己依然按兵不動。

曹操無奈，只有靠僅有的兩路人馬奮勇出擊了。他準備先佔成皋，再作良圖。但在滎陽汴水岸邊與董卓大將徐榮大軍相遇，曹操部下皆為新兵，訓練不足，董軍卻是久經戰陣的涼州騎兵，激戰一天終於敗北。鮑信受傷，鮑韜、衛茲戰死，曹操中箭，坐騎也受了傷，只是靠了曹洪捨命相救，曹操才幸免於難。

汴水一戰，是曹操軍政生涯的一次慘敗，也是他以血的代價換到的一次鼓舞：天下諸侯皆非救時之才，能成事者，操爾！只是他還必須從頭做起。

2．獨樹一幟，打自己的牌

曹操起家時的資本實在太少，如果按常理「出牌」，他一定會和別人聯合，這也是當時很多梟雄貫用的手法，比如劉備和孫權。但是曹操卻沒有走這條路。他拒絕和強大者合作，一開始就獨樹一幟，扯旗打自己的牌。當初他拒絕董卓的推薦，就是看出董卓不得人心，他日必敗。他不願與這條看上去很強大的船一起沉下去。這表明他的見識確實高人一等。他本可以利用董卓之名，行自己之實，或者韜光養晦，待機而起。但是這樣就會落後一步，步步失著，他要的是時間成本的最大值。因此，他從洛陽城跑出來，看見董卓發布的緝拿令，一路上他變姓改名，直到陳留才喘一口氣，經過變賣家產，湊成幾千人的「隊伍」，這就是他起家的老本。以後，他又率先討董卓，這雖是「以卵擊石」，再次違反常規，但他要痛打「落水狗」，為自己博取天下美名，這就是「邀譽」的路數。可區區幾千人馬，如何能抗百萬大軍？他寄希望於各路諸侯，想「混水摸魚」。但諸侯們都看重自己的血本，不聽他的，皆觀望不前，只曹操一個孤軍奮戰。在汴水兵敗後，回到酸棗大本營，對各路同盟仍抱有希望，並仍做過鼓動，且談及自己的戰略設想：佔據險要、成多路合擊之勢以威懾稱霸長安的董卓，使其不戰自敗。但仍然無濟於事，而且各路將領很快由摩擦而火拼，走上各自發展、割據一方的道路……

在這樣的局面下，曹操想進攻董卓已是孤掌難鳴，或者沒有盟軍的相互支援，他的存在都成為問題。因此，鮑信向曹操建議：「眼下聯盟已散，袁紹卻以盟主的身分乘勢積極發展自己的勢力，勢必造成新的禍亂，成為第二個董卓。如果現在想除掉他，我們還沒有力量，可能還會遭到危險。不如先向黃河以南發展勢力，以待形勢變化。」

曹操覺得這個建議非常好，立即實施。這樣，曹操同關東諸將一樣，也走上了個人發展的道路。只是關東諸將是主動的，曹操是為生存所迫。另外，還有一個目的問題。從當時諸將的行動和心胸來看，曹操舉義兵，是真心實意地為國除暴的，並且不計個人得失，以獻身成仁之勇力，親冒矢石孤軍作戰。這應是曹操了不起的地方，而且也應該說此時的曹操對漢家天下，是真正的忠臣義士。至於關東諸將則不然，皆為擁兵自重，說到底不過是胸懷狹窄、目光短淺。

曹操為什麼需實施「自我發展戰略」這一步呢？建議雖是鮑信提出來的，但對曹操來說卻是必走的一步棋。

最根本仍是為了地盤。經酸棗會盟、汴水之役、聯軍解體，曹操雖有河南郡，但那地方畢竟太窄小，且曹操即便佔領這一地方，說到底還未得到朝廷的正式任命。因此曹操仍無立足之地，所以必須儘快找到安身之地，為他的事業、為他的抱負，尤其為他拉起的一支不大不小的隊伍。

然而，當時群雄割據，寸土必爭，要找一塊地方談何容易。這時的劉備不也是在飄泊、寄人籬下嗎？劉備流蕩的時間還更長呢。

但機遇來了。當關東各郡起兵討伐董卓，陳兵滎陽、河內一帶時，青州一帶的黃巾軍和河北黑山軍，百萬之眾以燎原之勢發展，黑山軍攻鄴城，又南渡黃河攻東郡，東郡太守王肱不敵義軍。經袁紹推薦，曹操接替了王肱。這樣就給了曹操在河南、山東發展勢力提供了條件。

對於曹操的行動，袁紹也非常高興，因為對付義軍，作為官軍的他和曹操有著共同利益，更重要的是曹操在河南和義軍交戰，正好牽制、緩解了義軍對他統治的冀州的進攻。但袁紹只知其一，不知其二；他只看到自己可獲得的好處，卻沒有看到無處藏身的曹操一旦奪取了河南，根基紮實，正是自己末日來臨之時。

半年後，青州黃巾軍又聚集成百萬之眾，變北上為西進。進入兗州之後所向披靡，先拿下任城，擊殺國相鄭遂，接著攻破東平縣，擒斬了兗州牧劉岱。

黃巾軍聲勢浩大，兗州州治昌邑縣城一片驚恐。州內的主要官員商議之後決定，為了不讓黃巾軍席捲兗州，必須由一個強而有力的人擔任州牧，等中央政府派人已來不及了，可由曹操暫時代理。讓曹操代牧是東郡人陳宮提議的，他說：「當今天下分裂，兗州無主，曹東郡是命世之才，若迎以為州牧，必定能使百姓安寧。」於是，大家委派陳宮、鮑信去迎接曹操。在太守府裏，陳宮對曹操說：「如今兗州無主，與朝廷又失掉聯繫，我已說服州內官員，請府君去任州牧。」他擔心曹操謙讓，還說：「府君若以兗州作為根本，將進而平定天下。這可是霸王之業啊！」

兗州為東漢十三州之一，下轄陳留、山陽、濟陰、泰山、東郡五郡和城陽、濟北、任城、東平四國，是一個地廣人眾的大州。曹操心想，若能擁有兗州的地盤，向河南發展就有了可靠的基礎，於是欣然同意，立即率軍開赴昌邑。

但最初的幾場仗，曹操大多失敗而歸。在壽張城下，曹操與鮑信巡查前沿陣地，針對黃巾軍悍勇善戰、恃勝而驕的特點，決定以奇兵挑戰、正兵攻擊，先打一仗再回師固守。這時，黃巾軍發現了曹操等人，如潮水般湧來，刀矛齊舉，殺聲動地。曹操身邊只有少量騎兵，頃刻之間被困在了核心。鮑信為了掩護曹操突圍，殊死拼殺，歿於陣中。曹操撤回城內，據險頑強抵禦，打退了黃巾軍的輪番進攻。戰事稍停，曹操懸賞派人尋找鮑信的屍首，沒有找到。只得命工匠用木頭雕刻成鮑信的身形，哭著祭奠了他。這是他治人攏心之術的一個表現。

過了一段時間，曹操試圖擺脫被動防守的局面，親領一千餘步騎到城外了解地形。剛一接近黃巾軍大營，就又再次受到圍攻，死傷了數百人才衝出來。此後，曹操惟有堅守。其州兵新招募的佔多數，缺乏訓練，又不斷受挫，士氣開始低落。

曹操的意志面臨著考驗，倘在壽張戰敗，兗州必將失去。光頂住黃巾軍的攻勢還不行，還要利用其弱點戰而勝之。曹操振作精神，到各營慰勞官兵。申明賞罰條例，在積極防禦的同時密切注視黃巾軍的動向。黃巾軍求戰不得，戒備逐漸鬆懈。曹操乘機發起反擊，迫使黃巾軍後退。

戰事處於相持階段。代理壽張縣令程昱想方設法地為曹操籌備糧草，援兵也陸續開來。黃巾軍的攻勢減弱下去，致函曹操：「往昔你在濟南毀壞神壇，其宗旨與我軍奉行的中黃太乙之道相同，好像明白事理，而今卻變糊塗了。漢朝氣數已盡，黃家正當興起，這個必然的趨勢不是你憑才智和力量所能阻止的。」「中黃太乙」即「中央黃色的大帝」，張角所稱「黃天」，是太平道所信奉的惟一天神。曹操雖不信神，但出於製造輿論和某種心理的需要，也曾表示過信奉中黃太乙。可資佐證的有，後來他製作百辟刀五枚，「爰告祠於太乙，乃感夢而通靈，然後顧以五方之石，鑒以中黃之壤。」所祭祖之神即中黃太乙。曹操閱畢，氣得高聲叱罵。從此信內容看，黃巾軍認為曹操曾在濟南禁毀淫祀，剷除諸神，伸張正氣，比較開明，可以爭取過來共同推翻東漢王朝。當然這是幻想。

曹操在隨後的幾次戰役中，徹底打敗了黃巾軍，並「開示降路」，黃巾軍一百餘萬兵眾投降了曹操，曹操從中精選出五、六萬人，組成以騎兵為主精銳的「青州兵」，將降眾家屬組織起來屯田，就地安置，生產自給，又使這支「青州兵」死心塌地地跟隨他南征北戰，奪取天下。從此，曹操有了一支真正與各路英豪相抗衡的軍隊。

3．不被困境嚇倒，認準了就要走到底

作為統御者，如果一遇困難就打退堂鼓，沒有良好的心理素質，其屬下就會更加惶惶不可終日，其結果只能是「樹倒猴猻散」，也就談不上治人攏心了。曹操從一開始就想自己幹大事，面臨困境時，他沒有動搖，而是咬緊牙關挺過去，從而穩定了人心，迎來了「柳暗花明」的新局面。

曹操在北方最強勁的對手是袁紹。袁紹的強勁不在於袁紹本人的本事多麼大，而在於他部下聚集一大批文武人才，諸如田豐、沮授、審配、張郃、高覽等等。這些人很多由於受過袁家世代恩情，對袁氏家族願以死相報，具有矢志不渝的忠誠，但是也有很多人被袁紹逼走，釀成袁紹人生事業的悲劇。

在曹操同呂布相持期間，全國好多地區長期沒有下雨，旱災嚴重，後來兗州地區又鬧了蝗災，莊稼受到嚴重損害，顆粒無收，不少人因饑餓而死。到了九月間，曹操、呂布軍中都沒有吃的，打仗也就更難了。曹操只好帶著將士回到鄄城去。呂布在淄陽也維持不下去，領兵到乘氏去搶劫糧食，被當地豪強李進阻擊，又東轉向山陽郡就食。

正在這時，袁紹派人來見曹操，希望曹操把家遷到鄴城去，以加強雙方同盟關係。袁紹在曹操同呂布激戰不利的時候，不派兵前來支援，而以這種方式表示友好，實際上是想趁人之危，藉機控制曹操。

在中國古代，領兵將領的家屬，常被當成抵押品，有個專門的名詞叫做「質」。在敵對勢力之間，強弱之間，上下之間，以家屬做抵押品是常見的現象。有了活人抵押，就可以強迫別人服從，否則就把人質殺掉。袁紹就是以強者身分要曹操將家屬送到鄴地做人質的。名為友好，實為控制。

曹操對此不是不清楚，但他考慮，戰場上失利，災荒嚴重，糧食很難籌集，有些士兵因此逃離部隊，處境實是非常困難，便有所動搖，想依靠袁紹，以解一時困難，徐圖發展，因此他準備接受袁紹的「好意」。這時，又發揮出了曹操善用人謀的優勢。

當曹操把此事同手下人商量時，謀士程昱進行勸阻，並提出自己的看法：「像袁紹這樣的人，儘管他佔據燕、趙廣闊的土地，有併吞天下的雄心，但他的才智卻不足以使他成功。將軍掂量一下，能甘心做他的下屬嗎？以將軍龍虎一樣的聲威，智勇兼備，能願幹韓信、彭越那樣的事嗎？而今兗州雖已殘破，尚有三座城池，能征慣戰之士也不下萬人，以將軍之英勇，加上荀彧和我等都願為將軍效勞。再廣泛收羅人才，加以重用，霸王的大業是不難成功的。請將軍再認真考慮考慮。」

程昱的話一下就說到曹操的心裏了，這時荀彧也說了話：「當今天下搖動，各擁重兵，視皇帝如累贅，取而代之的人真的不少。但真能成氣候的人恐怕只有二、三位。我以為其他人不足為慮，而袁紹才是勁敵。如果主公一旦為其控制，以袁紹的為人，是什麼都做得出來的。到那時，無異於作繭自縛。當然也談不上發展事業了。」曹操權衡利弊之後，當即打消了依附袁紹的念頭。

事實上，在急劇動盪的時代裏，要麼倚人而起，要麼自己扯旗闖天下，搖擺不定、保持「中立」是沒有好下場的。劉表就是這種反面典型。

劉表是東漢末年割據一方的豪強，曾佔有湖北、湖南等地方。對軍閥混戰持觀望態度，後為荊州牧。所居地區破壞較少，中原人前來避難者甚多，其中就有諸葛亮等一批高人。但他無進取之心。

《三國志．劉表傳》說劉表：「字景升，山陽高平人也。少知名，號八俊。長八尺餘，姿貌甚偉。以大將軍祿為北軍中侯。」荊州是劉表的根據地。司馬彪《戰略》中記載：劉表初入荊州時，江南有些劉姓宗室據兵謀反，劉表用蒯越之計，「示之以和」，騙來這些人，「皆斬之」。

董卓舊部攻入長安後，欲聯合劉表以為外援，使封劉表為鎮南將軍、荊州牧，封成武侯、假節。這時，皇帝被曹操迎到許昌，並以許昌為都城。劉表一方面向皇帝納貢，同時又與北方的袁紹相勾結，從而周旋於董卓舊部、袁紹、曹操這三大勢力之間。他手下的治中鄧羲勸劉表不要這樣做，劉表不聽。接著，裴松之有一段注，引《漢晉春秋》所記載劉表回答鄧羲的話：「內不失貢職，外不背盟主，此天下之大義矣。治中獨何怪乎？」

後來，長沙太守張羨背叛劉表，劉表圍之連年不下。後張羨病死，其子張澤代立，劉表隨即率兵攻打張澤，勝了。於是劉表「南收零、桂，北據漢、川，地方數千里，帶甲十餘萬」。

當曹操與袁紹在官渡相互對峙時，袁紹曾派人向劉表求助，劉表雖答應了卻不派兵去，但也不幫助曹操，「欲保江漢間，觀天下變」。

事實上，劉表的這種中立，既沒法自保，也不能成全其基業。這一點，在袁、曹官渡相對峙時，劉表手下的從事中郎韓嵩、別駕劉先就指出過：「豪強並爭，兩雄相持，天下之重，在於將軍。將軍若欲有為，起趁其弊可也；若不然，固將擇所從。將軍擁十萬之眾，安坐而觀望。夫見賢而不能助，請和而不得，此兩怨必集於將軍，將軍不得中立矣。」可見作為統御者要勇於進取，有遠大志向，不能只滿足於一時的安逸，做土皇帝，要居安思危。

曹操這種不怕困難，要做事就要做到底的精神在他的政治軍事生涯中還多有表現。

例如，曹操為了整頓社會風氣，特別是對一些影響內部團結，不利於政治穩定的結黨營私、造謠誹謗、顛倒黑白、挾嫌報復等歪風邪氣，大力加以革除和禁止。

建安五年（西元二〇〇年），曹操下了一道命令——

「自從國家發生禍亂以來，社會風氣敗壞，誹謗的言論難以用來評判人們的好壞。建安五年以前發生的此類事情，一切不再追究論處。今後如用以前的事情來誹謗別人，就用他加給別人的罪，加在他自己身上。」

曹操的這一道命令是針對徐宣詆毀陳矯而發的，被稱為《為徐宣議陳矯令》。

徐宣和陳矯都是廣陵人，原來都在廣陵太守陳登手下為官，後來都被曹操徵召為司空掾屬，加以信用。可是二人相處並不和睦，常鬧矛盾。由於陳矯原來姓劉，過繼給舅父改姓為陳，又娶了劉氏本族之女為妻，徐宣便抓住這個弱點，在大庭廣眾之中污辱陳矯肆意詆毀。曹操認為這是小題大作，是對陳矯的有意傷害，不利於二人之間的團結，也不利於官僚內部的團結。為此曹操下了這道命令。

為了要一做到底，曹操對無中生有、顛倒黑白、居心不良的匿名誹謗者，更是深惡痛絕，決心一查到底。他佔據冀州之後，有一次，在鄴城，曹操發現有人寫匿名信誹謗他人，很是氣惱，於是，他下決心查個水落石出。

魏郡（治鄴城）太守國淵請求辦理此事。國淵細看這個匿名信，發現其中很多處引用了《二京賦》（東漢張衡寫的《西京賦》、《東京賦》），他便讓府吏選一些少年去拜師求學，並訪求能讀《二京賦》的人為師。當訪得能讀《二京賦》的人之後，就把選來的學生送到他那裏就學。然後府吏乘機請這位老師寫一份便箋，把便箋同誹謗書信相比較，結果發現二者同出一人之手。國淵當即把這個人收捕拘留，立案審問。最後完全弄清楚了他作案的情況和動機。事過不久，曹操遷升國淵為太僕，居列卿之位。

建安十年（西元二〇五年）九月，曹操在派兵攻打高幹之前，又下了一道《整齊風俗令》——

「結黨營私，是古代聖賢所痛恨的。聽說冀州的風俗，父子分屬兩派，互相誹謗。歷史上有過這樣的事：直不疑沒有哥哥，別人卻說他與嫂嫂私通；第五伯魚三次皆娶沒有父親的孤女為妻，有人卻說他毆打岳父；王鳳擅權，谷永卻把他與申伯相比；王商忠義，張匡卻說他搞歪門邪道。這些都是以白為黑，欺騙上天和蒙蔽君主的例子。我想整頓社會風氣，像以上這四種現象不除掉，我以為是恥辱。」

曹操說的這四件事，全發生在漢代。

直不疑，西漢文帝時官至中大夫，朝廷上有人誹謗他說：「不疑狀貌甚美，無奈他與嫂子私通。」直不疑知道後，解釋說：「我從來就沒有哥哥。」

第五伯魚，姓第五，名倫，字伯魚。東漢光武帝時，為淮陽國醫工長。隨淮陽王入朝，光武帝開玩笑地問他說：「聽說您為官時，打了岳父，有這回事嗎？」第五倫回答說：「我三次娶的妻子都沒有父親。」

王鳳，字孝卿。是王莽的伯父，西漢成帝的舅父。成帝時他為大司馬大將軍，領尚書事，專斷朝政，引起許多人的不滿。谷永見王鳳掌權，想依附他，便向成帝上奏章，吹捧王鳳說他「有申伯之忠」（申伯是周宣王的得力大臣）。王鳳因此而提拔谷永為光祿大夫。

王商，字子威。西漢成帝時任丞相，為人忠直，對王鳳專權很是不滿，遭到了王鳳的排擠陷害。張匡時為太中大夫，見王鳳要陷害王商，便迎合王鳳上書成帝，誣陷王商「執左道以亂政」，後來王商被罷了官。

這類顛倒黑白，誹謗誣陷的事例，不單純是個人的品德修養問題，而是關係到朝廷政治能否清明，曹操集團的統治能否穩定的大問題。因此曹操下決心要除掉這種弊病。

在軍事征戰中，曹操也表現了那種對敵人窮追不捨、做到底的精神，曹操打袁尚就有如此表現。

建安九年七月，曹操率軍圍攻袁尚軍所控制之鄴城時，袁尚回救孤城，他正如曹操所料，沿著西山而來，靠著滏水安營紮寨，夜裏派兵進攻圍城的曹軍。曹操迎戰，把袁軍打得潰不成軍，乘勢包圍袁尚的營寨。包圍圈還沒有合攏，袁尚害怕了，派原來的豫州刺史陰夔以及陳琳乞求投降。曹操不答應，包圍得更緊。袁尚趁夜偷偷逃走，去固守祁山。曹軍追擊袁尚，袁尚大敗，逃往中山國。曹軍全部繳獲了袁尚的輜重，並收得了袁尚的印章綬帶，就派已投降了的袁尚的將士把這些東西舉給他們在城裏的家屬們看，城裏面人心瓦解。八月，曹操攻佔了鄴城。正是靠這種窮追不捨的精神將袁尚打敗。

4．得人心者得天下

爭天下，勝敗決定於人心向背，故說「得人心者得天下」。人心包括民心、軍心、部屬之心，這「三心」互相關聯、互相影響，缺一不可。曹操、劉備、孫權為圖天下都注意爭取人心，順應民願。

劉備雖說是「中山靖王之後」，實無可考，自己也無靠山，他起自於民間，是一個「織履之徒」，一個很普通的平民百姓，後能建立蜀國，全靠自己的本事。他最大的本事就是善於「聚心」，故很得人心。他「攜民渡江」，荊襄軍民感其德誓死相隨；「摔阿斗」、「遣眾將」以結將心，使眾將死心塌地為之效力；「三顧草廬」，表示其求賢若渴，以「魚水關係」相待，表明對孔明信任無間，使孔明感其誠，下山相輔，「鞠躬盡瘁，死而後已」。即使是奪人之國，首先考慮的還是「人心」，他入川是為謀蜀，但他不納龐統之策，反對「殺其主奪其國」，趁駐守葭萌關拒張魯之機，廣施恩惠，收拾民心；及起兵奪蜀，不擾民，優待俘虜，故甚得人心，入成都時，百姓香花燈燭，迎門而接。因人心歸附，蜀漢政權極其鞏固。

曹操得將士之心，是因其賞罰分明，史稱他：「攻城拔邑，得美麗之物，則悉以賜有功，勳勞宜賞，不吝千金，無功望施，分毫不與，四方獻御，與群下共之。」

曹操在重大決策上，也特別注重民心向背。取冀州後，有人勸說曹操：「應當恢復古代設置的九州，那麼冀州所管轄的地方就能擴展，天下就易歸服了。」

曹操打算採納這一意見，荀彧卻勸他說：「要是這樣，冀州就應該獲得河東、馮翊、扶風、西河、幽州、並州這些土地，所兼併的地方就太多了。前一陣子您戰敗袁尚，捉到審配，四海之內都為之震驚，一定會人人擔心不能保住自己的土地，擁有自己的軍隊；現在使他們分別歸屬冀州，人心都將動搖。況且很多人都去遊說關西諸將採取閉關自守的辦法，現在如果聽到這消息，關西將領們一定會認為被依次地剝奪權力。一旦形勢發生了變化，即使潔身守善的人，也會轉而被迫幹出壞事，那麼袁尚能夠推遲他的滅亡，袁譚就會懷有二心，劉表就能保住長江、漢水之間的地域，天下就不易謀取了。希望您能趕緊率軍首先平定黃河以北地區，然後修復原來的京都洛陽，向南逼臨荊州，譴責劉表不向天子朝貢，那麼全國之人都會理解您為國的誠意，人人內心安定。等天下安定後，才商議恢復九州制，這才是國家長遠的利益。」

曹操於是將設置九州的動議擱置起來。同一時期，曹操還通過減免賦稅，來爭取人心。因此，曹操能夠成就大事絕不是偶然的。

可見，對於曹操來說，策略正確，人心嚮往，魏國之興，實由於此。

5．不怕非議，敢以真實一面示人

之所以說曹操卓爾不群，一個重要方面就是他不怕別人的非議，因為他知道，平庸的人是沒有爭議的，而幹一番大事業的人必然被世人毀譽不一。尤其是他這種為了達到自己心中的目標，可以不顧一切的人更是如此。

青少年時期的曹操在時人的眼中看法就頗為不一。有關他的為人品性，很為許多時人所不屑，認為他是朽木不可雕也。

但也有完全相反的評價，說他與眾不同，將來必成大器。如為當時俊傑的汝南王儁曾說：「定天下者，捨足下而誰？」南陽何顒，見了曹操，也曾歎道：「漢家氣數將終，得天下者，必斯人矣。」

還有穎川李瓚，乃黨人首領李膺之子，曾為東平相，臨終時對兒子李宣說：「國家將亂，天下英雄無能勝曹操。張邈是我的好友，袁紹是你的外親，但不可投，只可投曹操。」囑子照辦，果然應驗。

同一曹操，時人看法如許不一。

無論作風、性格、精神大抵英雄見其神武、德者見其奸詐、智者見其權變、厚者見其忌刻……或者這就是千古「定評」：「子治世之能臣，亂世之奸雄。」一治一亂，一能一奸，因時而變，料定曹操既留芳千載，又遺臭萬年。但是曹操自己的所作所為，通常是「不管身後事」。如曹操在政治方面，為了取得自己的優勢，不避奸臣之名，力行「挾天子以令諸侯」之策，把漢獻帝當作一面旗幟以號令天下。在待人處事方面，也不忌暴露一種權詐風格。

自建安元年後，獻帝完全落入曹操的掌握之中，曹操對自己代漢的意圖，卻一直是諱莫如深的。隨著獻帝傀儡化程度的不斷加深，曹操代漢的意圖也暴露得越來越明顯，這招來了他的政敵的不斷攻擊，如周瑜罵曹操是「託名漢相，實為漢賊」，劉備說曹操「有無君之心」，說他「欲盜神器」。如果任其自然而不加以辯解，曹操不僅可能會喪失「挾天子以令諸侯」的政治優勢，而且可能會成為四方諸侯「清君側」的對象；內部的擁漢派勢力也會起來反對自己。赤壁之戰遭受挫折後，開始形成天下三分的局面，劉備、孫權虎視眈眈，以馬超為首的關中諸將心懷疑貳，成為曹操的心腹大患。在這種情況之下，內外政敵乘機加強了宣傳攻勢，說曹操有「不遜之志」，企圖動搖他的政治基礎，有人甚至乾脆要求曹操交出兵權，以削弱曹操的政治實力。為了反擊政敵，安撫內部的擁漢派勢力，繼續保持自己「挾天子以令諸侯」的政治優勢，曹操不得不將自己代漢的意圖進一步深藏起來，而特別強調自己對於漢室的忠心。建安十五年十二月，曹操特地為此下了一道《讓縣自明本志令》。令文篇幅較長，大體上可以劃分為四個部分。

1・從自己二十歲時被舉為孝廉寫起，說當時因自己不是隱居山林的知名人物而擔心被世人看作平庸之輩，因此只打算做一個有作為的郡太守，以此揚名於世。後遭豪強忌恨，稱病回鄉，避世隱居。被徵召為都尉，又升任典軍校尉後，志向有所擴大，但也只是想封侯做征西將軍，死後好在墓碑上刻上「漢故征西將軍曹侯之墓」幾個字。總之，旨在表明自己從年輕時起就志望有限，而且只想匡時濟世，為國立功，並沒有什麼個人野心。

2・回顧舉義兵、討董卓以來的經歷，說明在起兵之初志望仍是很有限的，後來實力有所增強，又成為遏制袁術稱帝的力量，同時為國家、為大義甘冒艱危消滅了袁紹、劉表，從而平定了天下。如今身為丞相，作為臣子，地位的尊貴已達到極點，已超過了原有的志望。言外之意是，自己不會再有什麼野心了。最後結上一句：「假使國家沒有我，真不知會有多少人稱帝，多少人稱王。」意謂自己為阻止別人稱帝稱王做了不少工作，既不准別人稱帝稱王，自己又怎麼會去稱帝稱王呢？

3・正面表明自己忠於漢室，並無「不遜之志」。先以春秋時齊桓公、晉文公兵勢強大但仍能尊奉周室自比，繼以周文王得到了天下的三分之二，但仍然臣服弱小的殷朝自喻，接著表達了對於樂毅和蒙恬的深切感佩之情。樂毅是戰國時燕昭王的大將，曾率燕、秦、趙、韓、魏五國軍隊攻下齊國七十餘城。但昭王死後，遭到昭王之子惠王的猜忌，被迫逃往趙國。蒙恬是秦始皇時的名將，率大軍北擊匈奴，但秦始皇死後，卻被丞相趙高和秦二世胡亥逼迫自殺。但即使在這樣的情況之下，他們仍然忠於燕國、秦朝。曹操列舉兩例，意在說明自己一來世受漢恩，二來漢又無負於己，那麼自己對於漢室的忠心，就更是勿庸置疑的了。接下來，曹操進一步說明自己得到漢室信用已經超過三世，自己對於漢室的忠心，不僅要對世人宣說，還要通過妻妾去向別人宣說，並稱這些都是自己的肺腑之言。最後還引了周公金滕藏書的典故，來說明自己何以要如此不厭其煩地表明心迹。「金滕」乃是一種用金屬封口的櫃子。《尚書．金滕》載，周武王病重，周公向祖先禱告，願代武王身死，禱畢將禱詞藏在金滕之中。武王死後，因成王年幼，周公攝政，其弟管叔、蔡叔造謠說周公將取代成王，周公為避嫌而出居東都洛陽。後成王打開金滕發現了禱詞，知道周公忠誠，又迎回了周公，讓他重新執政。曹操在這裏以周公自比，說明自己寫這篇文章的目的就像當年周公存金滕之書以備考查一樣，是為了消除人們的疑慮和誤解。

4．則針對政敵的攻擊，斬釘截鐵地表示：他不能放棄兵權，回到他的封地武平侯國去，這既是出於對自身和子孫安全的考慮，也是出於對國家安全的考慮，他不能「慕虛名而處實禍」。不僅如此，他還打算接受朝廷對三個兒子的封爵，以此作為外援，作為「萬安」之計。接著筆鋒一轉，抒寫對於古代賢士介之推和申包胥功成身退、拒不受賞的高尚品質的崇仰之情，表示自己雖有「蕩平天下」的功勞，然而封兼四縣、食戶三萬，內心還是很不安的。最後宣稱：國家還不安定，他不能夠放棄政權；至於封地，他是可以退讓的。並具體提出他願將所封四縣交出三縣，食戶三萬減去二萬，以減少別人對他的誹謗，同時稍稍減輕自己所負的責任。

曹操在這篇令文中，不少地方是說了實話的。不過，曹操處在當時的特殊情況下，為了長遠的統一大業，奉行韜晦之計，對自己的政治意圖做了一些諱飾，也不是不可以理解的。他在為自己辯解的同時，表明了牢牢掌握兵權和政權，同政敵堅決鬥爭到底的決心，從統一大業這個大局來看，也是值得肯定的。

建安二十四年冬，曹操在孫權的配合下，取得襄樊大捷之後，孫權給曹操上書，稱說天命，勸曹操當皇帝，自己情願稱臣。曹操讀罷來信，將信出示群臣，說：「這小子竟想讓我蹲在火爐上去挨烤啊！」

曹操的意思是，他如以魏代漢，必然招致來自各方面的反對，就像在火爐上挨烤一樣。說這話的目的一是為了揭露孫權的真實用心，二是為了試探一下群臣的意向態度。

群臣對曹操的用意心領神會，於是文官以陳群、桓階為首，武將以夏侯惇為首，紛紛勸進。這些人勸進自然都不無阿附曹操之意，但對曹操代漢稱帝條件的分析，大抵還是比較客觀的，比如說獻帝只剩下一個皇帝的名號，一尺土地、一個老百姓都不再屬漢朝所有，說的就是事實。但曹操早已成竹在胸，聽完大家的建議，冷靜地說：「『施於有政，是亦為政。』如果天命在我這裏，我就做一個周文王得了！」

「施於有政，是亦為政」語出《論語．為政》，意思是說只要將《尚書》上說的孝順父母、友愛兄弟的風氣影響到政治上去，也就是參與了政治，何必一定要做官才算參與了政治呢？曹操引用這句話，意在說明只要掌握了實權，不必計較有沒有皇帝這個虛名。然後明確表示，即使當皇帝的時機已經成熟，他也不當皇帝，而要像當年周文王給周武王奠定基業那樣，積極創造條件，讓自己的兒子去做皇帝。

曹操這句話，實際上已經表明了長期隱藏在他心中的代漢意圖，只不過這最後的一個步驟不想由他自己來完成，而要由他的兒子來完成。曹操自己為什麼不稱帝呢？看來主要有以下幾方面的考慮——

其一，孫權勸他稱帝，是從自己的利益考慮的。一來，孫權認為這樣做可以博得曹操的歡心，從而實現吳、魏之間的和好，自己就可抽出身來專力對付蜀漢了。襄樊之役中，孫權為了從劉備手中奪回荊州，從背後襲殺關羽，幫了曹操的大忙，但卻得罪了劉備，結束了吳、蜀之間長達十年的聯盟關係，這時他比什麼時候都更需要緩和同曹魏的矛盾，不然就將可能陷入兩面作戰的不利境地。二來，孫權認為曹操如果真的稱帝，就會再次招致擁漢派的強烈反對，從而陷入困境，減輕對吳國的威脅。因此，孫權貌似恭順，實則是在使壞，曹操看穿了孫權的意圖，不肯輕易上當。

其二，從當時情勢來看，如果貿然稱帝，確實會給政敵和擁漢派勢力增加攻擊的口實，使自己在政治上陷入被動。綜觀曹操的一生，內部的反對和反叛大部發生在他當魏公、魏王之後，這是很能說明問題的。因此繼續維持獻帝這塊招牌，對於安撫擁漢派、鞏固內部，仍有不可忽視的作用。

其三，至少從建安十五年起，曹操一再「自明本志」，說自己絕無代漢自立之心，說了差不多十年，現在如果突然變卦，否定自己，對自己的聲譽名節必然會造成不利影響，不如一如既往，將戲演到底為好。

其四，更重要的是，曹操是一個講求實際的人，只要掌握了實權，並不怎麼看重虛名，「施於有政，是亦為政」一語是充分反映了他的內心想法的。

此外，建安二十四年曹操已六十五歲，年紀大了，估計自己將不久於人世了，這也可能是他不願稱帝的一個原因。

三、多謀善斷，聚大業核心

——主上有勇無謀，斷送大好局面，只能使臣子灑淚沾襟；上司有謀無斷，錯過有利時機，也只能使屬下扼腕空歎。

「將帥無謀，累死三軍。」人們心目中最理想的上司一定要多謀善斷，因為「主意」可以屬下出，但是「主意」再巧妙，也需要被上司理解和認可，變成上司的決策，最終還得上司來「拍板定案」並一力施行，否則再好的謀略也得不到好的結果。所以「多謀善斷」是一名統御者攬人、用人的必備素質，而曹操正是這樣一位有勇有謀、多謀善斷的大英雄。

1．有勇無謀難成大器

「勇」與「謀」相較，勝利天平一定會向「謀」的一方傾。曹操固然有勇的一面，但各路豪強中，以勇著稱的大有人在，可是是他們大都敗在了曹操手下，因為他真正憑靠的是「智謀」。曹操打敗馬超就是一例。

馬超，在三國諸戰將中，可算得上一位勇將。《三國志・蜀書卷六・馬超傳》中，陳壽就曾借用楊阜的話說：「馬超有信（韓信）、布（呂布）之勇。」正是因為他勇力過人，為劉備屢建戰功，被劉備封為與關羽、張飛齊名的五虎上將之一。

《三國演義》中，羅貫中為了充分表現馬超的英勇無比，曾經寫了三段精彩的戰鬥場面——

一段是第五十八回，寫馬超殺得曹操割鬚棄袍。這一段說，馬超為父報仇，連結韓遂，點起二十萬西涼兵，浩浩蕩蕩殺奔而來。先攻下長安，後又奪了道關。曹操統領大軍對陣，仍抵擋不住來勢兇猛的西涼兵。大將于禁上陣戰馬超，才鬥八、九回合就敗走。張郃出迎，也只二十回合就敗下陣來。李通上陣，竟被馬超數回合之中一槍刺於馬下。最狼狽的還是曹操。當馬超率西涼兵漫山遍野衝殺過來，曹兵潰不成軍時，他在亂軍中怕西涼兵認出，先脫下紅袍，又拔刀割斷鬚髯，再扯旗角包住短鬚，倉皇而逃。後曹洪、夏侯淵趕來接應，才逃得性命。

一段是第五十九回，寫許褚裸衣鬥馬超。曹操被馬超打得大敗後，曾拉著牛尾巴倒退一百多步、嚇退進犯莊壁賊寇、被曹操稱為「虎侯」的許褚，不服馬超的英勇，派人下戰書，向馬超挑戰。兩軍在渭水佈陣，「許褚拍馬舞刀而出。馬超挺槍接戰。鬥了一百餘回合，勝負不分。馬匹困乏，各回軍中，換了馬匹，又出陣前。又鬥一百餘回合，不分勝負。許褚性起，飛回陣中，卸了盔甲，渾身筋突，赤體提刀，翻身上馬，來與馬超決戰。兩軍大駭。兩個又鬥到三十餘回合，褚奮威舉刀便砍馬超。超閃過，一槍望褚心窩刺來。褚棄刀將槍夾住。兩人在馬上奪槍。許褚力大，一聲響，拗斷槍桿，各拿半節在馬上亂打。操恐褚有失，遂令夏侯淵、曹洪兩將齊出夾攻。龐德、馬岱見操將齊出，麾兩翼鐵騎，橫衝直撞，混殺將來。操兵大亂。許褚臂中兩箭。諸將慌退入寨。馬超直殺到壕邊，操兵折傷大半。」

一段是第六十五回，寫張飛挑燈戰馬超。馬超投奔漢中張魯，張魯應劉璋的請求，派兵攻打劉備，令馬超先奪劉備控制的南萌關。於是乎，猛張飛與勇馬超在南萌關下展開了一場惡戰：「兩馬齊出，兩槍並舉。約戰百餘回合，不分勝負。玄德觀之，歎曰：『真虎將也！』恐張飛有失，急鳴金收軍。兩將各回。張飛回到陣中，略歇馬片時，不用頭盔，只裹包巾上馬，又出陣與馬超廝殺。超又出。兩個再戰。玄德恐張飛有失，自披掛下關，直至陣前；看張飛與馬超又鬥百餘回合，兩個精神倍加。玄德叫鳴金收軍。二將分開，各回本陣。是日天色一晚，玄德謂張飛曰：『馬超英勇，不可輕敵，且退上關。來日再戰。』張飛殺得性起，哪裏肯休？大叫曰：『誓死不回！』玄德曰：『今日天晚，不可戰矣。』飛曰：『多點火把，安排夜戰！』馬超亦換了馬，再出陣前，大叫曰：『張飛！敢夜戰嗎？』張飛性起，問玄德換了坐下馬，搶出陣來，叫曰：『我捉你不得，誓不上關！』超曰：『我勝你不得，誓不回寨！』兩軍吶喊，點起千百火把，照耀如同白日。兩將又向前廝殺……」

從以上所寫的三個戰鬥場面可見，馬超確實是一員英勇無比的戰將。

武藝超群的馬超在與曹操決戰的初期階段，有局部的優勢並處在主動地位上。然而幾經較量，馬超最終還是慘敗在曹操手下：幾十萬西涼大軍「只剩得三十餘騎」，狼狽不堪地「望隴西臨兆而去」。究其原因，四個字可以概括：有勇少謀。

縱觀曹操與馬超的潼關會戰，曹操雖然在初戰中吃了些虧，但從敵我雙方的兵力對比看，曹操在總體上處於優勢，馬超處於劣勢。在敵強我弱的情況下，作為三軍統帥的馬超，應冷靜觀察，悉心思考，認真分析敵情、我情，找出敵我雙方的長處和弱點，用己之長攻敵之短，以改變敵我雙方力量對比，戰而勝之。然馬超自恃武藝超群、勇猛過人，陶醉於初戰的勝利，既無視曹軍的兵力優勢，也看不到曹軍勞師遠征、不能持久的弱點和意在速決的戰役企圖。因而也就認識不到，作為弱軍之師，應充分發揮在家門作戰的地利人和之優勢，採取攻勢防禦的指導思想，堅守險阻，待機而動，以持久對速決方是萬全之策。

恰恰相反，急於取勝的馬超，卻做出了集中兵力與曹軍速決的錯誤決心。為了一舉滅曹，馬超竟然接連不斷地從西涼調兵遣將，真有點孤注一擲的味道。馬超的舉動，正是曹操所求之不得的。演義中說，曹操「每聞賊加員添眾，則有喜色」。當他聽說馬超調兵越增亦多時，甚至就「於帳中設宴作賀」，弄得手下眾將不解其意。馬超增兵，曹操為何反倒喜形於色？直到潼關大捷後，曹操才道出其中真諦。他對眾將說：「關中邊遠，若群賊各依險阻，征之非一、二年可平復；今皆來一處，其眾雖多，人心不一，易於離間，一舉可滅。吾故喜也。」於是曹軍諸將無不佩服。

演義中的這段記述，與《三國志》、《資治通鑑》等史書中的記載是基本一致的。由此不難看出，潼關決戰，曹操勝馬超，不僅是武勝，更是智勝；馬超負於曹操，不僅輸在兵力少上，更主要的是輸在謀略水平差上。可見，真正的統御者一定要是一個智勇雙全的人，而曹操正是這樣一個人。

其實，曹操在青少年時代就具有不同尋常的智慧或勇敢。他做事情、解疑難往往超乎常人。善於「運用智謀」，以培養自己駕馭事機的超人品質。在面臨對自己不利的時候，他不膽怯，而是勇敢。不是抱怨，而是想辦法，伺機改變。總是能機警靈活地應付事態。

十幾歲的曹操由於出身於宦官家庭，幼時沒有受過傳統儒學教育，又因孩提時母親不幸早逝，缺少親人的管教，因此形成了放浪不羈的品性，喜歡飛鷹走狗，耍槍弄棒。這一點，被他的叔父看在眼中，認為這是「不務正業」，不能繼承家業、爭列名門。因而他的叔父經常在曹操的父親曹嵩面前說他的壞話，曹操因此多次受到父親的教訓。久而久之，曹操內心大為不滿，於是叔侄間一時成了「對頭」。曹操打算用他的「聰明」去伺機報復。

有一天，曹操在路上碰上了叔父，便故意倒在地上，假裝中了風。他歪著脖子，張著大嘴巴，臉上的肌肉不斷抽搐。叔父一見此情景，叫曹操不要亂動，好好休息，便急忙跑去告訴曹嵩。當曹嵩同幾個隨從慌慌張張趕來時，見曹操口臉如故，好端端地站在那裏，神態和平時一樣，好像什麼事都沒發生過。曹嵩感到奇怪，便問道：「你叔父說你剛才中了風，難道這麼快就好了？」曹操裝作委屈的樣子，回答說：「我從來沒有中過風呀！這是怎麼說的？大概是叔父不喜歡我，在背後說我的壞話吧？」於是曹嵩產生了懷疑，此後弟弟再反映曹操的情況，他不再信以為真。曹操也就深為得意，比以前更加放縱了。

顯然，曹操這是通過類似於「栽贓」的做法而使自己的「對頭」失去了信譽，從而使形勢發生了有利於自己的變化。這已明顯帶有使用「計謀」的色彩。

另一則傳說，也明顯帶有少年曹操使用「計謀」的痕跡。

據說，曹操有一次同袁紹一起去觀看別人的婚禮，打算乘機將新娘子搶走。他們先溜到主人的花園中藏起來，等天完全黑下來，便使出一個調虎離山之計，猛然放聲大喊：「有小偷！」參加婚禮的人們紛紛從房內湧出來，曹操乘亂鑽進房內，手持鋼刀威逼新娘，將新娘劫持出來，同袁紹匯合，循原路逃回。匆忙間路沒有走好，袁紹一下掉進了帶刺的灌木叢中，怎麼也動彈不了。曹操情急智生，又大喊一聲：「小偷在這裏！」袁紹一急，也不知從哪裏來的力氣，一下就從灌木叢中蹦了出來，於是兩人一起逃脫。

少年的曹操充滿機警聰敏，這使他能夠死裏逃生。據說，一次袁紹同曹操翻了臉，派人趁夜黑去刺殺曹操。刺客來到曹操住處，隔著窗戶用短劍向曹操擲去，稍微低了點沒刺著。曹操估計，下次再擲，一定會高一些，於是緊貼著床席躺下。當短劍再次飛來時，果然高了，又沒刺著。

同時，曹操也有一種超乎常人的「勇」。據說，曹操十歲時，獨自在渦河中游泳，突然間有條蛟龍向他逼來。曹操不僅沒有驚退，相反奮力進擊，蛟龍無隙可趁，只得悄悄地游走了。曹操事後沒對任何人提起這事。後來有人看見一條大蛇，嚇得往後狂奔，曹操見了，不由得笑道：「我碰上蛟龍都沒有害怕，你這個人看見一條蛇怎麼就怕成這個樣子呢？」眾人聽了，趕忙連聲追問，方才得知底細，無不對曹操的勇敢感到驚異。

曹操少年時代確已顯示出詭譎奸詐的性格，同時也顯示出了果決機智和不怕死的精神。後來曹操領兵打仗，危急中多次靠他這種少年的智勇而死裏逃生。

曹操在濮陽的危難就是這樣解脫的。有一年，曹操圍困呂布佔據的濮陽，雙方在濮陽城展開一場激戰。由於濮陽大姓田氏在城內策應，曹操得以親率部隊從東門順利攻入城內。進城後旋即將東門燒掉，表示有進無退，志在必得。但接下來的巷戰卻是進展不利。呂布先以騎兵衝擊青州兵，青州兵奔退，曹軍陣勢被打亂。呂布乘勢大舉進攻，曹軍抵擋不住，紛紛後撤，局面一發不可收拾。曹操自己也被衝散，在後撤時被呂布的騎兵截住。但這些人不認識曹操，反而問曹操：「曹操在哪裏？」

曹操情急智生，趕緊朝前面一指：「那個騎著黃馬逃跑的就是！」

呂布的騎兵信以為真，撇下曹操，自去追趕騎黃馬的人去了。曹操趕忙沿著原路朝東門衝去。這時東門的火燒得正旺，曹操不顧一切，突火而出，左手掌被燒傷，由於跑得太急，又一頭從馬背上摔了下來。一名部將正好趕到，忙將曹操扶上馬背，兩人一陣狂奔，總算回到了大營。

諸將不見了曹操，無不感到恐慌，等到見了曹操，這才放下心來。為了鼓舞士氣，曹操不顧傷痛，親自到各營撫慰，表彰有功的將士。並命部隊抓緊時間製作攻城器械，準備再次攻打呂布。

靠著曹操的這種智勇，後來終使自己成了稱雄一方的霸主。

難怪法國的拿破崙曾經把優秀的軍事統帥的各種品質的綜合，形象地比喻成為一個「正方形」：這個「正方形」的「底」是指揮員的勇敢、頑強、果斷等精神要素；「高」則是指揮員的智慧，包括謀略、卓識等智力要素。他強調指出，智與勇二者在指揮員的精神世界裏，必須要等量齊觀地發展，才能在戰場上應付各種複雜的局面。這是很有道理的。但筆者認為，在一個統御者的精神世界裏，更應該是像一個智多於勇的「長方形」。因為，戰爭的勝負，不僅是力與勇的廝殺，更是智與謀的較量。在一定的物質條件下，一條妙計尤其是帶戰略性的妙計所產生的力量，往往能抵千軍萬馬，決定一場戰鬥、戰役乃至整個戰爭的命運。古今中外，凡以弱勝強者，無一不是勝在「妙算」上，勝在謀略上，在人才的爭奪戰中同樣如此。

2．統御者的「謀」是發揮屬下聰明才智的基礎

在曹操與呂布的中原角逐中，雙方各有一位才能出眾的謀士：曹操麾下有荀彧，呂布帳下有陳宮，兩者都是當時著名的謀略家。在曹操與呂布軍事鬥爭的重要時刻，荀彧向曹操獻了「三策」，陳宮向呂布獻了「三計」。然而「三策」和「三計」的遭遇卻完全不一樣，這充分說明，統御者的「謀」對於治人攏心的重要性。

在逐鹿中原的大戰中，曹操面臨多方面的挑戰：北有袁紹，東有呂布，南有袁術。而這三股力量中，以袁紹的力量最為強大。究竟先打不好打的強敵，還是先打好打的弱

敵，曹操一時舉棋不定。就在這時，自恃兵多將廣、地盤又大的袁紹，給曹操寫了一封言辭頗為無禮、態度十分傲慢的信，從而激怒了曹操，使曹操頓生先向北舉兵剷除袁紹的念頭。曹操的謀士荀彧看過信件後說：「袁紹不仁不義，應該起兵討伐，但現在不是時候。」他為曹操分析了敵我雙方的態勢：「從兵力上看，袁紹是強敵，呂布是弱敵，應先弱後強，各個擊破；從時機上看，袁紹正忙於遠征公孫瓚，無暇南顧，對我暫構不成威脅，而呂布已向我挑起戰爭，點燃了進攻劉備的戰火，及時做出軍事上的反應完全必要；從將來戰爭發展趨勢上看，先掃平呂布，才能為同袁紹決戰鋪平道路，避免腹背受敵，兩線作戰。」因而力主先打呂布，不同意先打袁紹。曹操經過慎重考慮，採納了荀彧獻的第一策。

曹操定下先打呂布的決心後，思想又產生了動搖，他對荀彧說：「我很擔心袁紹侵擾關中，挑動羌、胡叛亂，向南同盤踞益州的劉璋勾結，把這些地方變成他的勢力範圍，這樣就會形成我軍獨以只佔六分之一地盤，去抗衡全國六分之五的局面，這又如何是好呢？」荀彧遂向曹操獻了第二策，他回答說：「關中各部的將領有十來個，互不統屬，其中只有韓遂、馬騰的力量最強。他們見中原地區正在爭戰，必然各自擁兵自保。如果我們撫以恩德，遣使連和，雖不能長久保持安寧，但在平定中原之前，卻是完全可以把他們穩住的。侍中、尚書僕射鍾繇有智謀，可以把關中的事託付給他，這樣您就可以放心了。」曹操認為有道理，又及時採納了荀彧的意見，表薦鍾繇以侍中守司隸校尉，持節督關中諸軍，特許他可以不受有關法令條例限制，根據實際情況便宜行事。鍾繇到長安後，果然安撫了馬騰、韓遂，安定了關中。

曹操將東征呂布的方案交給大家討論，不少人表示反對。反對者認為，袁紹雖一時無暇南顧，但劉表、張繡還在前面虎視眈眈，如果遠征呂布，他們乘機襲擊許都，後果不堪設想。荀彧力排眾議，向曹操獻了第三策。他認為：「劉表、張繡剛在安眾被打敗，勢必不敢再動。而呂布驍勇，又仗恃袁術相助，如果讓他縱橫於淮、泗之間，一些豪傑必然起而回應。現在趁他剛剛反叛、眾心不一的時候，前去攻打，必然成功。」荀彧獻三策，開闊了曹操的眼界，解決了他的種種疑慮，終於下定了東征呂布的決心，並使他如願以償，消滅了呂布集團。

而呂布手下謀士陳宮，在呂布面對曹軍壓境，連失三城，被迫退到下邳這一彈丸之地的困難情況下，也曾給呂布連獻「三計」。

當呂布退守下邳，曹操領兵追來時，陳宮獻計說：「今操兵方來，可趁其寨柵未定，以逸擊勞，無不勝者。」這條計策的中心思想是，趁敵立足未穩，變防禦為進攻，迅速給以當頭一擊，以變被動為主動，爭取對己有利的態勢，而呂布卻認為：「吾方屢敗，不可輕出。待其來攻而後擊之，皆落泗水矣。」呂布消極防禦，結果，「過數日，曹兵下寨已定」，白白喪失了有利戰機。

後來，曹操在下邳城下與呂布形成對峙，陳宮又獻一計：「曹操遠來，勢不能久。將軍可以步騎出屯於外，宮將餘眾閉守於內，操若攻將軍，宮引兵擊其背；若來攻城，將軍救於後；不過旬日，操軍食盡，可一鼓而破！此乃犄角之勢也。」呂布當時雖然表態「公言極是」，但因眷戀妻妾，歸府後「躊躇未決，三日不出」。儘管陳宮一再提醒呂布：「操軍四面圍城，若不早出，必受其困。」但呂布卻說：「吾思遠出不如堅守。」實踐表明，軍事防禦作戰，最忌的就是在孤立無援的情況下死守一點。這是因為，死守一點，只有抗擊，形不成鉗制，也就無法通過鉗制形成戰場上的力量平衡，改善防禦態勢。熟悉兵法的陳宮深知這一點的重要性，才提出了「互為犄角」之計。呂布卻執迷不悟，再次拒絕了陳宮的建議。

陳宮不願看到城破兵敗的結局，為挽救危亡，他經過審慎考慮，在對敵情進行深入分析的基礎上，又向呂布獻上了最後一計：「近聞操軍糧少，遣人經許都去取，早晚將至，將軍可引精兵往斷其糧道。此計大妙。」孫子曰：「軍無輜重則亡，無糧食則亡，無委積則亡。」採用這一向被兵家視為「釜底抽薪」的戰術，常常可以收到使敵不戰自退的效果。可是呂布卻經不住妻妾的哭泣，兒女情長，疑慮重重，置陳宮的正確建議於不顧，反而說：「操軍糧至者，詐也。操多詭計，吾未敢動。」

陳宮的三計，自始至終強調積極防禦的思想，這在當時乃至今日都是在敵強我弱的情況下用兵的正確方針。但呂布依仗自己的匹夫之勇，一味強調消極防守，被動挨打，使陳宮的一片苦心付諸東流。呂布一次次坐失良機，終於成為甕中之鼈，最後落了個白門樓殞命的下場。

從荀彧「三策」和陳宮「三計」的不同遭遇，產生的不同結果，可以看出，能否善用人謀，從諫如流，直接關係到事業的成敗。而這裏的關鍵是統御者自己要長於計謀，只有這樣，屬下提出了計謀，對他來說可能一點就透；非則只能是對牛彈琴，這種人誰還會為他出謀劃策，他也根本談不上治人攏心。

3．謀而不決，等於無謀；決而不斷，失策之見

多謀固是統御者的一個基本素質，但是還有另一個基本素質與其直接相關，這就是「善斷」、「能拍板」，不優柔寡斷。曹操在這方面表現得尤為出色。

漢末以來，天下大亂，王室衰微，天子之身價已經暴跌，但是畢竟還是一國之主的象徵，因此奉戴天子以討伐群雄尚不失為一個爭奪天下霸權的良策。誰先擁戴了天子，誰就會取得政治上的主動權，但像董卓之流專橫暴戾，雖有此機遇，卻不具備此能力。董卓之後，袁紹和曹操集團也都有智士獻「奉戴天子」之策，但是因為曹操在傾聽了臣

下的不同意見後，能夠當機立斷，立即著手奉迎天子的行動，首先取得了爭霸大業的有利政治優勢。

當時迎獻帝也有「風險」，因此有的人表示反對，認為山東尚未完全平定，韓暹、楊奉新近剛領著天子到洛陽，他們北與張楊連結，恐怕不是一下子就能制服的。荀彧這時勸告曹操說：「以前晉文公迎接周襄王到洛都，諸侯就如日影追身般地相從；漢高祖東伐項羽，為被項羽殘殺的義帝縞素戴孝，天下人心就紛紛歸附。近年來，天子四處流亡，將軍您曾首倡討伐亂賊董卓的義軍，只是因為山東連年兵擾戰亂，沒能遠遠地奔赴關右，到天子身邊，然而您仍然不斷地分批派遣將帥，冒著危險與天子通使節。將軍雖然在外邊替天子平定戰亂，但您的心卻無時無刻不放在王室。這說明，匡救天下正是將軍您素有的志向。如今，皇上的車駕剛剛從西京東返，而東京洛陽也是荊棘叢生，破敗荒蕪。忠臣義士都有保存國本的憂思，黎民百姓也都懷念舊都故主，睹物傷情，悲哀倍增。果真能利用這一時機，迎接主上，以此順應民眾的願望，這是大順；用秉承至公的行動來感服英雄豪傑，這是大略；用扶持大義來羅致英俊，這是大德。天下雖然還可能有少數抵制反對的人，但他們必然不能成為多大拖累和障礙，這也是明白無誤的。韓暹、楊奉兩人怎麼敢為害！這一計劃若不及時確定，讓四方外人生了此心，再生變故，以後就是想要這麼做，也來不及了。」

但袁紹集團則恰恰相反，由於袁紹的多端寡要，見事遲、得計遲，而終究失卻了這一個千載難逢而又十分重要的良機。

袁紹出身於四世三公的大官僚家庭。在漢末群雄混戰中，起初他的勢力最大，曾是討伐董卓的盟主。後地廣兵多，手下謀臣武將也不少。在奉迎天子的問題上，幾乎在荀彧等向曹操提出此建議的同時，袁紹的首席幕僚沮授也向他建議：「主公的世家（指袁氏）好幾代都榮任輔佐皇帝的宰相，忠義之名天下皆知。如今，皇上和朝廷被迫西遷長安，宗廟遭到破壞，皇權淪喪。而全國各地州郡，雖都以勤王之名起事，但實際只求擴張自我勢力，根本沒有人有保衛皇室、安定天下百姓之心。如今本州粗定，我們已有了較穩定的力量，就應該奉迎皇帝到鄴城安頓，一方面表示我們安定天下的志願，一方面更可『挾天子以令諸侯』，用堂堂正正的名義，來討伐不守臣節的州郡，相信沒有人能抵擋得住我們的。」

袁紹初聽之下，也很贊同，便交付討論辦理。

時長老審配及大將淳于瓊同時表示反對，他們的理由是：「漢王室衰頹已久，即使想幫他們重建也是很困難的。如今天下群雄割據，各擁龐大軍團，有道是『秦亡其鹿，先得者王』，現在應是大家再公平打天下的時候了。如果把皇帝請到鄴城，任何行動理當請示，這樣會嚴重損害軍事行動的機密性和機動性，得不償失。更何況，皇帝身旁還有很多公卿大臣，過分尊重他們，會使我們的權力變小；不尊重他們，則也會有違抗皇權的麻煩，實在值得多加考慮。」

沮授立刻反駁道：「奉迎皇帝，必得天下大義之名，這個利益對我們的發展比什麼都重要。以時機而論，目前皇帝正愁沒有去處，執行起來最輕鬆；如果不乘機行事，一定有不少人會搶著做。通權變者從不放棄任何機會，能立大功者在於不延誤時機，希望主公盡速考慮這件事。」

袁紹是個優柔寡斷又怕麻煩的人，加以他最大的願望是鞏固黃河以北政權，對全國性的規劃也缺乏概念，因此對沮授的建議遲遲不敢決定。

袁紹是典型的好謀無決，多端寡要，從而不能採納正確意見，不能用人。同時，又見事遲、得計遲，這樣行動起來總是喪失機會，慢半拍。這兩點，在《三國志·袁紹傳》裏都有不少記載。

例如，郭圖勸袁紹迎接天子到鄴縣建都，袁紹不同意。正好碰上曹操迎天子在許昌建都，由此藉天子聲威收復黃河以南地區，關中也歸附曹操，「紹悔，欲令太祖徙天子都鄄城，以自密邇，太祖拒之」。這就是見事遲、得計遲。袁紹進軍黎陽，派手下大將顏良在白馬攻打劉延，謀士沮授勸阻說：「顏良生性急躁狹隘，有勇無謀，難獨擔此重任。」袁紹不聽。曹操出兵救劉延，結果顏良敗死。這就是不能知人、用人。官渡之戰中，沮授屢屢向袁紹獻計，都未被袁紹採納。更有意思的是，在官渡之戰前，袁紹的另一個謀士田豐曾勸袁紹不要南下打曹操，宜鞏固所佔領的北方四州，同曹操打持久戰，然後出奇兵攻曹操虛弱的地方。袁紹不聽，認為田豐是破壞士氣，給他帶上鐐銬關押起來。然後盡其兵馬在官渡同曹操決戰，結果失敗。有人對田豐說：「當初你的建議是對的，看來這次要被重用了。」豐曰：「若軍有利，吾必全；全軍敗，吾其死矣。」紹還，謂左右曰：「吾不用田豐言，果為所笑。」遂殺之。

綜上所述，袁紹這位曾威震北方、虎視天下、兵多地廣的「一時之傑」，自袁、曹官渡之戰失敗之後，日薄西山，一蹶不振，迅速敗亡，何也？原因是多方面的，但有一條原因是致命的，那就是「多謀少決」。對此，早在官渡之戰前，曹操的謀士郭嘉就做出了曹操「十勝」、袁紹「十敗」的論斷。並指出，袁紹的「十敗」，最關鍵的問題是他「多謀少決」。這「十勝」、「十敗」論，其中不免有些吹曹貶袁的成分，但事實表明，郭嘉所言，切中袁紹的要害。

「多謀少決」，是缺乏決斷力的表現。這對於一個統御者來說，不是一般的缺點。袁紹帳下雖然謀士成群，「智囊」雲集，但一到決策時，面對謀士們的各抒己見，袁紹就失去了主心骨，常常是不知所措、優柔寡斷。例如，劉備殺掉曹將車冑，重新奪得徐州後，曾約袁紹共同興兵伐曹。謀士田豐、沮授認為，當時袁紹「兵起連年，百姓疲弊，倉濞無積，不可復興大軍」，主張暫緩起兵，而審配、郭圖卻覺得「興兵討曹賊，易如反掌」，力主馬上出師。四人爭論不定，互不相讓，袁紹則「躊躇不決」，不知如何是好了。後來「許攸、荀諶自外而入」，二人皆主張立刻出兵，袁紹這才以「少數服從多數」定下決心。再如，白馬之戰中，袁紹聽說赤臉關公斬了他的大將顏良，頓時大怒，謀士沮授乘機建議除掉劉備這個後患，袁紹立刻決定要殺劉備，可是當聽了劉備的一番解釋後，便馬上改變了主意，反而責怪沮授：「誤聽汝言，險殺好人。」遂仍請劉備上帳而坐，共議軍機大事。接著，關羽又在延津一帶誅殺了他的大將文醜，謀士郭圖、審配再次勸袁紹早除後患，袁紹又令刀斧手將劉備「推出斬之」。這時，劉備急中生智，辯道：「曹操素忌備，今知備在明公處，恐備助公，故特使雲長誅殺二將。公知必怒。此借公之手以殺劉備也。願明公思之。」袁紹立刻變了卦，反回來責備郭圖、審配等人：「玄德之言是也。汝等幾使我受害賢之名。」這些情節，把袁紹出爾反爾、多謀少決的性格刻畫得維妙維肖、活靈活現。

「多謀少決」的嚴重後果就是坐失良機，使己陷於被動，招致軍事、政治鬥爭的失敗。袁紹破公孫瓚後，因連年興師動眾，老百姓已經疲憊不堪，謀士們勸他不要急於和曹操決戰，應該以逸待勞，一邊休養生息，一邊派奇兵騷擾，使敵疲於奔命，爾後戰而勝之。他卻倉促出兵結果陷入被動。袁紹第一次興兵討曹失策後，退軍河北。這時，曹操乘機舉兵征伐劉備，許都兵力空虛。田豐極力勸袁紹再次起兵攻打許都。袁紹卻以兒子有病，「心中恍惚，恐有不利」為由，不採納田豐的正確建議。為此，急得田豐不禁以杖擊地歎曰：「當此難遇之時，乃以嬰兒之病，失此機會！大事去矣，可痛惜哉！」

在官渡之戰的相持階段，許攸曾抓到曹軍的一個信使，搜出曹操給荀彧的催糧書信，他馬上向袁紹獻計：曹軍糧草已盡，可乘機派兵掩襲許昌，兩路擊之，操可擒也。但袁紹卻認為「曹操詭計極多，此書乃誘敵之計也」，拒不分兵，在最關鍵的時刻又一次貽誤了有利的戰機。一次次地喪失良機，一次次地陷於被動，等待他的只能是曹勝袁敗的結局。倘若袁紹能夠當機立斷，及時採納屬僚的正確建議，那麼，三國歷史可能就會改寫了。

像袁紹這種「多謀少決」的矛盾性格，不僅在古代，而且在今天也屢見不鮮。這個典型，對現實仍具有普遍的教育意義。統御者的責任就是出主意、用幹部。出主意，就是遇事要有主見，要敢於拍板，勇於決斷。在風雲變幻的政治鬥爭和軍事鬥爭中，僅僅保證決策的正確性是不夠的，還必須保證決策的及時性。尤其是軍事鬥爭，時間就是軍隊，時間就是勝利，作為一名軍事指揮員，特別是高級軍事指揮員，在事關指揮作戰的重大問題上，當斷不斷，當決不決，優柔寡斷，這是一個致命的弱點，袁紹的敗亡已經充分證明這一點。為此，其一，要切實做到多謀善斷。特別是既不能謀而不決，又不能決而不斷。當斷則斷，當行則行。其二，要善於抓住有利時機。研究問題，做出決定，切勿優柔寡斷，特別是在緊急關頭，應立竿見影，亟不可待。其三，要正確決策、科學決策。統御者平時要掌握多方面的知識，要多聽取屬下意見，研究問題要讓人說話，廣納群言，正確實施集中，適時準確地做出決策，最大限度地減少決策的失誤。

4・不謀全局者，不足以謀一域

統御者另一個聚凝人心的基本素質就是全局觀念，所統御的勢力範圍越大就越是如此。這種全局觀念是高瞻遠矚的前提，也是多謀善斷的基礎。否則，或者因只顧眼前利益而忘了根本大計，或者因患得患失而導致優柔寡斷。

曹操不僅自己是一個具有全局觀念的人，而且善於利用對手在這方面的缺陷，多化瓦解對方陣營，進而擊敗對手。

荊州是巴蜀的門戶，也是劉備進取中原、謀求向東向北發展的重要的前進基地，戰略地位十分重要。荊州的丟失，是蜀漢事業由盛而衰的一個重要轉捩點。這一重大的失誤，根本原因是由於關羽的驕傲輕敵、沒有很好地貫徹諸葛亮的聯吳抗曹的戰略，結果導致腹背受敵，上演了一曲英雄末路的悲劇。然而，在關羽敗走麥城時，據守上庸的劉封、孟達見死不救，使關羽，同時也使蜀漢軍隊失去了最後一個重整旗鼓恢復荊州的機會，亦難逃其咎。

在一旁坐山觀虎的曹操對當時整個形勢看得非常清楚，隨著蜀漢失去荊州後，荊州會落到東吳手裏，這樣就會導致吳、蜀聯盟的解體，從大局上對自己最有利。因此，他要暗中幫助東吳，解除劉封對東吳的威脅，於是派大軍威逼上庸，同時，他暗中與孟達聯絡，利用劉封缺乏全局觀念這點，在戰事最緊迫之時，穩住了劉封，使其對關羽見死不救……

劉封少年英武，隨劉備入蜀平益州，攻劉璋，屢建戰功，被劉備任為副軍中郎將。後劉備遣劉封與劉璋降將孟達合攻上庸，上庸太守降，劉備又將劉封提升為副軍將軍，與孟達一起駐守上庸。

《三國志》蜀書《劉封傳》記載：「自關羽圍樊城，連呼封、達，令發兵自助，封、達辭以山郡初附，未阿動搖，不承羽命……」

《三國演義》據此更作了形象化的描寫——關羽敗走麥城後，聚將士商議，趙累建議：「此處相近上庸，現有劉封、孟達在彼把守，可速差人往求救兵，若得這支軍馬接濟，以待川兵大至，軍心自安矣。」關羽遂派廖化衝出重圍，到上庸求救。廖化到達上庸後，言明麥城的急切之勢，可「急病遇上了慢大夫」，劉封只說：「將軍且歇，容某計議。」把廖化先安頓在驛館後，卻與孟達商議。

下面是他們之間的一段對話——

劉封謂孟達曰：「叔父被圍，如之奈何？」

達曰：「東吳兵精將勇，且荊州郡，俱已屬被，止有麥城，乃彈丸之地；又聞曹操親督大軍四、五十萬，屯於摩破，量我山城之眾，安能敵得兩家之強兵？不可輕動。」

封曰：「吾亦知之，奈關公是吾叔父，安忍坐視而不救乎？」

達笑曰：「將軍以關公為叔，恐關公未必以將軍為侄也。某聞漢中王初嗣將軍之時，關公即不悅。後漢中王登位之後，欲立後嗣，問於孔明，孔明曰：『此家事也，問關、張可矣。』漢中王遂遣人至荊州問關公，關公以將軍乃螟蛉之子，不可僭立，勸漢中王遠置將軍於上庸山城之地，以杜後患。此事人人知之，將軍豈反不知焉？何今日猶沾沾以叔侄之義，而欲冒險輕動乎？」

封曰：「君言雖是，但以何詞卻之？」

達曰：「但言山城初附，民心未定，不敢造次興兵，恐失所守。」

封從其言。

從以上對話可以看出，在救麥城這一事關蜀漢戰略全局的問題上，劉封的態度從一開始就是猶疑的。孟達乃是西蜀之降將，本來就是一個二三其德的人，又早就和曹操暗中眉來眼去。他看透了劉封的態度，因而一是以所謂敵強我弱，用局部利益蒙蔽劉封的雙眼。二是公然挑撥劉封與劉備、關羽的關係，對此劉封非但沒有駁斥，反而說什麼「君言雖是」，與孟達一起做出了按兵不救的決策。

關羽敗亡後，荊州之地盡失，上庸唇亡齒寒也是難保。後孟達叛蜀降魏，孟達如願以償地被曹操任命為新城太守，與徐晃一起攻擊劉封，並進一步挑撥劉封反叛劉備。劉封這次雖然沒為孟達的離間所動，但最終因棄城失地被劉備賜死，這場鬥智鬥勇最後的贏家自然是曹操。

四、確立名望，使眾人傾心

——眾口可鑠金，社會的公議可以決定對一個人的評價，「知名度」是「振臂一呼，響者雲集」的前提。

即使在今天，一個人的聲譽也在某種程度上影響著他的升遷與發展。因此，每個時代想有所發展的人，都無不為樹立自己的聲譽而費盡心思。曹操當然也清楚要想使天下士人歸附，樹立自己的聲譽是不可少的，而他也的確是這方面的高手。

1．親名士，近名流，抬高身價

俗話說：「近朱者赤，近墨者黑。」當無名鼠輩要成為海內崇仰時，親近名流、名士當是一個重要途徑。

漢代用人，非常重視輿論的評價，其取用的標準，主要是依據地方上的評議亦即所謂清議，實際上就是一種輿論方面的鑒定。被輿論稱譽的士人，才有可能成為徵辟察舉的對象。輿論的鑒定往往採用「風謠」和「題目」的形式。「風謠」有七字一句的，如「五經無雙許叔重」（評許慎）、「關西夫子楊伯起」（評楊震）。有四言兩句的，如「天下無雙，江夏黃童」（評黃香）、「賈氏三虎，偉節最怒」（評賈彪）。「題目」主要稱述人物的品德、識度、才能等，如李膺評論荀淑、鍾皓：「荀君清識難尚，鍾君至德可師。」郭泰評論王允：「王生一日千里，王佐才也。」

由於品評人物的風氣很盛，有些人就成了清議權威，鑒定人才的專家，被視為天下名士，他們對人物的褒貶，在很大程度上能夠左右地方上的輿論，因而影響到士人的仕途進退。士子們為了要取得清議的讚譽，就不能不進行廣泛的社交活動，尋師訪友，以展示並提高自己的才學和聲名，博取人們的注意和好感。特別注意博取清議權威的讚譽，以致有些清議權威終日賓客盈門，甚至還出現了求名者不遠千里而至的情況。曹操對於這種形勢，有著極為清醒的認識，因此他特別注意結交名士，竭力爭取他們的支援。

在這一方面曹操主要通過兩種途徑。一是對一些年輕的名士就與之結交為朋友；二是對一些年長的名士就向他們求教。這樣有利於爭取名士對自己的了解和幫助，藉以提高自己的名聲，擴大自己的影響，他知道自己的宦官家庭出身為廣大士人所蔑視，因而很注意樹立自己不與宦官腐朽勢力同流合污的形象。

曹操在少年時就與袁紹相交，但兩個人之間總有一些隔閡。及至袁紹、袁術的母親死後歸葬汝南時，曹操還是不計前嫌同他的好朋友王儁一同去參加葬禮。

王儁，字子文，汝南人，和袁紹是同鄉。曾得到名士、「照人」范滂的賞識。曹操很欽佩王儁「外靜而內明」，很有才華。而王儁也很讚許曹操，認為他有治世的才能。

袁家是世代做高官的名門望族。這次葬禮舉行得非常隆重，參加的人達三萬多，搞得很奢侈，耗費了大量的錢財。曹操見此情景感慨萬分。他私下對袁紹、袁術十分不滿，便對王儁說：「天下將要大亂，倡亂的罪魁禍首肯定是這兩個人。要想安濟天下，為百姓解除痛苦，不除掉這兩個人是不行的。」王儁也很有感觸地說：「我贊同你的說法，能夠安濟天下的人，除了你還有誰呢？」說罷，二人對笑起來。

在王儁避居荊州武陵，官渡之戰時，王儁曾勸劉表與曹操聯合，劉表不從。曹操下荊州時，王儁已死，曹操將其改葬江陵。

南陽何顒，字伯求，年輕時遊學於洛陽，與郭泰、賈彪等太學生首領交好，很有名氣。好友盧偉高父親臨終時，何顒前去問候，得知其父有仇未報，便幫助盧偉高復了仇，並將仇人的頭拿來在他父親墓前祭奠，很是俠義。

曹操在這期間也同何顒交往，談孔學，論百家，說《詩經》，講兵法，頭頭是道。分析評論現實的派別鬥爭、黨錮之禍，很有見地。表現了學識淵博而且有濟世之才。何顒私下對另人說：「漢家將要滅亡，能夠安天下的，必定是這個人了。」曹操聽到後，非常感激。

此後，曹操在士人中的名聲就更大了。

在當時的諸多名士中，許劭是一個非常有影響的人物，誰要是獲得他的好評，則對自己的仕進產生十分有利的影響，曹操為了取得許劭的好評，先去拜訪在評議界享有很高聲望的大名士橋玄。

橋玄，字公祖，梁國雅陽人。歷任縣功曹、國相、太守、司徒長史、將作大匠、少府、大鴻臚、司空、司徒、尚書令等職。光和元年（西元一七八年），升任太尉。以剛毅果斷著稱，敢於打擊豪強貪官。自己則廉潔自守，雖身居要職，子弟宗親卻沒有一個憑藉關係做上大官的。家貧乏產業，去世後，竟難以殯葬，當時的人們為此將他稱為名臣。橋玄謙恭下士，善於觀察和品評人物，在清議界也享有很高的聲望。曹操慕名前往，橋玄與之接談後，感到曹操很不平常，說：「現在天下將要變亂，不是經邦濟世的人才是不可能使天下安定下來的。能夠安定天下的，大概就是你了。」

停了一下，又說：「我見過的天下名士多了，沒有一個是像你這樣的。你要好好努力。我已經老了，願意把妻子兒女託付給你。」

曹操聽了，非常感激，把這位老前輩引為知己。橋玄覺得曹操還沒有什麼名氣，又勸他去結交許劭。

許劭，字子將，汝南平輿人。以名節自我尊崇，不肯應召出來做官。善於辨別、評述人物，當時人們推舉清議的權威，無不把他和太原郭泰作為代表。誰要是能夠得到許劭的讚譽，誰就能夠身價倍增。許劭常在每月的初一，把本鄉的人物重新評議一番，叫做「月旦評」。曹操由於橋玄的推薦，也由於自己對許劭慕名已久，因此不只一次帶著厚禮、陪著笑臉去拜訪，請求許劭對自己稱譽一番。許劭一方面感到曹操與眾不同，另一方面大概對曹操那些飛鷹走狗的行徑有所了解，不大看得起他，因此拒不作答。曹操卻是絕不放鬆，堅持著自己的要求，最後甚至找了個機會對許劭進行脅迫。許劭沒有辦法，只好說：「你是一個太平時代的能臣，動亂時代的奸雄。」

曹操聽了這個評語，感到非常開心，哈哈大笑著離去了。

可見，曹操為了要達到自己的目的，有時甚至是有些不擇手段的。不過，他在尋覓「知己」的過程中，也有碰釘子的時候。南陽宗世林，十分看不起曹操的為人。曹操二十歲時，多次登門，想同宗世林交個朋友，因賓客滿座，沒有說話的機會。後來，宗世林起身外出，曹操乘機上前將他攔住，握住他的手，表達了自己的願望。誰知宗世林一點情面也不給，毫不猶豫地拒絕了曹操的要求。後來，曹操當了司空，總攬朝政，大權在握，又把宗世林請來，得意地問道：「現在我們可以交個朋友了吧？」

宗世林卻不動聲色地回答：「松柏之志猶存！」

可見，宗世林對曹操是始終抱有成見的。

曹操能夠得到眾多名士的推許，並不是偶然的。漢代清議的標準，雖然以名教為依歸，即一個人必須讀經習禮，砥礪品行，隨時注意修飾自己的言談風度。但一個人才能突出，也能得到清議的重視，特別是在經學日漸衰微的漢末，才能顯示出了越來越多的價值。曹操在品行方面是沒有太多的東西值得稱道的，但他的才能在當時非常突出。他的觀察力和隨機應變的能力，他的機警、智慧和謀略，他的幹練和果敢精神，都是一筆令人羨慕的財富，在亂世非常有用。他手不釋卷，但不讀那些於「世」無補的書，特別不願走成千上萬的漢儒曾經走過的那條皓首窮經的道路。他不專讀儒家的書，諸子百家的書他都要瀏覽一番，把有用的東西加以吸取。他特別喜歡兵法，當時在軍事方面已經發表過不少獨到的見解。這些，都是他獲得清議好評的原因，當然，這還跟他個人不懈的努力有關。曹操雖然出生於宦官家庭，但他清醒地認識到，宦官集團遭到廣大士人的反對，是不可能有遠大前程的。他力圖改變自己的形象和社會地位，打進在統治集團中雖然一時還未佔據優勢但潛力卻很大的士大夫集團中去，千方百計尋求同名士交往的機會，竭力爭取他們的理解和支援。

由於爭取到了眾多名士替自己來激揚名譽，曹操引起了士大夫集團越來越廣泛的注意，這對他躋身士林、步入仕途起了很大作用。曹操對於橋玄等人是深銘謝意的，建安七年（西元二〇二年）曹操駐軍譙縣，特地派人到睢陽橋玄的墓地去祭祖，並親自寫了祭文——

「吾以幼年逮升堂室，特以頑鄙之姿，為大君子所納。增榮益觀，皆由獎助，猶仲尼稱不如顏淵，李生之厚歎賈復。士死知己，懷此無忘。」

這段話是反映了當時的真實情況和曹操的真實心情的。曹操的崛起和他善於結交天下名士的做法是密切相關的。

2．大義滅親，打動人心

前面提到曹操的宦官出身是非常為士大夫們所不恥的，於是，為了自己心中的理想，曹操義無反顧地走上了反對宦官專權的道路。

曹操曾祖曹節，字元偉，譙縣百姓，為人厚道有善名。祖父曹騰，字季興，曹節第四子，早年進京為宦官，歷事東漢安、順、沖、質、桓五帝三十餘年。安帝時為黃門從官，順帝即位為小黃門，遷中常侍。質帝死，桓帝即位，因參與定策有功，被封為費亭侯，遷大長秋，加位特進。曹騰幾十年積累了鉅額財產，為官十分貪婪，被稱為「宦官中最奸狡誤國者」一，可見名聲之差。

父親曹嵩，字巨高，曹騰養子，傳為「夏侯子」。曹嵩因有曹騰這樣一個大宦官做養父，仕途得意。桓帝時為司隸校尉，靈帝時花鉅資買通當權宦官，先後取得了位於九卿的大司農，大鴻臚。又逢靈帝開西園賣官，曹嵩又花錢一億得太尉一職，次年罷免。曹騰死襲費亭侯。可見，曹家的「發跡史」是很骯髒的。

其餘曹騰弟曹褒（曹仁祖父），官至穎川太守，曹熾（曹仁父）官至侍中，長水校尉，騰侄曹鼎（曹洪伯父）官至尚書令。

曹操出身如此顯赫一時，但究其根柢又不甚雅觀的宦官家庭，加之起於亂世，不知對其影響何如。

從曹操後來回憶來看，家庭對其影響，尤其在教養與情感方面，可謂深遠。他自歎出身卑賤。

東漢桓、靈二帝時的宦官專政，血洗儒林，數以千計的正直士人被囚禁而最終又遭殺戮，顯得東漢王朝已無生機。對如此驚心動魄的倒行逆施，初入仕的曹操，即大聲疾呼，為被害黨人鳴冤叫屈，這表明他一踏上仕途即擺脫宦官家庭的影響，凜然正氣令世人刮目。

曹操出任頓丘令不久，即被召入朝廷任為議郎。議郎是郎官的一種，屬光祿勳，一般由賢良方正、敦樸有道的人充任，負責顧問應對，俸祿六百石。曹操來到皇帝身邊，有利於擴大自己的影響，但因議郎屬冗官，沒有一定職務，沒有固定工作，倒反而清閒了。第二年，亦即光和元年（西元一七八年），曹操因堂妹夫宋奇被宦官誅殺，受到牽連，被免去官職。曹操被免官後，在洛陽無事可做，便回到家鄉譙縣閒居下來。光和三年（西元一八〇年）因朝廷用人，曹操又被靈帝徵召，回到議郎任上。

這次任職時間較長，曹操做了一件大事，就是抨擊宦官，上書為竇武、陳蕃申冤打抱不平。

竇武，字遊平，扶風平陵人。延熹八年（西元一六五年），其長女被選送入宮，桓帝封為貴人，竇武被任為郎中。這年冬，貴人立為皇后，竇武升為越騎校尉，封槐里侯。第二年冬天，調任城門校尉。竇武利用職務之便，徵召了不少名士。自己廉潔奉公，嫉惡如仇，不受賄賂，家人衣食僅保充足而已。所得賞賜，全部用來接濟太學諸生，還經常接濟貧民糧食。其時宦官專權，李膺、杜密等被逮捕拷問，竇武特地在永康元年（西元一六七年）上書要求懲辦宦官，釋放黨人，對李膺等人的獲釋起了很大作用。這年冬，桓帝死，竇皇后為皇太后，臨朝聽政，與竇武定策，迎立解瀆亭侯劉宏為帝（即靈帝），竇武被任命為大將軍，改封聞喜侯，成為外戚集團的首領。

陳蕃，字仲舉，汝南平輿人。著名黨人，與李膺、王暢享有同等聲望，太學生中流行著這樣的評語：「天下楷模李元禮（膺），不畏強御陳仲舉，天下俊秀王叔茂（暢）。」又與竇武、劉淑一起被人們譽為「三君」，所謂「君」，即可為一代人所尊奉、所效法的意思。桓帝時，曾歷任太守、尚書令、大鴻臚、光祿勳、太尉等職。為人剛正不阿、不畏權貴。大將軍梁冀曾有事相求，派人送來一封信，陳蕃拒不接待。使者玩弄花招見到了陳蕃，陳蕃怒而將其打死。李膺等黨人被宦官陷害，陳蕃一再為之申辯，言辭激切，宦官恨之入骨，本欲將其置於死地，但因陳蕃是名臣，終究不敢加害，最後只好免官了事。竇太后臨朝，陳蕃重新得到重用。當初，桓帝曾打算立田貴人為皇后，陳蕃以田氏出身卑微、竇氏出身良家為由，竭力主張立竇氏，桓帝最後只得立了竇氏。竇太后因此很感激陳蕃，臨朝後即任命陳蕃為太傅，與大將軍竇武共同執掌朝政。

竇武、陳蕃都有翦除宦官的打算，兩人一拍即合，於是安插親信，重新起用李膺、杜密等人，共謀起事，但因宦官曹節、王甫等人諂事太后，騙取了太后的信任，計畫一再受到阻撓。建寧元年（西元一六八年）八月，竇武使人上奏，打算逮捕曹節等人。曹節等先發制人，挾持靈帝，劫奪太后，矯詔逮捕竇武等人。竇武拒不受詔，射殺使者，發兵數千人對抗。曹節、王甫調兵與竇武對陣，竇武最後失勢自殺，宗親、賓客同時被害。陳蕃親率部屬八十餘人拔刀回應竇武，被王甫調兵圍困，最後逮送監獄遇害，宗族、門生、故吏被免官禁錮。

竇武雖身為外威首領，但同時又是著名黨人，他同陳蕃都能在一定程度上廉政潔行，不滿宦官集團的胡作非為，其反對宦官集團的行動自然是深得黨人和名士的肯定與激賞的。曹操也是在這樣的思想支配下，上書為竇武、陳蕃鳴冤的。

他一方面肯定了竇武等人品德行為的正直，另一方面也斥責了奸人的擅權，一針見血，義形於辭，再一次顯示了曹操反對宦官專政的立場，同時也顯示了曹操勇於革新政治的精神。但由於其矛頭不僅僅是指向宦官集團，還隱約地指向了靈帝，因而其意見未能被靈帝所採納。

竇武被害後，全家受到牽連，只有一個兩歲的孫子竇輔脫逃。曹節等人得知後，搜捕甚急。竇輔在竇武門生胡騰等人的掩護下，逃到零陵地界，胡騰謊稱竇輔已死，把竇輔留在家中當作兒子撫養，並改為胡姓。竇輔後被舉為桂陽孝廉。建安年間，荊州牧劉表辟為從事。曹操襲佔荊州後，讓竇輔及其家人徙居鄴城，把竇輔安排在丞相府工作。

竇輔後來從征馬超，中流矢而死。

曹操還上書譴責公卿舉奏不當。

光和五年（西元一八二年）正月，靈帝詔令三公，將州縣官員中沒有政績、蠹害百姓而被編成歌謠傳唱者，一一予以罷免。太尉許戫、司空張濟秉承宦官旨意，接受賄賂，阿從世俗，對那些民憤很大的貪贓枉法的宦官家屬、親戚、賓客不予查處，反而糾劾了邊遠小郡清廉自守、有惠民表現的官吏二十六人。這些被誣陷的官吏，紛紛向朝廷陳訴冤枉。司徒陳耽也上書靈帝勸諫說：「公卿所舉，率黨其私，所謂放鴟梟而因鸞鳳。」但靈帝是非不分，對陳耽的上書置之不理，結果張濟等人依然逍遙法外，而且由於宦官的忌恨和誣陷，陳耽反被罷官，兩年後冤死獄中。

就在陳耽上書的上半年，災害頻頻發生：二月瘟疫流行，四月大旱，五月太后住的永樂宮失火。相信天人感應的靈帝於是下詔向臣下廣為徵詢政事的得失。曹操對張濟等人的所作所為早已心懷不滿，於是利用靈帝因災害不斷而惶惶不安的機會，不避自身安危，不顧官職卑微，繼陳耽之後再次上書進諫，譴責公卿舉奏專門迴避貴戚。靈帝這次大概因迫於災禍頻仍，有所感悟，於是將曹操的奏章發給三府，責備張濟等人失職，被錯糾的官員得到平反，許戫還在稍後的十月被免職。曹操由於抓準了時機，運用智慧在這一個回合取得了勝利。

此後，朝政越來越混亂，不法之徒越來越猖狂。曹操知道很難改變這種狀況，就不再上書，慢慢沉默下來。

靈帝熹平三年（西元一七四年），曹操在洛陽北部尉上棒殺宦官蹇碩叔父之事，更鮮明地體現了他反對宦官專政的立場，同正直派官僚敢於不避艱險、打擊那些橫行不法的宦官的行動是完全一致的。曹操反宦官，等於罵自己的老祖宗，但他這樣旗幟鮮明，反贏得了士人的擁戴。

3．運用「形象工程」確立自己威信

一個有所成就的人，在他前進的每個階梯上，都會通過不同凡響的作為證明自己的能力，以樹立他在世人心中的威信，從而為他實現更高的目標積累資本。曹操就是一個這樣的人。

由於鎮壓黃巾起義有功，曹操也被提升為濟南國相。漢代沿襲秦朝的郡縣制，但同時以一部分郡縣分封王侯，當時人稱為「郡國」。東漢時，王國封地相當於一個郡。按制度，被分封的王只能享受封區內的賦稅收入，沒有行政權力。國相就是中央政府派到王國處理政事的官吏，職位與二千石的郡太守相等。

曹操由於出身宦官家庭，又不是名士，因此在被舉為孝廉後常常擔心被人們看成是

個平庸無能的人。如今，他真正得到了相當於郡太守的職位，於是便大刀闊斧地幹了起來，以圖實現心中的宿願。

濟南國所屬十縣，令、長大都對上交通朝廷貴戚或宦官，對下勾結地方豪強，依仗權勢，狼狽為奸，貪贓枉法，魚肉百姓，弄得聲名狼藉，而歷任國相明知這些地方官為非作歹，卻不敢加以干涉。曹操到任不久，即上奏朝廷一鼓作氣罷免了其中的八人。這樣一來，上下無不為之震恐，犯法作亂的人都紛紛逃往外部，轄境內一時間變得異常平靜，社會治安大為好轉。

西漢初年，齊悼惠王之子劉章因同周勃、陳平誅除諸呂有功，在文帝前元二年（前一七八年）被封為城陽王，死後城陽國為其立廟祭掃。青州諸郡轉相仿效，祠廟越來越多，其中以濟南國為最，達到六百餘所。祭祀功臣、懷念祖先本來是件好事，按照國家典章規定建的祠廟依禮制的內容進行祭祖活動，這是被允許的。但濟南的這些祠廟多數並不是按典章建立的，屬於「淫祠」（濫設的祠廟）。更不是按照禮制的規定進行祭掃，而是大搞奸邪鬼神之事，這屬於「淫祀」。由於諸郡轉相效仿，淫祀之風為此越刮越烈。更有甚者，一些有錢的商人在祭祖時，排場搞得很大，坐上二千石官員才能乘坐的車子，穿上二千石官員才能穿的衣服，有歌舞藝人唱唱跳跳、吹吹打打，就像後世的迎神賽會一般。他們利用淫祀標榜祖宗的所謂「功德」，抬高自己的社會地位，同時欺詐人民，騙取錢財，因而祭祖之風越奢侈，老百姓也就變得越貧窮，而歷來的官員卻沒有人敢於加以禁絕。曹操到任後，一舉將祠廟全部焚毀，並嚴禁官民再搞祭祖活動，一時間沒有人敢再提奸邪鬼神之事。

此外，曹操還比較公平地選用官吏，力圖使政治變得較為清明。這些，都表現了曹操決心廓清吏治的精神，同時進一步顯示了他不同凡響的政治才幹和膽識魄力。他使曹操在世人中聲望越來越大。

4・以退為進，用「隱居」顯清高

曹操在鎮壓穎川起義軍後，因軍功被升遷為濟南國相。曹操在任濟南相國後，兩年中「燒了兩把火」，一是罷貪官，一是毀淫祠。這使他的影響大增、政績卓著，仕途呈蒸蒸日上之勢。但是，曹操的行動卻得罪了朝中當權的宦官，地方豪強也對他恨之入骨。曹操一方面不願意違背自己的志向去迎合權貴，一方面又考慮到已經多次地觸犯權貴，再這樣幹下去，擔心會使全家受到連累。為了避免發生不測之禍，曹操在當年辭去了濟南相的職務，請求回到宮中值宿，擔任警衛，實際是要求賦閒。朝廷再次任命他為議郎，曹操表面上雖然接受了，但卻常常裝病，不去當職。以後又辭去東郡太守，再辭官回鄉，以顯示自己不願與奸邪之人同流合污。

曹操託病辭官，固然由於他在擔任濟南相時的所作所為得罪了當權的宦官，怕遭到打擊報復，但這還不是惟一的原因。曹操早在做洛陽北部尉時就敢於棒殺小黃門蹇碩的叔父，這時雖有遭受打擊報復的危險，但畢竟還沒有發生此類事情。何況，這時他的父親曹嵩還大權在握，中平四年（西元一八七年）甚至還花一億錢買了個太尉的官做，算得是一個有錢有勢、有頭有臉的人物，朝中有這樣的人在撐腰，曹操自然也不必有太多的顧忌。他之所以託病辭官，還有更深一層的考慮。

東漢末年，岩穴隱居在名士中是十分盛行的風尚。由於隱居被人們認為是有才能而又清高的人才做的事情，因此隱居可以抬高身價，成為當政者注目和禮聘的對象，不失為一條做官的捷徑。曹操常為自己不曾是岩穴隱居之士而感到遺憾，他正可以利用這一機會來彌補遺憾。他還做了一個橫向比較：和他一同被推為孝廉的人中，有的人已經五十歲了還不稱做年老，他現在不過才三十歲，即使隱居二十年再出來做官，也才同這些人剛被舉為孝廉時的年紀相同，有什麼可怕的呢？於是，他毅然回到了家鄉，在縣城以東五十里的地方蓋了一座幽雅的書房，打算一年中秋夏讀書，冬春射獵，文武並進，積蓄力量，以圖將來的發展。這個地方比較低窪，於是，曹操把四周挖得更低，並放進河水，打算利用沼澤中的泥水把自己同外界隔絕開來，斷絕賓客的來往。

曹操在家閒居的一年中，地方叛亂和黃巾軍餘眾的起事不斷，對此東漢的最高統治者，決定建立西園新軍以拱衛京師。

這年八月，靈帝為了加強守護京師、保衛皇室的力量，組建一支新軍，在西園成立了統帥部，設置八校尉統領。西園新軍可以說是禁衛軍團，以備隨時應付可能出現的動亂局面。靈帝選中了宦官蹇碩、武官袁紹，也選中了曹操。曹操被任命為八校尉之一的典軍校尉之職。

曹操自己說他原來有個理想是：為列侯當將軍。進西園新軍當將領是他實現這一志向的極好機會，典軍校尉這一任命，對曹操的誘惑力太大了。他不得不結束「隱居」生活，懷著激動的心情，進京上任了。

曹操能打入皇室核心武裝並任要職，連大宦官蹇碩也要同他共事，這說明他在仕途上又邁上了一個新臺階。在一定意義上是他以退為進策略的成功。這種成功主要是由於他本人才能突出，在政治舞臺上已經樹立了好的形象，博得了好的名聲。

5．眾望所歸才能得吉人相助

曹操的雄才大略和他苦心建立起來的名望，在他實力非常弱小時起了巨大的作用，使他能在危急的時刻得到吉人相助。

在曹操不受董卓之召，從長安東逃，在陳留停留下來的時候，曹操少年時代的朋友，又是反對董卓的陳留郡太守張邈，這時給了曹操多方的支援。同時，兗州刺史（陳留郡屬兗州）劉岱也是反對董卓的，此外，曹操在襄邑還得到了孝廉衛茲的全力支援。衛茲頗有謀略，講究節操，曾為車騎將軍何苗徵召，司徒楊彪再加旌命。衛茲對曹操的才能十分了解，曹操剛到陳留，他就對人說：「平定天下的，肯定是這個人。」曹操也很看重衛茲，多次登門拜訪，共商大事。衛茲說：「動亂延續很長時間了，不用武力是平定不下去的。」又說：「要起兵，現在就得開始！」於是拿出家財來幫助曹操，對曹操儘快起兵起了重要的推動作用。當時幾乎一無所有的曹操，確實得到了吉人相助。

這時，曹操在譙縣的宗族、賓客、部曲也紛紛趕來，其中主要人物有曹仁、曹洪、夏侯惇、夏侯淵等人。曹仁，字子孝，是曹操的堂弟，從小就喜歡練武打獵。曹洪，字子廉，也是曹操的堂弟。夏侯惇，字元讓，是西漢名將夏侯嬰的後代。十四歲時，從師學習，有人侮辱老師，他把這人給殺了，從此以剛烈而聞名。夏侯淵，字妙才，是夏侯惇的族弟。他們都成了曹操的心腹將領，後來跟隨曹操南征北戰，立下了赫赫戰功。

後來，當曹操採納毛玠的「奉天子以令不臣」的建議遇到麻煩時，也多虧了吉人董昭、鍾繇等人的相助。

初平三年（西元一九二年）底，曹操派從事王必出使長安，途中被河內太守張楊攔阻，不讓過境。這時在張楊處的騎都尉董昭勸張楊說：「袁紹、曹操雖是同盟關係，但看情況，是不可能長期聯合下去的。曹操眼下雖然弱小，但卻不愧是一個英雄，應當找機會同他結交。何況現在機會就擺在眼前，應當加以利用，幫助曹操同朝廷接上關係，並上表推薦他。如果事情辦好了，曹操是不會忘記您的好處的。」

張楊聽後覺得有理，就立即照辦了。董昭還以曹操的名義給在長安掌權的人寫信，並根據這些人地位的高低分別贈送了禮物。曹操得知情況後，對張楊果然十分感謝，特地給張楊送去犬馬金帛。從此，從兗州到長安的道路暢通無阻，曹操同朝廷之間的聯繫增強了。

王必初到長安時，李傕、郭汜等認為關東州郡想要自立天子，現在曹操雖然派來了使者，但絕不會是出於誠意，就想把王必扣留下來。黃門侍郎鍾繇勸阻說：「現在群雄並起，大家各搞各的一套，只有曹操的心裏還想著王室。如果不接受他的忠心，恐怕會有失眾望。」

李傕、郭汜只好改變態度，用禮物厚加答報，算是接受了曹操的好意。

董昭、鍾繇這時還不是曹操手下的人，曹操並不能支配他們，但在關鍵時刻卻都得到了他們的幫助，說明這時曹操的雄略和聲名已為不少人所了解、佩服。董昭、鍾繇的相助，也是為了結交曹操，為自己日後打下一個良好的基礎。

6・附會天意，神化自己

同許多帝王附會其「真命天子」，相信祥瑞災異相比較，曹操更相信天下是打出來的，因此，他不信天命，不信鬼神。但是他又不放棄利用當時大多數人非常迷信的心理來實施他治人攏心的統御之術，以推進對自己有利的方針政策。前述他利用天災對皇帝心理產生的影響，上書譴責公卿舉奏不當並達到成效，就是一個例子。其後，擴建鄴城也更是如此。

可以說，擴建鄴城，是曹操人生目標的一次大提升。

原來，桓帝在位年間，原春秋時期梁、沛二國分野曾出現一顆黃星，通曉天文的遼東人殷馗預言五十年後將有「真人」誕生於梁、沛二國之間，「其鋒不可當」。「真人」即真命天子。桓帝是和平元年（西元一五〇年）親政的，到官渡之戰曹操全殲袁紹十餘萬大軍的建安五年（西元二〇〇年），剛好五十年。於是，人們敏銳地聯繫現實，認定殷馗預言中的「真命天子」就是曹操。連地廣兵強的袁紹也敗給了曹操，不是有力地證明了這個「真命天子」的「其鋒不可當」嗎？對於這些傳聞曹操不僅沒有加以澄清，反而任其流傳。

興平二年（西元一九五年），獻帝蒙塵，被董卓舊部追至曹陽澗，欲沿黃河東下洛陽之時，侍中兼太史令王立向宗正劉艾說，憑他對天象的觀察：「漢祚終矣，晉、魏必有興者。」爾後又多次啟奏獻帝：「天命有去就，五行不常盛，代火者土也，承漢者魏也，能安天下者，曹姓也，惟委任曹氏而已。」認為魏必將取代漢朝，而目前能安定天下之人只有曹操，應召來勤王。當時，曹操任代兗州牧，不斷遣使貢獻，或許王立憑藉其專業史官特有的直覺已看出雄才大略的曹操終將贏得天下，而特地託「天命」說服獻帝予以重用。

第二年，曹操領兵至洛陽，移駕許都，始聞王立之語，擔心由此引起物議而成眾矢之的，便派人求告王立：「知公忠於朝廷，然天道深遠，幸勿多言。」本來，曹操是不相信「天命」，但在公眾場合又不明確地否定這些屬於神祕的東西，其原因就在於為了實現統一大業，對此要加以利用。

鄴城始建於春秋時期的齊國，因為《管子．小匡》說齊桓公時「築五鹿、中牟、鄴以衛諸夏之地」。戰國時期，鄴城在魏國版圖之內。西元前一九五年，漢高祖劉邦設魏郡，以鄴城為其治所，故址在今河北省臨漳縣西南離漳河北岸二十公里的三臺村。左思《魏都賦》說它四通八達，既是北方的經濟樞紐，又是具有戰略價值的軍事重鎮。

天下久亂，人心思定，誰據有冀州魏郡的鄴城，誰就可以稱王於天下。漢末之人大多篤信佔有魏郡的鄴城會帶來政治上的好運。

在平定河北的凱歌聲中，曹操開始致力於新的大本營鄴城的擴建。他親自參與設計規劃，調集軍民施工，直到他去世前的建安二十五年工程從未停歇。經過了十五年的努力，鄴城的街市、宮苑、官署、學校、兵營、倉庫、作坊等佈局嚴整合理，氣勢開敞宏偉，儼然一派大都市景象。

鄴城除了城廓拓展之外，城內又先後建造了文昌殿、聽政殿、鶴鳴宮、楸梓宮、金虎臺、冰井臺、銅雀臺。文昌二殿是曹操處理軍政大事、接見屬下將吏的地方。鶴鳴二宮可能是曹操為集中方士而專門修建的。著名的是位於北城西北隅的銅雀臺、金虎臺和冰井臺，分別於建安十七年、十八年和十九年竣工，「殿閣鱗比，雕樑畫棟，金碧輝煌」。酈道元《水經・濁漳水注》說：「金虎三臺皆因城為之基，巍然崇舉，其高若山，魏武所起；中銅雀臺，高十丈，有屋百間，南則金虎，高八丈，有屋一百九間，北曰冰井臺，亦高八丈，有屋一百四十間，上有冰室，室有數井，井深十五丈，藏冰及石墨焉；又有粟窖或鹽窖，以備不虞。」又據載，三臺各相距六十步，臺上有復道，樓閣相遇，中央懸空，所鑄大銅雀高一丈五尺，安放在樓頂。藏冰是為了消夏。「石墨」即今之煤炭，用以嚴冬取暖。粟和鹽是生活必需品。以上說明，三臺是曹操及其主要文官武將居住娛樂的場所。

三臺竣工時，曹操曾命諸子作賦紀念，自己亦寫《登臺賦》抒懷。《登臺賦》全文今已散佚，僅存「引長明，灌街里」兩句。「長明」即長明渠，為人工挖成的運河，自城西引漳水東流，經銅雀臺下，伏流入城，南達正東門，入北宮，東出石竇堰下，注入湟水，解決了全城的生活用水問題。

曹丕代漢之時，鄴城為魏國五都之一。西晉以後，後趙、北魏、前燕、東魏、北齊五朝皆定都於此，幾次大規模擴建，他城有了「東方名都」的美譽。

隋文帝楊堅在奪取北周政權的前一年，聽信一個十分荒謬的謠言，為了所謂「避凶趨吉」，竟然將鄴城付之一炬。

7．名之大者，匡扶正義

曹操從來也沒有掩飾自己在東漢末年群雄並起時的分量，他的「自明本志」中有一句話更直截了當：「設使國家無有孤，不知當幾人稱帝、幾人稱王。」他拱衛漢室，拒絕做廢立事，有誰稱帝，他痛打不饒。這正是他曹操治人攏心之術中最高明之處，前面多次提到聲望對於一個要成大事的人是非常重要的，但是，聲望有大有小，其中最大的聲望莫過於扶危定傾，護國討賊，這樣就會使天下人把你當成「正義」的化身，這時想治人攏心還有什麼難的呢？曹操討伐袁術就是如此。

袁術，字公路，是司空袁逢的兒子，官至折沖校尉、虎賁中郎將。董卓進京，他逃到南陽；他的部將長沙太守孫堅殺掉南陽太守張咨，他便佔據了南陽。關東聯軍討伐董卓散夥後，他同袁紹在立劉虞為帝的問題上鬧矛盾。他勾結幽州的公孫瓚反對袁紹；袁紹則聯絡荊州的劉表牽制他。孫堅討伐董卓時，帶兵進入洛陽，得了一塊「傳國璽」，上面刻著「受命於天既壽永昌」的字樣。袁術硬從孫堅手中把這塊玉璽搶了過來，為的是日後好「名正言順」地做皇帝。

西元一九三年春，袁術被曹操打敗，從南陽逃到九江後，殺揚州刺史陳瑀，佔據了壽春，自任揚州牧，兼稱徐州伯，董卓舊部還以朝廷名義任他為左將軍，封陽翟侯。

西元一九五年冬，獻帝東出潼關，其護衛隊伍被董卓舊部打敗，袁術以為時機已到，便召集手下人商議，表示要做皇帝。他對其手下眾人說：「現在劉氏天下很微弱，海內鼎沸。我家世代做高官，得到了老百姓的歸附。我想應天順民，稱皇帝，不知諸君意下如何？」這件事關係重大，大家都不願表態，只有主簿閻象發了言，認為時機不成熟。他說：「過去周文王三分天下有其二，尚且服事殷朝，將軍勢力雖然不小，顯然不如周文王那樣強盛，漢室雖然微弱，卻還未像殷紂王那樣殘暴，就更不應該取而代之了。」袁術聽了，儘管心中不高興，見手下人這麼不熱心，只好暫時作罷。

袁術想取得一些人的支援，對前來投歸的張承說：「我以土地之廣，士民之眾，仿效漢高祖當皇帝不行嗎？」張承回答說：「這在於德，不在於強，如果有德，雖然開始實力不大，但可以興霸王之功，如果憑藉勢大而稱帝，不合時宜，就要失掉群眾，想興盛是不可能的。」袁術想，老部下江東的孫策總該支援自己吧，可是不料孫策卻給他寫信說：「董卓貪殘淫逸，驕奢橫暴，擅自廢立，天下的人都痛恨他，你怎麼能步他的後塵呢？」還說：「你家五代都是朝廷名臣，輔佐漢室，榮譽恩寵，沒有人能與之相比，理應效忠守節，報答王室，這是天下人所期望的。」袁術看罷，大失所望，還氣得生了一場病。

西元一九六年九月，曹操迎獻帝都許後，袁術急不可待了。經過四個月的策劃和準備，於第二年正月，他趁曹操出兵南征張繡之機，終於抱著「傳國璽」在壽春正式稱帝了。袁術自稱「仲家」，置公卿百官，以九江太守為淮南尹，還郊祀天地，表示他乃是「順天意」當了皇帝的。

袁術稱帝後，日子並不好過，有些朋友、同夥都不願同他合作。

袁術請他的老朋友沛相陳珪前來輔佐他，陳珪給他回信說：「曹將軍為了振興國家，撥亂反正，我以為你會和他同心協力輔佐王室，沒想到你竟搞這種陰謀不軌之事。想要我和你同流合污，說死也辦不到。」袁術目的沒達到，反而挨了一悶棍。

袁術想任命當年被曹操趕跑投奔他的兗州刺史金尚為太尉，金尚堅決不幹，還打算逃跑，袁術一氣之下竟把他殺了。

孫策得知袁術稱帝後，給他寫信加以責備，並表示同他斷絕關係。曹操得知這一情況後，表舉孫策為討逆將軍，進封吳侯。

袁術覺得要對付曹操，必須與呂布聯合。早在袁術稱帝前，他就曾拉攏呂布對付劉備，並向呂布表示要娶他的女兒做兒媳。呂布很高興地答應了這門親事。曹操為了不使呂布向袁術靠攏，暫緩對呂布的攻擊，並寫信給呂布表示願意共同對敵，還以獻帝的名義發了一道詔書，稱讚他殺董卓之功，要他和曹操同心協力輔佐朝廷。於是，是否向袁術靠攏，呂布又猶豫起來。

袁術稱帝後，想進一步與呂布和好，以使徐州、揚州聯合對抗曹操。便派韓胤出使徐州，把自己稱帝的事告訴呂布，並迎接呂布的女兒與己子完婚。呂布考慮之後，答應了袁術的要求，還派兵送女兒上路。

呂布所屬的沛相陳珪，早已傾向於曹操，他聽說袁術、呂布聯姻共同對付曹操的情況後，趕忙去見呂布說：「曹公奉迎天子，輔佐國政，名高於世，將征服四海，將軍應當同他協力同心，共商大計，以圖泰山那樣的安定。現在如果與袁術聯姻，必然要落個不義的名聲，這樣下去將是很危險的。」

呂布一聽，又猶豫起來，他想起當初袁術不接納自己的情況，心裏來了氣，於是改變了態度，立即派人去把女兒追了回來。還把韓胤戴上刑具送到許都，交由曹操處置。

曹操立即將韓胤斬首示眾。

曹操為了進一步拉攏呂布，又以獻帝的名義任命呂布為左將軍，派使者持詔書、印綬去見呂布。並給呂布寫信，表揚呂布制止袁術稱天子，對皇室的擁戴，說朝廷仍然信任他，相信他的忠誠，還說是用自己家的好金子為呂布鑄金印，是將自己帶的紫綬送給呂布，以表示友好。

曹操的信很短，但很有分量，可謂字字千鈞——

「在山陽屯，送給將軍的封詔印綬丟失了。皇家沒有好金子，我用自己家中的好金子再為你鑄一顆金印。皇家無紫綬，我把所帶的紫綬送給你以表達一番心意。將軍你所派的使者不好。袁術陰謀在淮南稱帝，將軍報告給皇上，可使者沒有把你的奏章上報。朝廷相信你，命你再上個奏章，以表明你的忠誠。」

呂布接到詔書、印綬和曹操書信後，非常高興，馬上派陳珪的兒子陳登去許都向獻帝謝恩，還帶去一條好的綬帶酬謝曹操。同時也表示希望朝廷任命自己為徐州牧。

陳登到許都見曹操後，乘機告訴曹操，呂布勇而無謀，輕於去就，反覆無常，應該早日把他除掉。曹操也就把心裏話告訴陳登說：「呂布狼子野心，確實難以久養。不是您，別人是很難把他看清楚的。」

曹操當即任命陳登為廣陵太守，並把其父陳珪的秩祿增加為「中二千石」。臨別時，曹操拉著陳登的手說：「東邊的事情，就託付給你們父子了。」意思是讓陳登父子暗中集合部眾做內應，待機除掉呂布。

陳登回到徐州後，向呂布報告了在許都的情況，可是沒有提到呂布做徐州牧的事，呂布大怒，將戟砍在桌上，指著陳登說：「你父親勸我同曹操合作，同袁術斷絕聯姻，現在我所求的沒有得到，你們父子倒是顯耀了。我這是被你們出賣了。」

陳登不慌不忙地解釋說：「我見曹公後曾說：『對待呂將軍譬如養虎，應當用肉把牠餵飽才行，不飽就要吃人。』曹公卻說：『不是這樣，我看好像養鷹，餓的時候能加以利用，飽了就飛走了。』曹公就是這麼說的。」

呂布聽後，想了一會兒，似乎明白了陳登給他爭取，曹操沒有接受的用意，才消了氣。其實，將呂布比成虎、鷹都很合適，也都是貶意，呂布並沒有真正明白其含意。像他這樣一個勇而無謀，剛愎自用又反覆無常的人，什麼事都會幹得出來的，並不能加以信任。

袁術對呂布的出爾反爾十分憤怒，立即派大將張勳、橋蕤等聯合楊奉、韓暹等部，出動步騎數萬，攻打呂布，直趨下邳。這時呂布的兵馬不多，害怕敵不過袁術，就埋怨起陳珪來，說：「現在袁術來攻，都是你的好主意造成的，你看怎麼辦呢？」陳珪進計說：「袁術同楊奉、韓暹在倉促之間聯合的軍隊，是烏合之眾。他們不是一條心，好比連雞，不能同棲在一處，可以設法離間他們。」

於是呂布根據陳瑀的意思，寫信給韓暹、楊奉說：「二位將軍曾保護皇帝大駕，我也曾殺死權臣董卓，都為皇室立過功勞。現在你們怎能同稱帝的老賊聯合在一起攻打我呢？我們應該協力攻打袁術，為國除害。」並且在信中答應破袁術之後，將所得軍資全部奉送給他倆。韓暹、楊奉是鼠目寸光、惟利是圖的軍人，得信後，便反戈一擊，協同呂布把袁術打敗。袁術軍隊死傷慘重，最後他只領五千軍卒逃回壽春。

呂布與袁術的火拼，說明曹操的離間分化策略的成功。

袁術敗後，打算重整旗鼓，再與呂布較量，可是軍中缺糧，他派人到陳國要糧，陳相駱俊不給，袁術便派兵攻陳，將駱俊及陳王劉寵殺死。

陳地離許都很近，曹操不能讓陳國控制在袁術手中。這時，曹操見袁術力量已弱，便於建安二年（西元一九七年）九月，乘勢宣布了袁術的罪狀，率軍大舉南討。袁術自知不敵，倉皇向南逃去。留下部將橋蕤、李豐、梁剛、樂就等在蘄縣抗拒曹操。曹操領兵進擊，將橋蕤、李豐、梁剛、樂就等斬殺，袁術退到淮水以南。從此，袁術的力量便一蹶不振了。

建安三年（西元一九八年）九月，曹操見袁術、張繡勢力減弱，對自己已構不成威脅，便率大軍東征呂布，呂布向袁術求援，袁術不肯。最後曹操擒殺呂布，佔據徐州。

呂布在徐州的勢力被消滅之後，袁術在淮南也無法支援下去了。

這時的袁術，由於追求皇帝驕奢淫逸的生活，把富庶的淮南地區糟蹋得殘破不堪。老百姓不支援他，士兵也不為他賣命，都紛紛逃走。左右部下亦是離心離德，形成混亂狀態。對此，曹操問何夔說：「聽說袁術軍中發生變亂，你相信這件事嗎？」何夔回答說：「袁術無信人順天之實，而望天人之助，這是不可以得志於天下的。失道之主，親戚都背叛他，何況左右部下！依我看，這變亂是事實。」曹操說：「為國失賢則亡，像你這樣的人，都不為袁術所用，發生變亂，不是很正常的嗎？」

到了第二年夏天，袁術實在混不下去了，便放火將宮室燒掉，帶著一幫吃閒飯的人到遊山去投靠他的部下陳簡、雷薄。不料遭到陳簡、雷薄的拒絕。這樣袁術手下的人散去的就更多了，他簡直像一隻喪家之犬，不知如何是好。最後，他想了一個辦法，就是把「傳國璽」讓給在河北的袁紹，仍然可以由袁家來當皇帝，自己也有個安身之處。於是他派使者到冀州去，並給袁紹寫了信，信中說：「漢朝失去天下已經很久了，獻帝被人控制，沒有實權，豪強四起，疆宇分裂，這與周朝末年七國爭雄的形勢沒有兩樣，誰實力強誰就可以兼併天下。特別是我們袁家接受天命，應當做皇帝，符瑞表現很清楚。現在你擁有四州之地，民戶百萬。論強沒有誰可以和你比大；論德沒有誰可以和你比高。曹操想扶衰拯弱，怎麼可能把漢朝已經斷絕的天命重新挽回來呢？」

袁紹見信後，雖然沒有下決心要當皇帝，還是覺得應該把走投無路的袁術接到冀州來，他馬上派人去通知袁術，要長子青州刺史袁譚從青州迎接袁術。袁術接到通知後，準備從徐州下邳北上青州。

這年六月，曹操得知這一消息，表示要追擊袁術，有人認為袁術已是喪家之犬，不足為憂，曹操卻不這樣認為，他說袁術雖無大本事，但就是不放棄皇帝夢，他如果到了袁紹那裏，肯定勸袁紹稱帝，而且二者一合，力量就大了，那時「反不好制」，因此要痛打落水狗，斬草除根！於是，曹操馬上派劉備和朱靈去截擊袁術。

袁術一到下邳，沒想到被攔住了去路。於是只得掉頭仍回淮南。逃到離壽春八十里的江亭時，終於一病不起。身邊已無糧食可吃，詢問廚房，回說只剩有麥屑三十升。將麥屑做好端來，袁術卻怎麼也嚥不下去。其時正當六月，烈日當空，天氣酷熱，袁術想喝一口蜜漿，卻怎麼也找不到，袁術坐在床上，獨自歎息了許久，突然一聲驚呼：「我袁術怎麼落到了這個地步啊！」喊完倒伏床下，在吐血一斗多之後死去。

袁術死後，其堂弟袁胤等畏懼曹操，不敢再在壽春待下去，率領部眾同袁術的妻兒一起扶著靈柩去投奔袁術的老部下、廬江太守劉勳，不久，孫策擊敗劉勳，劉勳率領部眾數百人北上投歸曹操，被封為列侯，袁術的妻兒及部眾三萬餘人皆落入孫策手中。後來，袁術的女兒被孫權選入後宮，兒子袁耀被任為郎中，袁耀的女兒後來又嫁給了孫權的兒子孫奮。

漢末群雄中，袁術也是力量比較強的一股，但他在不適當的時候另立門戶稱帝，這就置了天下之大不韙，給了曹操痛打落水狗的機會，使曹更加贏得了士心、民心。

五、嚴以律己，待屬下公心

——其身正，不令而行；其身不正，雖令不從。所以欲正人先正己，要增強自己的號召力應先從正身做起。

先聖孔子有云：「其身正，不令而行；其身不正，雖令不從。」這條兩千多年前的古訓，證明著一個永不過時的真理：人，特別是統御者，自身的素質與行為造就的自然影響力是巨大的。欲成霸業的曹操自然懂得這個道理，他身為魏王，雖不是皇帝，但卻比皇帝的權威還大。究其原因，除了他位極人臣的特殊地位之外，自正其身產生的強大自然影響是不容置疑的。

1．手不釋卷，勤學表率

從統御術的角度來看，正身，說到底是要求統御者要用良好的自身素質，以身率人，而這，只有在先天稟賦的基礎上通過後天的學習去獲得並在實踐中表現出來。曹操可堪稱勤學善用的典範。曹操自登上政治舞臺，一直生活在戎馬倥傯之中，其政務、軍務繁忙可想而知。史書上稱他「御軍三十餘年，手不捨書，晝則講武策，夜則思經傳，登高必賦，及造新詩，被之管弦，皆成樂章」。這個記載十分可信。否則，不能想像他能把那麼多的文人志士聚集在自己的周圍，也不能想像曹操自己能寫出那麼多獨具特色的「建安風骨」之篇章。史書上又說他「自作兵書十萬餘言，諸將征戰皆以新書從事；臨事又手為節度，從令者先捷，違教者負敗」。在曹操之前，除《孫子兵法》外，沒有更系統的軍事理論書籍。曹操在熟讀前人經典的基礎上，親自寫了十多萬字的兵書，用以指導軍事行動，這本身就足以奠定他的軍事統帥地位；凡按他的命令打仗，又往往取勝，其在三軍中的威望豈能不高呢？曹操的兵書沒有傳下來，這段文字未免有誇大之嫌，但從其輝煌軍事業績分析，他不能沒有厚實的軍事理論。曹操的《孫子注》得以留傳，凡十三篇，幾乎篇篇有其獨到的見解，可作有力的佐證。劉向曾說：「君子之於學也，入於耳，藏於心，行之以身。」曹操勤學善用，不斷將豐富的政治、軍事實踐上升為理論，又用理論指導實踐，因而，與同時代許多優秀人物相比，給人產生了更多的服從感、敬畏感和敬重感，這也是他比同時代群雄更能治人攏心的重要保證。

在整個三國時期這方面能與曹操媲美的只有諸葛亮。諸葛亮的刻苦讀書作風，早在出山之前已經形成。他讀書的方法也與眾不同，別人是尋章摘句，「務於精讀」，他是「獨觀其大略」，把功夫用在領會精神實質上，鑽研得深，領會得透，雖在草屋，洞察天下。所以，二十六歲時提出了那樣高瞻遠矚的隆中對策。跟隨劉備特別是當了丞相後，形勢和任務給諸葛亮提出了更高的要求，他在繼續攻讀經史的基礎上，博覽群書，對地理天文、農工算計、醫卜星相、兵器機械等，都有相當的研究，「木牛流馬」、「損益連弩」，由他親手研製成功。一本《諸葛亮集》收錄了他關於理政、用人、治兵等上百篇、十萬餘言的文字，許多篇章至今仍閃爍著光輝。尤其是他的《便宜十六策》，立論之高，論述之深，指導意義之大，在當時可堪稱絕無。

「一代之治，始於一代之學。」不同的時代有不同的實際、不同的難題，曹操正是順應時代的要求，開一代學風，創一代業績。

2・自效周公，鞠躬篤行

曹操自效周公，有「老驥伏櫪，志在千里，烈士暮年，壯心不已」的名詩。更值得稱道的是，他不僅有著偉大的政治理想，而且為實現理想的行動，也都是那樣堅定。西元一九〇年，曹操扯旗募兵討董卓時，只有三十五歲，到他統一北方舉兵南下時，已達到五十二歲高齡。赤壁的慘敗，絲毫沒有動搖他完成統一霸業的決心。他一邊重振旗鼓，一邊總結經驗教訓。當他意識到跨過長江已不現實，便毅然領重兵挺進西南，走上了由西往南再向東謀求統一之路。西元二一一年，五十六歲的曹操與馬超戰於潼關；六十歲時，西征張魯進至漢中；佔領漢中後，曹操回鄴都，「親耕籍田」，為進一步鞏固「屯田制」的成果做最後的示範。在他病逝的前一年，漢中失守，六十四歲的曹操又一次由斜谷到陽平，與劉備展開了一場「拉鋸戰」。曹操的統一宏圖未能實現，他「志在千里」的執著勁頭卻著實令人欽歎，激勵著一代又一代奮發進取的人們。

諸葛亮也是這樣，他在劉備死後，身為相父，獨掌朝綱，嚴法強兵，積蓄力量，進取之心溢於言表。西元二二五年，親領大兵，深入不毛，七戰七捷，平定了西南，留下了用心服、和撫正確處理與兄弟民族關係的佳話。西元二二八年，兵出祁山，拉開了北伐的序幕，幾進幾退，志在必成，直到西元二三四年，累死在陣地的前沿。如果諸葛亮偏安西南，以守為攻，憑他的智慧和蜀國的力量，完全能夠頂住北來的威脅，他也可以多做幾年「太平官」。

從曹操和諸葛亮身上可以清楚地看出一個真理，就是統御者注重自身修養，行動中以身作則，以自身的「正」，影響部屬，激勵部屬，這也是統御術的一個重要原則和基本方法。

古人對這個問題早就有了清醒的認識，《禮記．哀公問》：「公曰：『敢問何謂為政？』孔子對曰：『政者。正也。君為正，則百姓從政矣。君子所為，百姓之所從也，君所不為，百姓何從？』」孔子在回答魯哀公什麼是為政問題時強調：「為政就是正。君主端正自己，那麼百姓就服從於政令了。君主怎麼做，百姓就跟著怎麼做，君主不做的，叫百姓怎麼跟著做？」唐太宗也曾說：「若安天下，必須先正其身。未有身正而影曲，上治而下亂者。」

這些話講的都是正人和正己的關係，其核心是正人必先正己。雖然講的是君主和百姓，但其理適合於各行各業，凡有統御者和被御者存在，便都適用。

歷史上的好多出色的統御者也做到了這一點。創造出「文景之治」的西漢文、景兩帝，在他們統治期間勵精圖治並以身垂範，為百姓做出了榜樣。他們反覆強調以農為本，號召臣民重農，同時文、景兩帝自己親自動手，身體力行，為天下先。文帝詔開籍田，親自耕作，景帝「朕親耕，後親桑」。文帝在全國提倡節儉，反對浪費，注意先從自己做起。一次，文帝想蓋一座露臺，和工匠一計算，需花費黃金百斤，相當於中等人家十家的財產，就取消了這個計畫。據史記載，文帝在位二十三年，「宮室、苑囿、車騎、服飾，無所增益」。他身穿「戈綈」做的袍子，「戈綈」為當時普通的衣料。他所寵愛的慎夫人「衣不曳地」，即穿著短裙。他們的帷帳，連花紋也沒有，十分簡樸。就連死後造陵，他也反覆叮嚀，建陵要因地制宜，從簡辦事，不許勞民傷財。下詔說：「治霸陵皆瓦器，不得以金銀銅錫為飾，因其山，不起墳。」臨終前，文帝還下遺詔說：「厚葬以破業，重服以傷生，我甚不取。」主張薄葬，反對浪費。

君主的作為為百姓做了表率，上下同心，終達到物阜民豐、國泰民安的治世。司馬光曾生動描繪如下：「國家太平無事，非遇到水旱災害，老百姓家家富裕，人人有充足糧食，庫府中貨物堆積如山，用之不竭，京師府庫中的錢多達數百萬萬，穿錢的繩子都腐爛了，散錢多得無法計算，國家倉庫裏的新糧壓著陳糧，流出倉庫堆積於外，以至於爛掉不可食用。廣闊田野馬騾成群，人們以乘母馬為恥。人人自愛以犯法為恥，以行義為先，以愧辱為絀。」

唐王李世民不僅說道：「若要安定天下，必須使自身合於正道，而且自身也努力做到清正廉明。」他教育群臣不能損害百姓來滿足自己的奢欲，如這樣做，恰如割下大腿肉以飽口腹，肚子飽了，身也死了。貞觀初年，關中大旱，他命令撫恤災民，不使饑寒而亡。又用大量贖金贖回流離外邦或被外族掠去的百萬難民，使其安家生產。他把高祖選進皇宮的美女釋放三千餘人出宮，任其擇偶出嫁。他對王公貴族的衣、食、住、行、婚、葬等都有明確規定，不允許鋪張浪費。太子舉行「加冠禮」，原選在二月，太宗知道後說：「二月是春耕時節，應改在十月為好。」時刻不忘「存百姓」。貞觀十二年，李世民出巡山西，蒲州太史趙元楷為阿諛奉承，不惜人力財力，大修樓宇殿堂，並備下上等羊百隻，魚千條，藉此討好皇上。不想太宗大為不滿，訓斥道：「我出巡由官府供應，你此舉純是『亡隋弊俗』。」嚇得趙元楷「數日不食而卒」。據說貞觀二年，長安蝗蟲為害。一天，太宗在上林苑見到許多蝗蟲蠶食植物，他順手撿起幾隻視之曰：「民以穀為命，你們卻斷送了百姓的活路，寧可讓你們吃我的五臟六腑吧。」說畢，就把幾隻蝗蟲生吞下去。隨員勸他不要吃，以免生病。他說：「朕為民受災，何疾之避！」

開創清代盛世的康熙帝，八歲即位，十四歲親政，在位六十一年，創造皇位掌權時間最長的記錄，在位期間數十次掛帥親征。一次率軍遠征漠北，在荒漠上馳騁數千里，正遇上大風雪。他想到的不是個人的休息，而是佇立在大風雪之中看部隊結營完畢，自己才進入行幄；部隊食畢，他才進膳。他還寫下《瀚海》一詩——

「四月天山路，今朝瀚海行。積沙流絕塞，落日渡連營；戰伐因聲罪，馳驅為息兵。敢云黃屋重？辛苦事親征。」

從詩中可看出，一年內，他兩次御駕親征，一次天山，一次瀚海，都是山高路遠，極其艱苦辛勞，他為廣大官兵們做出了榜樣，每次都是攻必克，戰必勝，收復北疆的大片失地。

他在生活上要求也極為簡樸，據史書載，他穿的龍袍必須有補丁，聖履上也要打著包頭，滿朝文武也盡相仿效，一時間，京城裏出現了不少專賣舊官袍帶履的商店，買賣很是興隆。再有，康熙在飲食方面也很節省。據說有一天，康熙與當朝陳老丞相談論一陣天下事後，忽然問道：「不知愛卿每日午宴用些什麼？」當聽說只有價值兩個小錢的炸豆腐一碗、窩窩頭兩個為午膳時，康熙很高興，立即傳旨：「由即日起，朕每日午膳只用炸豆腐一碗、窩窩頭兩個，不許再備別的食物。」吃了三天後，御膳房總管怕皇上常年吃窩窩頭，御膳房沒事可幹了，騙皇上說這三天伙食費高於往日，要求還恢復往日標準，康熙又不能下去親自核實，只得同意改回原來的吃法。不過皇上也吃過三天窩窩頭卻傳遍了民間。

綜上所述，正人先正己的確是高明的統御術。

3．欲治其國，先齊其家

在中國的歷史上，外戚專權，後宮干政，徇內非為而導致一個政權衰亡的例子實在不少。曹操非常注意吸取歷史上的這類教訓，按照「欲治其國，先齊其家」的古訓，從嚴治家，以治好自己家庭的實際行動，來推動整個國家的治理。

曹操一生，娶妻納妃甚多，有名有姓的就達十三人，對於眾多的妻妃，曹操管理得很有條理，一不讓她們胡亂干政，二不讓她們揮霍。曹操的正妻卞后，有一個弟弟叫卞秉，建安時任別都司馬，官職多年沒有提升，心有怨言，想藉著姐姐的身分往上爬，曹操知道後嚴肅地說：「但得與我做婦弟，不為多邪？」升官不成，又想多弄點錢物，曹操回答得更乾脆：「但汝盜與，不為足邪。」在曹操嚴格約束下，卞后每見外戚，不假以顏色，常言：「居處當務節儉，不當望賞賜，念自佚也。外舍當怪吾遇之太薄，吾自有常度故也。吾事武帝（曹操）四、五十年，行儉日久，不能自變為奢。有犯科禁者，吾且能加罪一等耳，莫望錢米恩貸也。」卞太后自己吃飯「菜食粟飯，無魚肉」，「請諸家外戚，設下橱，無異膳」。曹操二十五個兒子，有的文采出眾，有的武藝超群，都與曹操手把手地調教有關。除幾個早死的外，其餘都上疆場衝殺鍛鍊，有的戰死在陣地上。曹操對曹植曾抱有極大的希望，在曹植二十三歲那一年，他專門給曹植寫了一封誡信，以自己年輕時的經歷，啟導曹植進取：「吾昔為頓丘令，年二十三，思此時所行，無悔於今。今汝年亦二十三矣，可不勉歟。」曹操女兒知多少，史書未做統計，但有一條講得很清楚：「太祖慼嫁娶之奢，女適人，皆以皁帳，從婢不過十人。」三國時代，婚喪嫁娶，就有大操大辦之風，曹操從自家做起煞奢風，不能不說難能可貴。

此外，曹操一生叱咤風雲，氣吞萬里。他官至丞相，受封魏王，爵祿豐厚，功成名就，可是他卻生活儉樸，甚至死後墓室蕭然，這與當時講排場、擺闊氣的豪奢之風形成強烈的對比。他活了六十六歲，臨終時遺令說道——

「吾夜半覺小不佳，至明日飲粥汗出，服當歸湯。吾在軍中持法是也，至於小忿怒，大過失，不當效也。天下尚未安定，未得遵古也。吾有頭病，自先著幘，吾死之後，持大服如存時，勿遺。百官當臨殿中者，十五舉音，葬畢便除服；其將兵屯戍者，皆不得離屯部；有司各率乃職。斂以時服，葬於鄴之西門上，與西門豹祠相近，無藏金玉珍寶。吾婢妾與伎人皆勤苦，使著銅雀臺，善待之。於臺堂上，安六尺床，施繐帳，朝晡前上脯糒之屬，月旦十五日，自朝至午，輒向帳中作伎樂，汝等時時登銅雀臺，望吾西陵墓田。餘香可分與諸夫人，不命祭。諸舍中無所為，可學作組履賣也。吾歷官所得綬，皆著藏中。吾餘衣裘，可別為一藏，不能者兄弟可共分之。」

其中「我在軍中依法辦事是對的，至於小的忿怒，大的過失，不應當效法。天下還未安定，不能遵守古代喪葬制度。我有頭疼病，很早就戴上了頭巾。我死後，穿的禮服要像平時一樣。安葬之後，文武百官要脫掉喪服；駐防各地的將士，都不要離開駐地；官吏們都要各守職位。入殮時穿一般的衣服，埋葬在鄴城西面的山岡上，跟西門豹（戰國時的政治家）的祠堂靠近，不要用金玉珍寶陪葬」一段表述，集中體現了曹操崇尚節儉的精神。曹操的提倡節儉，反對厚葬，不同於歷史上有的統治者那樣只是說說而已，他生前一直是奉行這一準則的。

曹操自己一生不講究吃穿，也要求家人這樣做。魏明帝曹睿時，尚書衛覬在上表中說：「武皇帝（曹操）之時，後宮食不過一肉，衣不用錦繡。」曹操在《內誡令》中曾說：「我的衣被都已經使用十年了，年年把它拆洗縫補一下罷了。」曹操使用的被子、床褥之類的東西，只要暖和就可以，四周也不做什麼刺繡等修飾。他所用的器物，講究實用，不追求華美，不塗彩色油漆。他用的帷帳屏風，壞了也是縫補之後再使用，從不輕易更換。他在《內誡令》中還告誡官吏和家人說：「官吏和百姓多製作刺繡衣服，穿絲織的鞋子不得用朱紅、紫、金黃幾個顏色。以前，我在江陵得到的各種花色的絲鞋，把它給了家人，和他們約定，穿完了這些鞋子，不准再仿做。」

朱紅、紫、金黃幾種顏色表示尊貴，所以曹操下令不准絲織的鞋子用這幾種顏色。關於家人穿各種花色的絲鞋是在特殊情況下允許的，平常是不可以的。這也體現了曹操的節儉精神。不僅如此，曹操還極力地反對東漢以來的厚葬之風，其意義是非常的。為此，他在死前早就為自己準備了四箱送終的衣服。按春、夏、秋、冬季節區分，並留下遺囑說：「臨終時，按當時季節穿的衣服入殮，不得以金玉珠寶鋼鐵之類的物品隨葬。」

在使用器具方面，曹操說：「孤不好鮮飾嚴具。」「嚴具」即箱子，主要是用來盛放梳蓖、毛刷等日常生活用具。曹操明確表示不喜歡裝飾鮮豔的箱子，原來所用的是舊皮攙雜新皮以製做的皮箱，用黃皮鑲在中間。後來因為碰上亂世，連這樣的皮箱也沒有了，就改用方形竹箱，用黑皮罩在外面，用粗布襯在裏面，同時加上漆，他覺得這樣也很漂亮。《內誡令》中又說：「孤有逆氣病，常儲水臥頭。以銅器盛，臭惡。前以銀作小方器，人不解，謂孤喜銀物，今以木作。」

逆氣病是一種氣往上沖而引起頭疼的病，大概就是華佗給他針灸過的頭風病。發病時為緩解病痛，曹操常要準備一盆水浸頭。用銅器盛水，水放久了有銅臭氣。後改用銀製成的小方器，但怕人們不理解說他喜歡銀製品，因此乾脆改用木器盛水。不難看出曹操在帶頭儉樸這個問題上是如何處處小心。曹操所用的器物，遺留後世，曾有見之者，確實是相當普通的。

西晉陸雲曾給其兄陸機寫過一封信，信中說：「一日案行，並視曹公器物……嚴器方七、八寸，高四寸餘，中無而（隔），如吳小人嚴具狀。」「如吳小人」，即所用同吳國普通人所用的差不多。又說「器物皆素」，即都不華麗，可見曹操所說的、所用的，並沒有欺人耳目，他過的確實是頗為儉樸的日子。

曹操還不准家裏薰香。其《內誡令》說：「昔天下初定，吾便禁家內不得香薰。後諸女配國家為其香，因此得燒香。吾不好燒香，恨不遂所禁，今復禁不得燒香，其以香藏衣著身亦不得。房屋不潔，聽得燒楓膠及蕙草。」

「天下初定」，當指平定河北之後。從那時起，曹操就不准家中薰香。後因三個女兒嫁給獻帝，為她們薰香，因此破了例。曹操於是再次禁止燒香，即使是把香放在衣內或帶在身上也不允許。如果房內不清潔，可以燒楓樹脂和蕙草。可見曹操為了儉樸，考慮得是非常周到的。

曹操的三個女兒嫁給獻帝，這是一件大事，但曹操對嫁娶時的奢侈之風深為不滿，因此女兒出嫁時，用的帷帳都是黑色的，隨從的婢女不過十人。

曹操奉行節儉，因而也就不貪戀財物，不積聚私產。攻城掠地所繳獲的財物全用來賞賜給有功的將士，四方貢獻也都與部屬分享，這就難怪部屬會死心踏地為其效命。

曹操提倡節儉，先從自己和家人做起，並為此訂了不少硬性規定，這些規定是得到嚴格執行的。一次，曹植的妻子違令穿了錦繡衣服，恰巧被在銅雀臺上的曹操看見了，立即下令讓植妻回家自殺，這雖然做得太過分、太殘忍，但也可看出曹操提倡節儉的堅決。推而廣之，曹操還把是否節儉作為選拔官吏的條件，作為衡量一個官吏品質好壞的標準。一時間在朝野形成了儉樸節約的風氣，並形成廉政的新風。在這方面甚至還有做得過頭的地方，比如只要一穿新衣、坐好車就被說成不廉潔，反之就被說成廉潔，只從表面現象看問題，以致被一些弄虛作假的人鑽空子，但不難看出曹操提倡節儉收到了切實的效果。對確實不廉潔的人，曹操總是認真做出處理，比如同鄉好友丁斐因私自調換官車一度被撤職，曾為曹操上表捏造孔融罪名的路粹違禁以低價買驢被處死，絕不詢私枉法，這反過來又維護了儉樸節約的良好社會風氣。曹操進而將節儉作為立國之本來考慮。《度關山》詩說：「舜漆食器，畔者十國。」曹操是將奢侈提到了會導致亡國的高度來認識的。《韓非子．十過》載秦穆公問由余：「願聞古之明主得國失國何常以？」由余回答：「臣嘗得聞之矣，常以儉得之，以奢失之。」

可見，曹操嚴以律己並不是唱高調、做樣子，更不是世人所說的「虛偽」，他是認真記取了歷史上的經驗教訓，他的親身實踐也證實嚴以律己是提高統御效率的方法。在長年的領兵作戰中發現，一支部隊要有戰鬥力，必須有嚴明的紀律，嚴明的紀律從嚴格治軍而來，所以歷代名將治軍，都要強調一個「嚴」字，這個「嚴」不僅僅是要求部屬的，更重要的是從自身嚴起，從統御者開始，「嚴」字首先要加到自己頭上。具體說，要求部屬做到的，統御者自身必須也要做到，要以身行令。這種行動上的示範作用必然帶來心理上的激勵作用，激發起部屬的認同感，使上級下級心理溝通，促進兩者之間情感加深，戰時就能煥發出強大戰鬥力來。

民族英雄岳飛之所以能夠培育出著名的「岳家軍」，這與他平時身為表率、從嚴練兵、嚴格治軍是分不開的。他把嚴以律己推到一個新的層次，即要求部屬做到的，他都以身作則，首先做到，他又為自己制定出不一定要求士兵做到的「四不」：一不貪財，二不愛色，三不娶妾，四是山河未復滴酒不進。這「四不」格言，在當時封建社會「人為財死」、「官吏多是三妻六妾」的環境中，真正做到那是難上加難的。他嚴格做到了自己規定的「四不」要求，僅舉一例為證，岳飛十六歲在家娶妻劉氏，從軍後，劉氏生活無著，轉嫁他人。南渡後又娶一李氏，感情甚厚。同僚們因岳飛功德無量，曾買一美麗士族女子送他做妾。岳飛未見其女就婉言謝絕了，從此別人再不敢提納妾之事。

如此從嚴要求自己，無形中為部屬樹立了榜樣，再加之打仗時，他自任「旗頭」衝鋒在前，帶動將士揮戈前進；訓練時，他登戰馬，著戎衣，親臨現場督促，一絲不苟。他有鐵的紀律規定：兵屯一地，不許士兵外出遊蕩，不許侵掠百姓，做到秋毫無犯；行軍夜宿不住民宅，不擾百姓，對侵擾百姓者必嚴懲不貸。在主將的強大感召力下，將士個個嚴格遵守鐵的紀律，人人做到秋毫無犯，終使「岳家軍」贏得「凍死不拆屋，餓死不擄掠」的美名，使敵軍發出「撼山易，撼岳家軍難」的哀歎。

人生活在世界上，難免會犯錯誤，對錯誤不推委他人，責己從嚴是嚴以律己的另一層含意。統御者做到了責己從嚴，不但不會丟臉反而會產生更大的統御力，這是統御者不得忽視的一個重點。

同樣，諸葛亮第一次兵出祁山失敗後，不僅揮淚斬了失街亭的馬謖，而且還責己從嚴，檢討自己用人不當，上書劉禪：「咎皆在臣，授任無方。臣明不知人，恤事多暗。《春秋》責帥，臣職是當。請自貶三等，以督厥咎。」劉禪從之，乃詔貶孔明為右將軍，行丞相事。諸葛亮這種高風亮節一直為後人稱頌。

歷史上有些聰明的皇帝，看到嚴以律己，可以衍生出巨大的統御力、凝聚力，有時也把此法應用於自己，自己下一道對自己痛加切責的詔書，並專有名稱，叫「罪己詔」。封建王朝是「家天下」，的確有的皇帝把國當「家」看，兢兢業業，要治好這個「家」，不排除有的最高統御是真心「罪己」的。漢武帝的「輪臺罪己詔」似乎就出於真心。在這之前，他一度私欲熏心，聲色犬馬，四處獵豔，宮觀神仙，無所不好，直搞得國衰民貧，自己也落得形容憔悴，此時真有亡秦之跡，然未重蹈亡秦之轍。相反，一度蕭條衰敗、風雨飄搖的西漢王朝又奇蹟般地恢復了蓬勃生機，關鍵是漢武帝「晚而改過」。他在深刻反思中認識到自己的錯誤，自我檢討道：「我自即位以來狂悖行事，愁苦百姓，悔猶不及，但今後凡是傷害百姓、浪費資財的，一概禁絕。」還專下《罷輪臺屯田罪己詔》作自我批評說：「輪臺在車師以西一千多里，到那麼遠去屯田，必然又要擾民，使民不得安生，我不忍心如此做。」他宣布以後不再對外用兵，提出要「禁苛暴，止擅賦，務本勸農」，要「思富養民，與民休息」。縱觀其一生，少時，雄才大略，文治武功；晚年又能以極大勇氣悔過罪己，痛改前非，自新不息，確屬難能可貴。

但也有的統治者的罪己，並不真是嚴以律己，責己從嚴，而是加強統治的一種手法。「罪己詔」是給手下的人看的，當他們看到皇上頒布這樣「深刻」地「檢討」自己的過失的文字時，就會更加堅定他們「皇上聖明」的信念，更自覺地為皇上效忠。這樣的罪己，並非真心，所說的一切，是否作為實事去辦，也無人敢去督查，改與不改，鬼才知道。正因如此，「罪己詔」何妨多下幾道！據說明朝的崇禎皇帝「自我批評」精神是最強的了，隔三叉五，就有一「罪己沼」公布於眾，且一次比一次「深刻」。然而諸種過失只是說說而已，終於在李自成農民軍逼近京畿之際，他下完了最後一道對自己嚴詞切責的詔書，懷揣著它，於西元一六四四年三月十八日爬上煤山，自縊而亡。兩天後，人們在其衣袖內發現詔文寫道：「因失江山，無面目見祖宗，不敢終於正寢。」崇禎這回算是說到也做到了。

4・妄行去眾，失德失心

曹操不僅把修身齊家提高在治國的高度，同時，他更看重自己的德行在治人攏心方面的作用，因為，在他打敗的對手中，因失德而眾叛親離的例子太多了。

大凡看過三國的人，一提起呂布其人，眼前就會生出一個頭頂紫金盔、手持方天畫戟、坐騎赤兔馬、英姿勃發的威武形象。他寸鐵在手，萬夫不當，片甲遮身，千人難敵，人稱「飛將軍」。羅貫中為表現他的神勇，還專門在演義中設置了劉、關、張三英戰呂布的場面：只見那呂布在關、張的夾擊下，大戰三十回合，不分勝負。劉備見此，手持雙劍驅馬支援，也奈何不得他，其勇可見一斑。然而，就是這樣一員虎將，也是不大不小的一方諸侯，竟然在逐鹿中原的大戰中成為曇花一現的人物，最後落得個「白門樓殞命」的下場，做了曹操的刀下亡魂。對於呂布的悲劇，後人多有評論，有人說他有勇少謀，其實更重要的是這個人德行太差。

就呂布的德行，說他貪財好色、利欲熏心也好，言而無信、忘恩負義也罷，都毫不過分。他本屬丁原的部下，丁原視他為自己的「親」兒子，他拜丁原為義父，可在董卓與丁原的爭鬥中，董卓派說客李肅送去千里馬「赤兔」、黃金千兩、明珠數十顆、玉帶一條作為見面禮，又誘以官祿。這個見利忘義之徒，深知董卓把握朝政，是當今天下實際上的最高統治者，如能攀上這個高枝，誠為李肅所說確實「貴不可言」，加之又送有厚禮，怎能不為之動心。結果，未及李肅繼續說下去，為表對董卓的一片「忠心」，竟主動請纓誅殺丁原以引軍歸降作為回報。這個剛殺義父的無情無義之人，轉眼又認新義父。第一次與董卓見面，他就提出了「公若不棄，布請拜為義父」的請求。面對從天上掉下來的這樣一個武藝超群的兒子，董卓何樂而不為？遂以金甲錦袍賜布，並封布為騎都尉、中郎將、都亭侯，以彰其「忠」。從此，董卓常令呂布將甲士侍立左右。有如此英雄義子保衛自己，董卓自以為「何慮於天下不成」，從此高枕無憂。可是，董卓又哪能料到，送他上西天的就是這個呂布。

董卓何以招來殺身之禍？原來是司徒王允巧施「連環計」，造成董卓與呂布反目為仇使然。王司徒府上有一歌伎，名曰貂蟬，長得如花似玉。他平時了解到董卓、呂布皆好色之徒，遂生一計，將貂蟬冒充自己的女兒，採取明送董卓、暗許呂布的手法，挑逗二人爭風吃醋，以達到借呂布之手除掉董卓這個亂臣賊子的目的。果如王允所料，呂布為爭一歌伎，翻臉不認人，大開殺戒，遂將董卓刺死。呂布的為人，各路諸侯都有所聞。所以，他投袁術，袁術拒而不納；改投袁紹，袁紹亦難相容；後投張邈，才得以安身。不料好景不長，不久便敗在曹操手上。於走投無路中去徐州投了劉備。劉備的謀士麋竺告誡說：「呂布乃虎狼之徒，不可收留；收則傷人矣。」劉備還是收留了他，並讓他暫駐軍於小沛，呂布才有了藏身之地。後曹操採用荀彧「二虎競食」之計：一面拉攏劉備，奏請詔命，遣使賫往徐州，封劉備為征東將軍，宜城亭侯，領徐州牧；一面修上密書一封，教劉備誅殺呂布。劉備不僅沒有殺他，而且將曹操的密信送於呂布閱覽，可見其誠以待人之心。儘管劉備如此以誠相待，他卻以怨報德，趁劉備南征袁術，後方防衛空虛之機，在其岳文曹豹策應下，攻取徐州，端了劉備的老窩。俗話說：「兔子不吃窩邊草。」呂布的所作所為，禽獸不如。

呂布先叛丁原，後叛董卓，又叛劉備，可謂反覆無常，毫無信義，活生生的一個政治流氓，其政治品質簡直糟透了。細細琢磨起來，呂布何止政治品質惡劣，思想道德品質同樣敗壞，而且正是這種敗壞的思想道德品質導致了他惡劣的政治品質。試想，如果他不為官所惑、利所誘、色所引，哪會有認賊作父、六親不認、以怨報德的醜惡政治行徑。所以，李肅說他是「見利忘義」之輩，糜竺稱他是「虎狼之徒」，張飛罵他是「無義之人」。這樣一來，就連一貫愛惜人才的曹操捉到他後，也不得不將他處死就不足為怪了。

5．己能守信，人始信之

古人諺曰：「得黃金百斤，不如得季布一諾。」原來，楚漢相爭時，季布任楚將，數困漢王，及項羽滅，劉邦因恨他特下令：捉到季布者賞以千金，敢有藏匿者，罪及三族。可是，由於季布重言諾盡力為人做事，獲得人民愛戴，到處有人幫助，想方設法保護他。

季布原先藏匿在濮陽周氏家裏，因劉邦重金捉拿季布甚急，且將搜查到周氏家，周氏便對季布說：「將軍能聽我，我才敢獻計，如不能願先自殺。」季布許之。周氏便將季布頭髮剃去，扮成囚犯的模樣，穿上麻布衣，坐在喪車上，帶上家僮數十人，到朱家處，將季布賣了。朱家心知是季布，便讓他耕田，並誡其子說：「農耕事聽從此奴，要跟他同食。」朱家隨即乘輕車赴洛陽，前往拜見汝陰侯滕公。滕公留朱家歡飲數日，朱家趁便對滕公說：「季布有什麼大罪，皇上搜捕他這麼急呢？」滕公說：「季布數次為項羽圍困皇上，皇上怨恨他，故必欲得之。」朱家問：「您看季布是什麼樣的人？」滕公答道：「賢人。」朱家說：「臣各為其主用，季布為項羽用，是其職責所在。項氏的臣可殺盡嗎？今皇上才得天下，獨以己之私怨一人，這是向天下表明缺乏廣闊的胸懷！以季布之賢而如此急求，他不北逃到胡就南逃到越，這是以壯士送給敵國，伍之胥之所以鞭笞平王的墳墓正是因此。您為什麼不趁便向皇上說呢？」汝陰侯滕公與朱家是知交，料季布藏匿他家，便答應說：「好。」趁便，滕公果按其言說劉邦，劉邦便赦免了季布，並召見季布拜為郎中。

這個流傳千里的故事充分說明守信的重要，這個道理曹操自然懂得。人無信而不立，己能守信，人始信之；如其無信，人必不信。作為一國之主、一軍之帥，都必須以堅守信用為根本。孔明之所以能「受六尺之孤，攝一國之政，事凡庸之君，專權而不失禮，行君事而國人不疑」，關鍵就在於他始終堅持以「信守」為基本準則。曹操雖以奸詐而名，但他同樣又有著守信的一面。

曹操打敗呂布，同時俘獲了為呂布出謀劃策的陳宮，在殺陳宮及對待其家人的問題上，表現了曹操很講信義的一面，當曹操聽劉備之言決定殺呂布時，曹操轉過頭去問陳宮道：「公常自以為智計有餘，今天怎麼弄到了這個地步呢？」

陳宮用眼睛瞪著呂布說：「只因他不聽我的話，以致弄到這個地步。如果他能按我的想法去辦，是不會被你活捉的。」

曹操笑著問：「你看今天這事該怎麼辦呢？」

陳宮平靜地回答說：「我作為人臣卻不忠，作為人子卻不孝，理應當奔赴刑場就死的。」

曹操惋惜道：「你去死了，你老母怎麼辦呢？」

陳宮長歎一聲，說：「我聽說打算以孝治天下的人，是不會害死人的父母的。我老母是死是活，只能由你來定奪，不是我能決定的！」

曹操又問：「那麼你的妻子、孩子該怎麼辦呢？」

陳宮回答說：「我聽說打算施仁政於天下的人，是不會殺絕別人的後代的。我妻子、孩子是死是活，也只能由你來定奪。」

曹操聽了，不再說話。

過了一會，陳宮要求道：「請把我拉出去處死，以彰明軍法。」

說完自己往外走，軍士怎麼也阻攔不住。曹操見了，無計可施，只得流著眼淚在後面送行，陳宮竟然頭也不回。曹操下令將呂布、高順同時推出，一起縊殺。

曹操縊殺呂布等人後，將其首級送到許都示眾，然後將其埋葬。他沒有忘記陳宮的臨終之言，特地將其老母迎來奉養，直到去世。其女兒長大後，又為其操辦出嫁事宜。對其家人的關心、照顧，比當初陳宮在世時還要周到。

曹操在接受袁譚求和先打鄴縣的決策上也體現了守信這一點。

辛毗是三國時期曹魏著名韜略家，在曹操剿滅北方袁氏勢力等軍事、政治重大決策方面，建有重大功績。辛毗最初跟著哥哥辛評追隨袁紹。在曹操任司空時，徵召辛毗，辛毗當時沒能從命。等到袁尚在平原郡攻打他哥哥袁譚的時候，袁譚派辛毗到曹操那裏求和。

當時曹操正要征討荊州，駐紮在西平縣。辛毗見曹操後轉達袁譚向他求和的意思，曹操聽後非常高興。幾天後，曹操又想先平定荊州，不接受袁譚的求和，而想使袁譚、袁尚自相殘敗。而後曹操擺酒設宴，辛毗看曹操的臉色，知道事情有變化，對郭嘉講這件事。郭嘉稟告曹操，曹操對辛毗說：「袁譚可以信任嗎？袁尚是否一定可以打敗？」

辛毗回答說：「您不要問他們是誠信還是欺詐，只應當研究當前的形勢。袁氏本來是兄弟互相攻伐，不認為別人能在他們中間插手，只認為天下可由他們自己定奪。現在有了向您求救的一天，就可以知道了，袁尚眼見袁譚困頓但不能攻下，這說明他已經精疲力盡了。在外邊被別人打敗，在內部謀臣被誅滅，兄弟之間互相爭鬥，土地一分為二，連年爭戰，而士兵的鎧甲頭盔上長滿蟣虱，加上旱災蝗害，饑餓和災荒一起到來，國家糧倉裏沒有糧食，行人沒有攜帶的乾糧，上天報以天災，下面人事困頓，百姓不論愚蠢還是聰明，都知道袁氏會土崩瓦解，這正是上天滅亡袁尚的時候。兵法上說，即使有石頭壘成的城牆和像注滿沸水的護城河以及百萬士兵，但沒有糧食，仍然不能守住。現在如果前去攻打鄴縣，袁尚不返回救援，鄴縣就不能自己守護。返回救援，那麼袁譚會在他的後邊跟著進擊。憑藉您的武威，對付走向窮途末路的敵人，打擊疲弊無力的賊寇，和急風掃除秋天的落葉沒有兩樣。上天把袁尚交給您消滅，您卻不攻取而去攻打荊州。荊州物產豐富人民安樂，郡國上下沒有空子可鑽。古人說過：『攻取亂國，欺侮行將滅亡之國。』現在二袁不努力考慮長遠利益而在內部互相爭鬥，可算是亂子；家居的人沒有吃的，行路的人沒有乾糧，可算是行將滅亡了。他們過了早上不考慮晚上怎麼過，人民的生命不能延續下去了，卻不去安撫他們，您還想等到以後，以後可能會豐收，又可能會自知滅亡而改過自新，提高道德修養，那就會喪失得以用兵的最重要的條件了。現在趁著他請求救援的機會去安撫百姓，得到的利益沒有比這更大的了。況且四方的敵人，沒有比黃河以北的袁氏更強大的了；黃河以北平定了，那麼就會軍威大盛而使天下震動。」

曹操說：「說得好。」於是答應和袁譚講和，去討伐袁尚。第二年攻打鄴縣，攻下鄴縣，上表推舉辛毗為議郎。

由此可見，統御者要有效地施行公務，取信於眾也是很重要的。從個人角度說，信用在人際交往中是一個不可忽略的要素。信用的有無涉及個人的修養，人而無信，不知其可也，早晚會被周圍的人所拋棄。從統御的角度來說，取信於眾，能提高統御者的威信，使被統御者自覺服從於你，會取得言聽計從，令行禁止的最高統御效果。

怎樣才能做到「取信於眾」呢？

其一，以誠待人　統御者對人或處事，要將心比心，只有自己出自誠心，才會換得別人的實意和忠心。有時這種誠心，不僅見諸於語言，更重要的還要拿出特別的行動。

西漢末年，劉邦的九世孫劉秀，用以誠待人的方法，收編了擁有幾十萬人之眾的銅馬農民起義軍。他先以封鎖銅馬軍糧草、輜重補給線，迫使農民軍投降。對投降的將領，劉秀以德相待，並且封為諸侯。但是降將反而不敢相信，心中充滿疑慮和排拒感。劉秀知道這件事之後，就讓降將各自回營，統率舊屬，一個人時常單騎往來巡視軍營。此時，如果降將想殺劉秀，那是易如反掌。此舉對眾叛將以很大感化，他們異口同聲說：「劉秀赤誠待人，真是一位度量寬宏、德性高超的長者，為他服務，萬死不足借。」劉秀憑此舉措，平添幾十萬人馬，終成大業。

朱元璋也曾用此法收編一支民軍。為了爭取他們歸心效力，當天晚上，朱元璋從中選出五百士兵，讓他們原來的頭目統帶，做自己的護衛，並把自己原來的衛隊都屏退在外，只留心腹謀士馮國用一人侍奉在臥榻旁。朱元璋自己則呼呼地睡到大天亮。降兵們因而傾心附從朱元璋。

曹操也同樣收編了百萬黃巾軍，組成了他賴以起家的「青州兵」，如果他不能以誠相待，這些人能為他效死呢？由此看來英雄所見略同。

如以誠待人只是說說而已，則易失信於人。漢高祖劉邦任用韓信為大將，卻三次欺騙他。第一次，韓信平定趙國時，劉邦從成皋渡河到趙地，大清早就自稱是漢王劉邦的信使直闖進韓信軍營，趁韓信還未起床之際拿了他掌兵的兵符，自己招集任命諸將，奪了他的兵權。第二次，項羽死後，又一次奪了韓信的兵權。第三次，劉邦以陳平計，假裝遊玩雲夢澤，乘機又抓住了韓信並裝入囚車，後降為淮陰侯。劉邦的所為對韓信最後謀反起了促成作用。

其二，實話實說　統御者應本著一是一，二是二，不誇大事實，更不能捏造事實的原則去做，要言而有實，言而是實。雖然說假話、捏造事實有時可得益於一時，然而，此舉可一不可再，可再而不可三。「狼來啦」喊到第三次就不會有人前來營救，被真正的「狼」吞噬就成為必然的命運。歷史上周幽王烽火戲諸侯，導致失信於眾，終於身死國亡就是明證。

其三，言行一致　統御者要取信於眾這又是一個重要環節。這一環節要求統御者要謹言慎行，要說到做到，不可光說不做，不能「空口送人情」。據說宋太祖有一天答應要任命張思光為司徒通史，張非常高興，一直引頸企望宋太祖正式任命，但是始終沒有下文。張實在等得不耐煩，只好想辦法暗示。張思光故意騎著瘦馬晉見宋太祖，宋太祖覺得奇怪，於是問他：「你的馬太瘦了，你一天餵多少飼料呢？」張回答：「一天一石。」宋又疑問道：「不少啊！可是每天餵一石怎麼會這麼瘦呢？」張又冷冷地答曰：「我是答應每天餵牠一石啊！但是實際上並沒有給牠吃那麼多，牠當然會那麼瘦呀！」宋太祖聽出語外之意，於是馬上下令正式任命張思光為司徒通史。宋太祖終於通過自己的行動兌現了諾言。

言行一致，還要求統御者要做到對自己的言論不能出爾反爾，要「一言既出，駟馬難追」，即使後果對自己怎樣不利，也不能輕易改口。西周成王繼位時還是個小孩子。某日，他和弟弟叔虞在後宮玩耍，一時高興，就摘下一片桐葉給叔虞，說：「我封你為王。」第二天，大臣史佚一本正經地要求成王正式給叔虞劃定封地。成王說：「我這是和他在做遊戲，怎麼能當真呢！」史佚板著臉說：「君無戲言。」成王馬上明白了這句話的分量，就把黃河、汾水以東的一百里地方封給了叔虞，這個諸侯國就是春秋中後期強盛一時的晉國。

其四，遵守約定　這也是取信於眾的必備內容。在社會交往中統御者不可避免地要與他人、他國訂立一些口頭和文字的協定，或與部屬訂下某些規則。行動中只有認真執行，才能取得對方的信任。春秋時五霸之一晉文公，某次帶領軍隊攻打原國，事先與官兵約定三天結束戰爭。到了第三天，原還沒有攻下來，晉文公就命令撤退回國。這時，晉方的間諜回來報告說：「原人支援不住，就要投降了。」晉方有的將領主張暫緩撤兵，但晉文公卻堅持認為與其得到一個原國而失信，還不如不要它，因此堅決撤回了圍攻的軍隊。晉文公行動可嘉，但到手的勝利不去取，難免可惜。

在這一點上，中國統御大師諸葛亮就高明多了。諸葛亮北伐中原前，與楊儀共同制定二十萬兵力分為二班，以一百天為期，進行輪流作戰。建興九年諸葛亮率第一批北伐軍在鹵城與敵軍相拒日久，已到一百日一換之期，此時新軍已出川口，還未到目的地，忽報魏軍與西涼兵馬二十萬來犯，楊儀建議，將該輪換的軍隊留下來，等打退敵人以後換之。諸葛亮堅決回答說：「不可。吾用兵命將，以信為本；既有令在先，豈可失信？且蜀兵應去者，皆準備歸計，其父母妻子倚扉而望；吾今便有大難，絕不留他。」即傳令教應去之兵，當日便行。該換班的眾軍聞之，皆大呼曰：「丞相如此施恩，我等願且不回，各捨一命，大殺魏兵，以報丞相！」見此情景，諸葛亮當機立斷，再用他們打一仗。結果是「人人奮勇，將銳兵驍」，敵兵抵擋不住，往後便退，蜀兵大獲全勝。諸葛亮靈活處理，做到取信於眾和獲取勝利兩不誤。

現代運用技巧：以身作則，樹自己威信

——榜樣的力量是無窮的，領導者能夠努力工作，克己奉公，會對屬下產生一種無形的帶動作用。

常言說：「少不看水滸，老不看三國。」的確，如果每個人都像曹操那麼有雄才大略，豈不天下大亂！那麼，魏武聚心術是不是就沒有什麼現實意義了？也不是，作為領導者即使不想成為一個雄霸天下的英雄，也有一個使部屬或全體工作人員各盡其職、人盡其才的問題。因此，魏武聚心術給現代人一個重要的啟示就是，作為領導者首先必須對自己嚴格要求，以身作則，努力使自己成為努力工作的典範，克己奉公的榜樣，並以此樹立威信，教化他人。

◎技巧一：桃李不言，下自成蹊

《史記》中有這麼一句話：「桃李不言自成蹊。」意思是說，桃樹和李樹，一點也不會替自己宣傳，但它們美麗的花朵、甜美的果實，自然而然地吸引人們前來而聚集成

一條道路。這句話是譬喻說，作為一個領導者不必自我宣傳，只要行為端正、品質高尚，人們自會慕名而來，投靠效力。那麼，領導者怎樣端正自己的行為，以取得部屬的信任和擁戴呢？

第一，以名為羞，以實為謙。

宋代王安石曾說過：「古之人以名為羞，以實為謙，不務服人之貌，而思有以服人之心。」服人必先服心，而要服眾人之心，首先領導者必須「身教重於言教」。處處以身作則。規章制度，先以自律；工作計劃，先以完成；困難當頭，先以承擔；利益當前，先以謙讓，必使部屬感德，眾人拜服。清朝揚州府興化縣河督魏源，在一八四九年夏末秋初，洪水暴發之時，為了保護即將登場的早稻，親赴各壩，組織群眾抗洪。此刻，大壩隨時都有決口危險，情況萬分緊急，他心急如焚，撲倒在堤上痛哭，寧願老天爺奪取自己的生命，也千萬不要跟老百姓的幾萬畝早稻為難。全縣數萬鄉民被其感動，全力搶險，經過幾晝夜的奮戰，終於闖過險關。魏源渾身泥水，雙眼被風雨激打得紅腫如桃，見者無不感泣。當人們含淚把這位老人用門板從堤壩上抬下來時，其上司陸建瀛歎道：「精誠所至，金石為開，豈不信然。」

第二，節自恭儉，身為表率。

領導者在利益得失上，在榮譽褒獎上，甚至在日常生活行為上，必得對己嚴格要求，否則，部屬必步其後塵，影響極壞。古人說：「上有好者，下必有甚焉者矣。」即指此意。管仲曾指出：「一國之存亡在其主。天下得失，道一人出。主好本，則民好墾草萊；主好貨，則人賈市；主好宮室，則工匠巧；主好文采，則女工靡。夫楚王好小腰，而美人省食；吳王好劍，而國士輕死。死與不食者，天下之所共惡也。然而為之者何也？從主之所欲也。」可見，領導者的行為影響之大。正因為如此，堯帝為王時「金銀珠玉不飾，錦繡文綺不衣，奇怪珍異不視，玩好之器不寶。」生活力求儉樸，與民同甘共苦，以其恭儉而稱譽民間，遂成一代明君。

節自恭儉，若能成文，作為座右之銘，公諸於眾，則其自律更有實效，表率作用更大。清康熙年間，吏部尚書孫嘉淦總結出從政應該格守的幾項基本原則，為了用以自戒而名之為「八約」，曰：「事君篤而不顯，與人共而不驕，勢避其所爭，功藏於無名，事止於能去，言刪其無用，以守獨避人，以清費廉政。」孫嘉淦自訂「八約」，並始終格守「八約」，在其四十年的從政生涯中，升遷時，不濫用職權；貶黜時，毫不頹喪，始終勤於職守，持衡稱量，與吏卒雜坐均勞苦。深受部屬擁戴，並效法其清廉自守。

領導者節自恭儉，特別是在困難時和緊要關頭尤為重要。困難時，裹足不前；危險時，退讓避後；緊要關頭，鬆弛懈怠，甚至貪財好色，部屬必委靡不振，胸無鬥志。而如果在困難時刻和緊要關頭，勇往直前，與士卒同甘共苦，其部屬必起而仿效，精神振奮。唐朝中期，淮西節度使吳元濟據申、光、蔡三州叛變，唐憲宗使韓弘統兵討伐。當時受韓弘節制的忠武軍節度使李光顏積極作戰，屢創叛軍，而韓弘身為都統，卻無意討叛，又不便阻李進軍，便選一美女派人贈送李光顏，陰謀以此使李怠於軍務，而正處於欲待進軍緊要關頭的李光顏卻藉此宴會三軍將士。席間，李光顏叫人帶進美若天仙的女妓，對著使者嚴肅地說：「令公憐惜我離家日久，日夜征戰，特意贈送這位美妓給我，按說我應承受令公恩德。但是，光顏身受國恩，要完成討叛重任。現在，三軍將士數萬為了效力疆場，拋家棄子，經受刀傷劍擊。我身為將帥，怎能不與士卒同甘共苦，卻以女色為樂呢？」李光顏慷慨陳詞，禁不住淚流滿面。堂下數萬士卒，聽其豪言壯語，又想起他平素為人，無不激動得流下淚來。宴後，李光顏要使者帶回女妓，並要其代為致謝韓弘。這一舉動，有力地激勵了三軍鬥志，終使叛軍連戰皆敗，最後全軍覆沒。

第三，體恤部屬，關懷「士卒」。

既欲使之人盡其才，必得關心其冷熱饑飽。這既是解除其工作後顧之憂，使之專心致力；又是融洽上下級感情，增進友誼而利於工作之舉。而要體恤關心部屬，首先，必須體恤部屬群眾疾苦，「知其貧富，勿使凍餒，則民親矣」。「古之賢君飽而知人之饑，溫而知人之寒，逌而知人之勞。」如果只知自己享樂，而不理解民之疾苦「則亦與民而仇矣」。其次，不可損害部屬群眾利益。《貞觀政要．君道》曰：「為君之道，必須先存百姓。若損百姓以奉其身，猶割股以啖腹，腹飽而身斃。」利益是維繫依存關係和維繫鬥志的重要因素，如果不為部屬謀利，甚至損害部屬利益，則必生離叛之心。再次，經常了解部屬思想和要求。體恤部屬，必須了解部屬。如果不知部屬疾苦、要求和思想，體恤無以為據，關懷也為空談。對此，明代大學士王鏊曾主張「上下多交」（即上下級交換意見）。其《親政論》曰：「上下交而其志同。」上下不交而天下無邦。交則泰，不交則否，自古皆然。「而不交之弊，未有如近世之甚者，君臣相見，止於視朝數刻。上下間，章奏批答相關接，刑名法度相維持而已……所謂堂上遠於萬里，雖欲言無由言也。」如果上下間隔「遠於萬里」，何以了解辛苦和要求，既然疾苦不知，體恤亦即空談。最後，還須注意，切勿追加部屬負擔。即在工作上力避追加任務；在經濟上力避「非常之貢」；在生活上力避侵佔部屬業餘時間。否則，都將造成部屬的「額外負擔」，造成部屬一定程度的困苦。而如果「上不興非常之賦，下不進非常之貢，上下同心，以奉常數。民雖輸力致財，而莫怨其上者，所務公而制有常也」。若制有常，拒

「加頁」，實質上也正是對部屬群眾的體恤。

第四，嚴以律己，寬以待人。

宋代王安石曾說過：「能自治然後可以治人；能治人然後人為之用。」西魏蘇綽也曾強調：「表不止，不可求直影；的不明，不可責射中。今君不能自治而望治百姓，是猶曲表而求直影也；君行不能求自修，而欲百姓修行者，是猶無的而責射中也。」古人之言意為，領導者欲得人正，必先嚴格己正，己身不正就無法管教部屬、百姓。蘇綽還具體提出正己之要，即八要和二則。他說：「故為人君者，必心清如水，形如白玉，躬行仁義，躬行孝悌，躬行忠信，躬行禮讓，躬行謙平，躬行儉約，然後繼之以無倦，加之以明察。」如能做到以上八要二則，則「臣民百姓」必「畏而愛之，則而象之」。

嚴以律己，首先必須知錯認錯，知錯改錯，而絕不可「以智文其過欲蓋彌彰」，否則，必將適得其反，失「義」於眾。中國智慧之士歷來對此十分看重。韓愈曾高度讚揚古代君子「其責己也重以周，其待人也輕以約」。即對待自己嚴格而全面，對待別人寬容而有節制。孟子也曾對此有過評述：「古之君子，過則改之；今之君子，過則順之。古之君子，其過也，如日月之食，民皆見之；及其更也，民皆仰之。今之君子，豈徒順之，又從為之辭。」孟子肯定了「古之君子」聞過則改的優良品質，批評了「今之君子」遇錯不改、文過飾非的錯誤，指出只要知錯必改，必得人民擁戴。北宋名士林逋在其《省心錄》中也曾強調：「以責人之心責己，則寡過；以恕己之心恕人，則全交。」又說：「有過知悔者，不失為君子；知過遂非者，其小人歟！」

嚴以律己，還必須「行天道，出公理」。《管子》曰：「行天道，出公理，則遠者自親；廢天道、行私為，則子母相怨。」公理所在，為民心所望，失公理，即失民心。所以，「用心於正，一振而群綱舉，用心於詐，百補而千穴敗」。當然，「出公理」可能有傷私利。傷己則妻怨子責；傷人則生嫌隙。但是，「大丈夫行事，論是非不論利害」。為事業計，為長久計，仍應堅持「公理」，主持「公道」。

嚴以律己的同時，還應「正克左右」。因為左右「幕僚」在一般情況下，其言行多與領導者一致，在某種程度上，人們甚至把他們看作是領導者的「代表」和「化身」。而且，領導者身邊工作人員的思想、作風乃至言行對領導者影響極大，所謂「溜鬚拍馬」、「巧進讒言」者多有這類人物。他們可能有「參謀成事」之功，也可能有「弄權敗事」之罪。所以，領導者在律己的同時必須律其「左右」。

第五，「威不可立，惟公則威」。

何謂威信？威信就是領導者在部屬群眾心目中產生的一種敬仰和愛慕，是領導者的思想品德、行為方式在部屬群眾心理上的一種愉快的體驗、滿意的感受，和他們理想形象一致性的體現。威信不同於「權威」，不同於「威嚴」，也不同於「威望」。威信自有其自身的特徵，這就是，客觀性的特徵，即威信是一種客觀存在的東西；威信具有綜合性的特徵，即威信不是由單一的成分構成，而是由領導者的品德、學識才能、事業心等多種因素綜合而成；威信還具有相對穩定性，它既不能強加，也不能奪取，而是在長時間實踐的考驗中確立的，它一旦在部屬群眾的心目中確立，就具有相對的穩定性。領導者的威信對於領導效果有著重要作用。這些作用主要表現於凝聚作用，即能將全體部屬群眾團結在一起，共同奮鬥；感召作用，即對部屬有強烈的感染力、感化力，並進而變成號召力和牽引力，達到一呼百應的作用；制約作用，當部屬的信仰、追求與領導者不一致的時候，領導者的威信可以起到約束、限制對方的消極影響而使其收斂、服從；定勢作用，由於領導者的威信，而使部屬對領導者的言行產生一種「確認感」，並把領導者的傾向用來約束自己的行為。

怎樣建立威信？古人說：「威不可立，惟公則威。」此言頗有哲理。其一，領導者的威信，不是人為地「立」起來的，而是通過領導者的言行實踐自然形成的；其二，領導者的言行必須出以公心，必須體現出領導者的優越素質、超人智慧和崇高的思想品質等等，才能為眾人所公認。具體來說，必須具有崇高的思想品質，必須具有豐富的業務知識和較強的組織能力，即「人一能之，己百之；人十能之，己千之。」必須具有深入的作風，平易近人，聯繫群眾；必須具有高超的領導藝術；必須經常檢點自己，具有闊大的胸懷和令人敬畏的風度。

第六，「泰而不驕，智而不足」。

俗話說：「泰而不驕，智而不足。滿招損，謙受益。」領導者的謙、驕之態對部屬影響極大。盛名之下，謙虛待人；成功之後，常見不足，部屬必能頭腦清醒，鬥志不衰；而如果盛名之下，得意忘形；成功之後，居功不進，部屬也必自滿自得胸無大志。而且，領導者驕、滿之下，必自以為是，剛愎自用，聽不進勸諫之言，讒佞之人必將乘機而入，由此而嚴重脫離部屬群眾。所以，老子說：「不自見，故明；不自是，故自彰；不自伐，故有功；不自矜，故長。」即不固執己見，才能做到兼聽明；不自以為是，才能做到是非清楚；不自己炫耀，功勞自有公論；不自高自大，所以才能領導別人。而且，僅是不驕不傲還不夠，領導者還應有自知之明。

◎技巧二：君子近賢能，而遠小人

領導者「正己」的重要內容之一就是「近賢避佞」。近賢避佞可以顯示出自己的正氣，顯示自己對賢能的看重和對佞讒的人的鄙視，使賢者進，佞者斂。軍事上有「示形」一詞，指通過某些行為向敵示以我軍意圖，以達欺敵效果。用人不可欺人，但領導者通過自己的行為向部屬顯示自己的思想是十分必要的。它可以從領導者所顯示的思想、作風上，修正自己的言行，從而樹立良好的風氣。近賢避佞可以樹立自己的威信，「君子以遠小人，不惡而嚴」。小人，不為人恥；近小人，也不為人重。領導者能否為部屬看重，影響極大，如能「守正為心，疾惡不懼」則其威嚴自立，而如果「惑於奸偽，疏於剛正」則其威嚴也必蕩然無存。因此，近賢避佞不僅顯示了領導者自身的道德品質，尤其是扶正祛邪、尊賢鄙佞，使能者爭進、各盡其才的重要條件。那麼，領導者近賢避佞應注意哪些問題呢？

第一，「舉直錯枉」，重用賢能。

《論語．為政》曰：「舉直錯諸枉，則民服；舉枉錯諸直，則民不服。」意為如果選拔任用正直之士，廢置罷黜邪惡小人，民眾信服；反之則民眾不服。任用，尤其是重用，是對人的最大信任和看重。因此，任用對象的選拔，特別是重要崗位人員的選拔，極能體現親疏，領導者更應特別注意。對於那些毀謗賢才、稱譽壞人的人，切不要任其為大官，否則要壞大事。

第二，「勿信讒，勿專己」。

「夫將拒諫，則英雄散；策不從，則謀士叛；善惡同，則功臣倦；專己，則下歸咎；自伐，則下少功；信讒，則眾離心；貪財，則奸不禁；內顧，則士卒淫。」此為古人以身作則、教化他人的信條。其中，「勿信讒，勿專己」則是近賢避佞之要則，信讒，則忠誠蔽於奸偽；真實避於虛枉；佞者進則眾人必離。如果領導者「信讒」而又「專己」，即不僅聽從奸偽之言，而且還固執己見，堅持偏聽偏信，則危害更大。

第三，直道而行，無所愧畏。

宋時呂端認為，為人應該正直而有器量，不必去顧及那些飛短流長的閒言碎語。他說：「直道而行，無所愧畏，風波之言不及慮也。」呂端之言正為近賢避佞者所常見。賢者不近則「眾人離」；而佞者不近，亦「佞者謗」。奸偽之人在其陰謀不能得逞之時也絕不會罷休，必然想方設法以圖再起，或攻訐，或誹謗，或離間，或蠱眾，甚至越級諂諛進讒，以圖使正直的領導者受貶罷黜，以尋求新的靠山。所以，領導者既有決心近賢避佞，則必得做好迎擊毀謗的思想準備，必得樹立剛正不阿的大無畏精神。同時也應確信「多行不義必自斃」。佞人必為眾人所唾，必無好的結果。

第二章 英雄不怕出身，不同凡響的統御能力

大凡善統御、易成大事者必有容人之心。因為，容人是一種美德，它具有巨大的治人攏心威力。容人是一種自信，統御者的自信心越強，其寬容度也越高，聚凝力也越大；容人也是一種力量，它可以使強敵畏懼，使弱友氣振，此所謂「寬容勝過百萬兵」。把「容」作為治人攏心的一個要訣，也是統御中的實用主義，求全責備者，必然無才可用。

一、惟我是用，去除用人潔癖

——水至清則無魚，人至察則無徒。明有所不見，聰有所不聞，舉大德赦小過，無求備於一人之義也。

統御者用人是一件很難做好的事情，合理使用人才，做到盡善盡美就更是一件不容易的事情。歷朝歷代都在使用人才，然而，能夠始終把知人和善任兩者統一起來，把知人作為用人的前提和基礎，把善任作為知人的目的和結果者，則首數曹操。曹操深深懂得人無完人的道理，所以能夠在他執掌大權期間合理使用各類人才，充分發揮他們的聰明才智，使自己的局面越做越大。

1·誠心與愛力可以創造世界

曹操深知「將賢則國安」的道理，因此，他多次下求賢令。例如，西元二一〇年，他在《求賢令》中說：「自古受命及中興之君，曷嘗不得賢人君子與之共治天下乎！」意思是說，一個有作為的君主，沒有不尋求人才來幫助自己治理天下的。這些君主所尋找的人才往往就在自己附近。可見，能否找到人才不是機遇，而是君主有沒有求賢若渴的誠心。「今天下尚未定，以特求賢之急時也。」

曹操求賢若渴的思想，突出地表現在他的創業階段。這在他所寫的《短歌行》中表現得最為淋漓盡致，詩云：「對酒當歌，人生幾何！譬如朝露，去日苦多。慨當以慷，憂思難忘。何以解憂？惟有杜康。青青子衿，悠悠我心，但為君故，沉吟至今。呦呦鹿鳴，食野之蘋。我有嘉賓，鼓瑟吹笙。明明如月，何時可掇？憂從中來，不可斷絕。越陌度阡，枉用相存，契闊談燕，心念舊恩。月明星稀，烏鵲南飛，繞樹三匝，何枝可依？山不厭高，海不厭深，周公吐哺，天下歸心。」

詩人從感歎時光易逝發端，接著書寫了事業未成、求賢若渴的心情，最後以周公自比，表達了依靠人才安定天下的雄心壯志。「青青」兩句是《詩經．鄭風．子衿》中的成句，「衿」是衣領，「子」是詩中女子對她所思念的情人的稱呼，這裏借用來表示對人才的思慕。「呦呦」四句是《詩經．小雅．鹿鳴》中的成句，原是歡宴賓客的樂歌，說我有嘉賓，要以鼓瑟吹笙來相待，這裏借用來表示自己渴望禮遇賢才。「越陌」四句，刻畫了故人遠道來訪宴後敘舊的歡快情形，這裏借用來表示自己對人才一見如故的心情。「月明」四句，用烏雀選擇枝頭棲息，比喻亂世中的人才選擇合適的地方投奔、依附，那麼我是最理想的投靠之處。最後四句，表示自己要以像周公「一飯三吐哺」那樣虛心對待賢才，使天下人心歸附。

曹操不僅在詩中反映了自己對待人才的真誠態度。而且在實踐中，對於一些聞名已久的人才，他總是真誠地渴慕，希望有朝一日能網羅到手，一旦人才相投，曹操總是以禮歡迎，大有相見恨晚之感。例如，官渡之戰時，年輕時的朋友許攸棄袁紹來奔，曹聞聽後，一骨碌翻下床來，來不及穿鞋，光著腳就跑出來迎接，一邊跑，一邊高興地拍著手高聲笑道：「子遠大老遠趕到我這裏來，我的大事肯定可以成功了！」

正是這種敬才的舉動，令曹操得益匪淺。在袁、曹兩軍相持，曹操孤軍堅守、沒有外援、糧草不繼、情況危急的情況下，許攸出了一條偷襲烏巢、燒其糧草、使袁紹不戰自潰的妙計，為曹操以劣勝優、奪取官渡之戰的勝利奠定了基礎。對此，《三國演義》也做了惟妙惟肖地描述——

「且說曹操軍糧告竭，急發使往許昌教荀彧做速措辦糧草，星夜解赴軍前接濟。使者齎書而往，行不上三十里，被袁軍捉住，縛見謀士許攸。那許攸字子遠，少時曾與曹操為友，此時卻在袁紹處為謀士。當下搜得使者所齎曹操催糧書信，徑來見紹曰：『曹操屯軍官渡，與我相持已久，許昌必空虛；若分一軍星夜掩襲許昌，則許昌可拔，而操可擒也。今操糧草已盡，正可趁此機會，兩路擊之。』紹曰：『曹操詭計極多，此書乃誘敵之計也。』攸曰：『今若不取，後將反受其害。』正話間，忽有使者自鄴郡來，呈上審配書。書中先說運糧事，後言許攸在冀州時，嘗濫受民間財物，且縱令子侄輩多科稅，錢糧入己，今已收其子侄下獄矣。紹見書大怒曰：『濫行匹夫！尚有面目於吾前獻計耶！汝與曹操有舊，想今亦受他財賄，為他做奸細，啜賺吾軍耳！本當斬首，今權且寄頭在項！可速退出，今後不許相見！』許攸出，仰天歎曰：『忠言逆耳，豎子不足與謀！吾子侄已遭審配之害，吾何顏復見冀州之人乎！』遂欲拔劍自刎。左右奪劍勸曰：『公何輕生至此？袁紹不絕直言，後必為曹操所擒。公既與曹公有舊，何不棄暗投明？』只這兩句言語，點醒許攸；於是許攸徑投曹操。

卻說許攸暗步出營，徑投曹寨，伏路軍人拿住。攸曰：『我是曹丞相故友，快與我通報，說南陽許攸來見。』軍士忙報入寨中。時操方解衣歇息，聞說許攸私奔到寨，大喜，不及穿履，跣足出迎，遙見許攸，撫掌歡笑，攜手共入，操先拜於地。攸慌扶起曰：『公乃漢相，吾乃布衣，何謙恭如此？』操曰：『公乃操故友，豈敢以名爵相上下乎！』攸曰：『某不能擇主，屈身袁紹，言不聽，計不從，今特棄之來見故人。願賜收錄。』操曰：『子遠肯來，吾事濟矣！願即教我以破紹之計。』攸曰：『吾曾教袁紹以輕騎趁虛襲許都，首尾相攻。』操大驚曰：『若袁紹用子言，吾事敗矣。』攸曰：『公今軍糧尚有幾何？』操曰：『可支一年。』攸笑曰：『恐未必。』操曰：『有半年耳。』攸拂袖而起，趨步出帳曰：『吾以誠相投，而公見欺如是，豈吾所望哉！』操挽留曰：『子遠勿嗔，尚容實訴：軍中糧實可支三月耳。』攸笑曰：『世人皆言孟德奸雄，今果然也。』操亦笑曰：『豈不聞兵不厭詐！』遂附耳低言曰：『軍中只有此月之糧。』攸大聲曰：『休瞞我！糧已盡矣！』操愕然曰：『何以知之？』攸乃出操與荀彧之書示之曰：『此書何人所寫？』操驚問曰：『何處得之？』攸以獲使之事相告。操執其手曰：『子遠既念舊交而來，願即有以教我。』攸曰：『明公以孤軍抗大敵，而不求急勝之方，此取死之道也。攸有一策，不過三日，使袁紹百萬之眾，不戰自破。明公還肯聽否？』操喜曰：『願聞良策。』攸曰：『袁紹軍糧輜重，盡積烏巢，今撥淳于瓊守把，瓊嗜酒無備。公可選精兵詐稱袁將蔣奇領兵到彼護糧，趁間燒其糧草輜重，則紹軍不三日將自亂矣。』操大喜，重待許攸，留於塞中。」

曹操對有才能的人的渴望，也有被愚弄的時候。赤壁大戰之前，曹操聽說號稱鳳雛先生並與諸葛亮齊名的龐統來投奔，欣喜若狂，對龐統也是言聽計從。哪想到，龐統這是詐降，他所授的「連環計」，為周瑜火燒赤壁打敗曹操創造了條件。

由此看來，曹操終生的信條是「寧可我負天下人，不使天下人負我」，而在對待人才方面卻是「寧可人負我，不叫我負人」，其用人誠心可鑒。

曹操對人才的渴望和重視，還表現在他主動、及時地封賞功臣。西元二〇七年，曹操下令說：「吾起義兵誅暴亂，於今九年，所征必克，豈吾功哉？乃賢士大夫之力也。

天下雖未悉定，吾當要與賢士大夫共定之。」接著表示，現在只有自己受到朝廷封賞，內心十分不安，因此決計大封功臣。在這裏，最值一提的是他對荀彧的封賞。荀彧作為曹操最得力的謀士，數獻奇計。為褒獎荀彧的貢獻，曹操屢次對荀彧厚加封賞，說服荀彧接受了萬歲亭侯的爵位。據統計，當時被曹操封為列侯的功臣不下二十餘人。厚賞功臣是曹操的一貫做法，史稱其「勳勞宜賞，不吝千金，無功望施，分毫不與，四方獻御，與群下共之」。

2・「陳平豈篤行，蘇秦豈守信」

惟才是舉，是曹操除舊佈新、改革用人制度的一個重要思想。這個思想萌芽於西元二〇三年他發布的《論吏士行能令》，形成於西元二一〇年、二一四年、二一七年他發布的三道求賢令。

曹操在《論吏士行能令》中，針對一些人認為軍官雖有戰功，但道德品行不足以擔任郡國行政長官的論調，反駁說：「未聞無能之人，不斗之士，並受祿賞，而可以立功興國者也。故明君不官無功之臣，不賞不戰之士；治平尚德行，有事賞功能。」明確提出用人不可求全責備，戰時、平時應有不同的用人標準。和平時期注重德行，戰時則必須以戰功、能力作為賞賜任用的主要依據。曹操的這道命令，已經孕育著「惟才是舉」

的思想萌芽。

西元二一〇年，曹操發布《求賢令》。在這道《求賢令》中，他引用《論語·憲問》中孔子的一句話：「孟公綽為趙、魏老則優，不可以為滕、薛大夫。」

意思是，用魯大夫孟公綽做晉國諸卿趙氏、魏氏的家臣遊刃有餘，但他卻沒有能力來做滕、薛這樣小國的大夫。以此說明德才各有所長，不能求全責備，必須因才授任，廉士不一定就是萬能之才。爾後，他回顧歷史說，當年齊桓公若是挑剔管仲貪財怕死的毛病，就成就不了霸業。因此，當今天下很難說沒有姜尚那種「被褐懷玉而釣於渭濱者」，以及陳平那種「盜嫂受金而未遇（魏）無知者」。他明確表示，自己的用人路線是「惟才是舉，吾得而用之」。在這裏，曹操第一次明確提出了「惟才是舉」的思想。

西元二一四年，曹操又發布了一道題為《敕有司取士毋為偏短令》的求賢令，其中強調指出：「夫有行之士，未必能進取，進取之士，未必能有行也。陳平豈篤行，蘇秦豈守信邪？而陳平定漢業，蘇秦濟弱燕。由此言之，士有偏短，庸可廢乎！有司明思此義，則士無遺滯，官無廢業矣。」

曹操在這裏闡述了德行和才能未必兼具的思想；並用陳平雖沒有淳厚的品行，蘇秦雖然不守信用，一個輔佐劉邦奠定了帝業，一個救助了弱小的燕國的事例，說明「士有偏短」也不能棄之不用的道理，要求人事主管部門「明思此義」，在用人問題上切不可求全責備。

西元二一七年，曹操第三次發布求賢令。在這道題為《舉賢勿拘品行令》中，他列舉了伊尹、傅說、管仲、蕭何、曹參、韓信、陳平、吳起等人。其中管仲再次提及，陳平第三次提及。其餘的人，伊尹、傅說皆出身奴隸，但一個輔佐商湯滅了夏朝，一個被商王武丁舉用為相；蕭何、曹參原來都是縣吏，後來輔佐劉邦，都位至丞相；韓信年輕時雖乞食漂母，受胯下之辱，但後來做了劉邦的大將；吳起雖然有殺妻換取信任做魯國將領、變賣家產以求官位、母親去世不盡孝道的不好名聲，但他先後輔佐魯、魏、楚，歷任將相，建立了卓著功勳。

曹操用這些歷代名臣「負污辱之名，有見笑之恥」，但卻「卒能成就王業，聲著千載」的事實，闡述「舉賢勿拘品行」的道理。然後，他下令道：「今天下得無有至德之人放在民間，及果勇不顧，臨敵力戰，若文俗之吏，高才異質，或堪為將守；負污辱之名，見笑之行，或不仁不孝而有治國用兵之術，其各舉所知，勿有所遺。」

曹操的三次求賢令，貫穿其中的核心思想，就是「惟才是舉」。這在當時的歷史條件下是具有反傳統的進步意義的。兩漢時期，封建統治者為了鞏固自己的統治地位，極力提倡封建禮教，形成了一套以忠孝仁義為主要內容的道德觀，而且把它定為選用官吏的重要標準。漢代不少皇帝下詔舉士，都非常重視仁孝。如宣帝強調「孝悌有行義」，哀帝強調「孝悌淳厚」，章帝強調「孝行為首」，桓帝強調「至孝篤行」，沒有一個主張「惟才是舉」的，更不用說對「不仁不孝而有治國用兵之術」的人也要「勿有所遺」。就是選拔人才的地方推舉、評論人物的清議也都以「經明行修」，即熟悉儒家經典和道德行為、生活作風沒有毛病作為考察的重點，並設有察舉孝廉和舉賢良方正的科目，作為儒生仕進的階梯。這種重德輕才的用人標準，其弊端是顯而易見的。按照這種用人標準，地方官僚子弟只要通經典，只要有忠孝仁義的虛名，不管其有無真才實學，都可做官。相反即是有經天緯地之才，也無法得到仕進的機會。

這種用人標準，隨著東漢王朝的腐敗亦日趨腐敗，以至到桓、靈二帝時期，出現了「舉秀才，不知書。察孝廉，父別居」的現象。這種用人路線的腐敗，反過來又加劇了東漢王朝的全面腐敗，導致了東漢王朝的敗亡。曹操的「惟才是舉」思想，大膽否定了以仁孝為主要標準的用人路線，不僅具有反傳統的進步意義，而且造成了曹操集團的人才濟濟，為他統一北方奠定了組織基礎。

曹操不僅提出了「惟才是舉」的用人思想，而且在實踐中身體力行。一大批「經」不明、「行」不修的人都被吸收到他的周圍，成為他的重要將領和僚屬。如有個叫季闓的，在白馬犯過接受賄賂、奪取人家婢女的錯誤，曹操卻因他有才能，仍然讓他做了濟北相。曹操這樣做，不是表彰他的錯誤，而是用其有才的特長。他用「失晨之雞，思補更鳴」的諺語說明，季闈品行不好仍是個缺點，只是不要揪住不放，要給他一個改過自新的機會，就像耽誤了報曉的雞，還想再叫一聲補上一樣。再如，有個叫丁斐的，是個很好的參謀人才，在曹營任典軍校尉之職時，甚得曹操信任，他有什麼建議，曹操一般都能加以採納。但丁斐有愛佔小便宜的毛病。

建安末年隨同曹操伐吳，利用職務之便，用自家的瘦牛換了一頭體壯的官牛，被人告發，受到了下獄免官的處罰。以後曹操又恢復了他的官職。對於丁斐的任用，曹操有自己的解釋，他說：「我不是不知道丁斐不清白，只是我有丁斐，就像人家有善捕鼠卻愛偷東西的狗一樣，偷東西雖然造成一些小損失，卻可以使我的東西保存完好。」

曹操主張「惟才是舉」思想，也不是完全不要德行。例如，他在第三道求賢令中，就把推舉「至德之人」放到了首位。由於受儒家思想的教育和影響，他自己二十歲時被舉為孝廉而踏入仕途。他對一些守忠盡節的人，無不稱道推崇。如曹操任兗州牧時，拜東平人畢湛為別駕。畢湛因母親、弟弟和妻子、兒女被張邈扣押成了人質，他於無奈之下投了張邈，後又隨降呂布。呂布戰敗，畢湛被活捉，大家都為畢湛擔心，以為這一下肯定活不成了。

誰知曹操卻說：「一個孝順父母的人，難道會不忠於君主嗎？這正是我要求訪的人。」遂不治畢湛的罪，而且還讓他做了魯國相。又如，有個叫邢顒字子昂的，德行卓著，有「德行堂堂邢子昂」的美譽，曹操任命他做了廣宗長。後因舊主死去，邢顒擅自棄官奔喪，曹操接到舉報後卻說：「邢顒忠於舊君，有一致之節。」不僅不追究他的擅離職守，後來還提拔他做了司空掾。

這些都說明，曹操不是不重視人的德行，也不是不要忠孝仁義。在曹操看來，講忠孝仁義的人，對自己也沒有壞處，他們可以忠於別人，也可以忠於自己，實心實意地為貫徹自己的政治路線服務。只不過是強調這樣一種思想，在現實生活中，人無完人，德才往往不能兼得。在這種情況下，就不能求全責備，只要有才能，即使有這樣或那樣的缺點，甚至是「不仁不義」的人也要使用。

魯迅於一九二七年七月在廣州夏期學術演講會上發表的題為《魏晉風度及文章與藥及酒之關係》的演講中這樣評價過曹操：「我們講到曹操，很容易就聯想起《三國演義》，更而想起戲臺上那一位花面的奸臣，但這不是觀察曹操的真正方法。現在我們再看歷史，在歷史上的記載和論斷有時也是極靠不住的，不能相信的地方很多，因為通常我們曉得，某朝的年代長一點，其中必定好人多；某朝的年代短一點，其中差不多沒有好人。為什麼呢？因為年代長了，做史的是本朝人，當然恭維本朝的人物，年代短了，做史的是別朝人，便很自由地貶斥其異朝的人物，所以在秦朝，差不多在史的記載上半個好人也沒有。曹操在史上年代也是頗短的，自然也逃脫不了被後一朝人說壞話的公例。其實，曹操是一個很有本事的人，至少是一個英雄，我雖不是曹操一黨，但無論如何，總是非常佩服他。」

魯迅的這一評價，同樣適用於對曹操用人思想的評價。曹操作為一個歷史人物，特別是作為歷史上一個有較大爭議的人物，對於他及他的思想評價，必須採取歷史惟物主義和辯證惟物主義的態度，即把他及他的思想放在當時的歷史條件下進行考察，看他及他的思想對社會的發展和歷史的進步，是產生了推動作用，還是產生了倒退作用。同時，又要一分為二地肯定他及他的思想中進步性的東西，否定他及他的思想中反人民、反歷史的糟粕。

據此，縱觀曹操的用人思想，如上所述，他確實有許多過人之處。像這樣的高瞻遠矚、雄才大略，在歷史上的封建統治階級政治家中也是屈指可數的。但作為一個剝削階級的政治家，由於受時代和階級的局限，曹操的用人思想和治吏的做法，也存在著一些形而上學和實用主義。

比如，他的「惟才是舉」思想，在東漢末年崇尚忠孝、重德輕才的政治環境中，確實具有反傳統的進步意義，起到過「矯枉過正」的作用，對於廣開用人之路具有開拓性的貢獻。但是作為選人用人標準，它又有偏頗之處。重德輕才是片面的，重才輕德也是不全面的。作為選人用人標準，既要強調重點論，也要堅持兩點論。就是說，既要強調

「惟才是舉」，又要堅持德才兼備，使德與才有機地統一起來。又比如，他的禮賢下士、廣納人才，由於實用主義作祟，實踐起來就打了折扣，加之他性格多疑猜忌、陰狠奸詐，使他對於一些忠心追隨多年、做出過傑出貢獻而又與他政見相佐的僚屬缺乏寬容之處，甚至大開殺戒，必欲除之而後快。這種情況，在他早年就有表現。在他的事業已經有了相當的基礎和規模，自己的統治地位已經穩固的晚年，表現得更為突出了。於是乎，劉邦的「狡兔死，走狗烹」，又在他的手中重演。

3．用人當看主流和大節

在三國時，徐邈並不是個重要人物，但在他的身上，卻證明曹操固心術的一個重要原則：看主流和大節。

徐邈，早年即為曹操所用，官不過代理縣令。建立魏國時，只是個「尚書郎」。此人平時講話很有分寸，但嗜好喝酒，而只要一喝酒說話就把不住了。「酒以成禮，過則敗德。」曹操對喝酒誤事十分反感，曾以此為由殺過孔融，他當了魏王以後，專門制訂了禁酒條律。一次，徐邈又偷偷地喝起來，有個叫趙達的校官去找他請示工作，徐邈張口就說了一句「中聖人」（古以喝酒不醉不醒謂中酒，「中聖人」意為正好喝到聖人的程度）。趙達如實報告，曹操十分惱火，欲將徐邈治罪。這時，主管遼東軍事的將軍鮮于輔趕緊對曹操說：「經常醉酒的人說酒清者為聖，酒濁者為賢，徐邈為人一貫謹慎，這是偶然說醉話，請大王不要治他的罪。」曹操想了想，覺得有理，就免了對徐邈的處分。從此後，徐邈極力克制，得到曹操好感，任他做了隴西太守。

克制是克制，但他的嗜好不能根除。他在轉任平陽、安平太守和潁川典農中郎將期間，忍不住時還是弄兩口喝喝。這時，當皇帝的曹丕下去巡幸，碰到了徐邈。詢問他說：「還老是『中聖人』嗎？」徐邈要是撒謊，曹丕也不一定知曉，但他老老實實地回答：「我的酒癮太大了，如同古時的子反、御叔一樣，要是發作起來，真是控制不住，還是喝點。」曹丕聽後，反為徐邈的老實態度逗樂了，說：「你真是名不虛傳呀。」

到這裏，讀者多得出這樣的結論了：像徐邈這樣的好酒之徒，還能幹好工作？準是個貪官。

可是，曹睿當皇帝，委派徐邈到邊陲涼州任刺史，「並使持節領護羌校尉」。在這天高皇帝遠的地方，徐邈要是貪，那是太容易了。可是徐邈不這樣幹。他為了解決糧食匱乏問題，在武威、酒泉等地修建鹽池，以鹽換取少數民族的穀，同時，「廣開水田，募貧民佃之」，使得「家家豐足，倉庫盈滿」。他為了解決繁雜的軍政開支問題，「乃支度州界軍用之餘，以市金帛犬馬，通供中國之費」，同時，「漸收斂民間私仗，藏之府庫」，然後，「率以仁義，立學明訓，禁厚葬，斷淫祀，進善黜惡，風化大行，百姓歸心」。邊界貿易活躍了，「西域流通，荒戎入貢」，徐邈也沒乘機「撈一把」，討叛守邊有功，被「封都亭侯，邑三百戶，加建威將軍」，並不斷得到朝廷的賞品。徐邈將「賞賜皆散與將士，無入家者，妻子衣食不充」。曹睿聽到徐邈的家境如此，「嘉之，隨時供給其家」。史書上稱讚徐邈說：「彈邪繩枉，州界肅清。」這些讚辭未必全準，但能看出徐邈是不貪財的。

徐邈不貪錢財，是不是貪戀官位呢？也不。他從邊疆回到朝廷，被提為「司隸校尉」，過了些年，又被拜為「司空」。「司空」是三公之一，在當時是最高的行政長官。聽說被拜「司空」的詔令，徐邈動情地說：「三公是何等重要啊，無人幹不行，可我實在是老了，不能勝任了。」堅決不能接受。一而再，再而三地謝絕了，終於推了出去。到了七十七歲，僅以「大夫」身分死在家中。嘉平六年，皇帝曹芳追思徐邈等先臣，給徐邈做了這樣的評價：「歷事四世，出統戎馬，入贊庶政，忠清在公，憂國忘私，不營產業，身沒之後，家無餘財，朕甚嘉之。」這個鑒定應當說是比較公道的。

徐邈死後，有個叫盧欽的官員也著書稱讚過徐邈，評語與曹芳相似。有人不解地問：「徐邈在初期人們評價他很一般，為什麼從涼州回京後，評價越來越高呢？」盧欽說：「那時，毛玠、崔琰等人主管幹部，他們最看重清廉，許多官員本來不清，也假裝廉潔，徐邈不會裝，喝了酒就承認喝了，所以人們往往看到了他的缺點；以後，奢侈之風刮起來，許多人競相效仿，而徐邈一如既往，不搞這一套，他的大節才顯露出來。」

徐邈年輕時嗜酒誤事，無論怎麼說，是其一短。但他能夠逐漸克服，又是一長。至於他一貫保持「清忠在公，憂國忘私」的本色，更是難能可貴。如果曹操抓住他當年那不光彩的一時一事不放，徐邈一輩子不可能翻過身來，更談不上有以後的作為了。

在選人用人看主流看大節這一點上，宋太祖和唐太宗李世民也同樣都是固心高手。宋太祖趙匡胤當上皇帝後，有一天御史上書彈劾當時的宰相趙普，說趙普和獄吏私下串通，擅自更改律法，以獲得不正當財富。宋太祖聽了，怒斥御史道：「連鼎都有耳朵，更何況作為御史的你呢？你難道不知道趙普是社稷功臣、國家棟樑嗎？」然後又說：「今後不要再上奏類似的事，今天赦免你。趙普的事不要再提了。」又有一次，宋太祖突然造訪趙普，恰好吳越王派人給趙普送禮，說：「帶來一甕海產請宰相笑納。」趙普一時之間來不及藏匿，只好如實報告此事。「吳越的海產可能是稀世珍品。」宋太祖說著就掀開蓋子，裏面竟是裝著黃金，趙普手足無措，連忙跪伏極力辯解。太祖笑著說：「沒關係，你就收起來吧！這個傢伙以為賄賂你，寡人就會為你所左右，也真是太愚蠢了。」趙普在後周時就是趙匡胤的幕僚，他幫趙策劃了陳橋兵變，在奪取政權中立下汗馬功勞，得到宋太祖的充分信任，出任宰相後，依然得到重用。雖有人彈劾他，他自己有時手腳也不乾淨，但宋太祖容其所短，不為小節過失所動，趙普自然也以「湧泉」相報皇帝這「滴水」之恩，在他的極力策劃下，發生了著名的「杯酒釋兵權」事件，為大宋王朝的穩定立下大功。

這是宋太祖趙匡胤在宰相趙普的建議下，為防止節度使「再生異心」，加強中央集權，提高皇帝統御能力而實行的解除領兵權的事件。

一天，宰相趙普以婉轉的語氣上奏：「殿前都指揮使石守信等人，似乎缺乏統御軍隊的能力，應該改調其他職務。」剛開始，宋太祖並不以為然，沒有理會他的建議，反說：「別擔心，他們是朕的故知，不會背叛朕的。」但趙普再三提及此事，引起了宋太祖思索，向趙普問道：「天下自唐以來，數十年間，帝王易八姓，戰火不熄，生靈塗炭，何其故也？吾欲息天下之兵，為國家長久之計，有什麼辦法嗎？」趙普見皇帝已明白了，不妨直說：「這不是別的原因，只是由於節度使的權力過大，君弱臣強而已。現在解決的辦法是奪其權，制其穀，收其精兵。這樣天下就安定了。」行武出身、本人曾親自參加擁立他人為王後又被別人擁立為帝的趙匡胤，深知「資高權重」的武將也可以再立他人為帝，為消除這潛在威脅，趙匡胤決定採取趙普的建議。

1．**「奪其權」**　西元九六一年七月的一天，宋太祖盛宴款待石守信等名將。正當酒過三巡，大家酒酣耳熱之際，宋太祖撤走左右侍衛後，頗富感情地說：「我們本是兄弟，沒有你們的擁戴，朕就不會有今天，朕打心裏感激，然而身為天子也是一件非常辛苦的事，遠不如當節度使輕鬆愉快，自朕當皇帝以來，至今還沒睡過一個安穩覺啊！」石守信等忙問為什麼，太祖佯醉道：「也沒什麼大不了的事，只不過有許多人想坐皇帝的寶座。」石守信等人大驚失色，忙說：「哪有這回事，現在陛下登基是天命，誰還敢有異心。」太祖說：「諸位當然不會有異心，但誰能擔保你們部下沒有貪圖富貴的人，一旦也用黃袍加在你們身上，那時即使你們不願，恐怕你們也都束手無策了。朕就是因此而登上帝位的，想必你們還記憶猶新吧。」石守信等幾位皆流淚俯伏於地道：「臣等愚昧，請陛下可憐我們，指示給我們一條生路。」太祖見時機已到。說道：「人生如白駒過隙，轉瞬即逝。一個人之所以要追求富貴，無非是為了享受人生，盡情吃喝玩樂，並讓子孫生活優裕。朕以昔日老友的身分建議各位，你們何不放棄兵權，退隱回鄉，買些良田美宅，為子孫立業；再買些歌星舞女，天天飲酒作樂，安度天年，這樣君臣之情，兩無猜忌，上下相安，不亦善乎！」第二天，眾將帥紛紛稱「病」，並提出辭呈，要求解除他們的兵權，這就是歷史上有名的「杯酒釋兵權」。

宋太祖又在趙普建議下，解除各禁軍將領的軍職同時，又撤消了殿前都點檢、副都點檢和馬步軍都指揮使的職位，把禁軍中的殿前司和侍衛馬步軍司分為「三衙」：殿前司、侍衛馬軍司、侍衛步軍司，形成三足鼎立之勢。「三衙」的將領選用資歷淺、容易駕馭的將領擔任，並常調動，而且規定「三衙」只有帶兵權，無調兵權。在禁軍的駐防上，太祖採取「強幹弱枝」的策略，調強兵駐紮京師附近，使地方無力與京師禁軍對抗。在禁軍駐地，則實行「更戍法」，每隔幾年換防一次，將領不隨軍調動，造成「兵無常帥，帥無常師」的局面，使「兵不知將，將不知兵」。

2.「制其穀」　唐末以來，各地節度使不但掌握軍權，而且掌握地方財政收入的支配權，這是「君弱臣強」的又一原因。西元九六四年，宋太祖下令各州郡每年徵收的財政收入，除地方行政開支外全部送交中央，各地不得截留。這樣，既保證了中央的財政收入，又鞏固了中央的政治權威。同時，宋太祖鑒於五代「貪益甚，民益死，國乃以亡」的歷史教訓，一方面嚴厲禁止各級官吏從事經商活動。因官吏經商勢必分散精力，難以勤政；再加上官吏有權，很易把權用於經商進行欺行霸市，壟斷貿易，與民爭利，經商風一起，難免有官吏追金逐利，助長貪污之風，而導致政權腐敗。另一方面，制定嚴酷的刑罰制裁官吏違法經商和貪贓枉法的行為。當時兵部郎中、秦州監稅官曹匪躬等人就因違法經商，為人告發，被處以「棄市」（死刑）。澧州刺史白全沼與人合夥經商，被人發現後削職為民。

3.「收其精兵」　宋太祖在後周掌握禁軍長達六年，正是靠手下的禁軍，才在陳橋驛實現兵變，黃袍加身，正式稱帝的。他深知禁軍的重要性，即位後首先加強禁軍的實力。「揀汰老弱，補充精壯」作為整頓禁軍的原則，「凡其才力技藝有過人者，皆收補禁軍，聚之京師」，由「太祖親自校閱」，餘下的歸各地節度使收用。地方軍無法同禁軍抗衡，即使節度使想起事也「心有餘而力不足」。

宋太祖在對待趙普的問題上，能夠看主流重大節，才導致了「杯酒釋兵權」，即不像歷代開國殺功臣那樣血腥，同時也達到了加強了中央集權，消除了地方割據勢力的效果。趙普不是真心為宋太祖著想，他是不會得罪這麼多手握重兵的實權人物，而費力不討好地做這件事。更有甚者，趙普不惜犧牲自己的利益，為了加強皇權還建議宋太祖削弱宰相的實權。看來，趙匡胤的固心之術在趙普身上發揮得是淋漓盡致。

唐太宗也同樣，他在帝位的二十三年間，深深懂得「人才有長短，不必兼通」的道理，因此，能夠使其下屬各得其所。唐太宗堅決反對封德彝「於今未有奇才」的說法，提出了「君子用人如器，各取所長」的用人觀。貞觀二十一年（西元六四七年），他又重申了關於「人之行能，不能兼備。朕常棄其所短，取其所長」的用人思想。與此同時，又在《金鏡》裏總結了「捨短取長，然後為美」的用人經驗。並且十分貼切、精當地解釋了「捨短取長」的用人觀的含意，將其生動地比喻為「用人如器」。就是好像器物不能兼具各種用途一樣，兼備全才無所不能的人也是不存在的。至此，唐太宗李世民的用人思想達到了非常成熟的程度。金無足赤，人無完人。凡是人都有自己的長處和短處。那種認為人才就是完人的想法是極端錯誤的。如果對於人才求全責備，那麼，就不可能發現人才，更不會合理使用人才。唐太宗在用人過程中，正是基於上述認識，所以，十分成功地實踐並堅持遵循了「捨短取長」的用人方針。他合理使用房玄齡、杜如晦、戴冑等人，就是捨短取長的典型範例。

房玄齡、杜如晦都具有多謀善斷之長，但又都具有不善於處理獄訟和忙於雜務瑣事之短，所以，唐太宗便捨其短處，用其為相之才。歷史記載，房玄齡「不以求備取人，不以己長格物，隨能收敘，無隔疏賤。論者稱為良相焉」。杜如晦，則發揮其「剖斷如流」的長處，與房玄齡貼然配合，共掌朝政，「至於臺閣規模，典章文物，皆二人所定，甚獲當時之譽，時稱房、杜焉。」

二、不拘一格，英雄莫問出身

——毋徒眩於聲名，毋盡拘於資格，毋搖之於毀譽，毋雜之以愛仲，毋以一事概其平生，毋以一污掩其大節。

曹操在治人攏心方面高人一籌的方面，不僅表現在他看到了「求全責備」和「重德輕能」的用人路線的偏頗，鮮明地打出的「惟才是舉」旗幟；另一方面，由於他自己出身低微，他對用人上的注重「出身」和「家世」的做法深惡痛絕，於是，「不拘一格，英雄莫問出身」成為他固心術的又一「撒手鐧」。

1．不念舊惡，不計私仇

曹操不拘一格選人用人，一個重要的特點，就是用人不念舊惡，不計私仇。比如，袁紹的部下陳琳，在官渡大戰前夕寫的《為袁紹檄豫州》文，筆力雄健，入木三分，鋒芒所向，直指曹操。比如，揭露曹操挾天子的罪惡是：「操便放志專行，脅遷當御省禁，卑侮王室，敗法亂紀，坐領三臺，專制朝政，爵賞由心，刑戮在口。」鞭撻曹操鎮壓政敵曰：「所愛光五宗，所罪滅三族，群談者受顯誅，腹議者蒙隱戮，百僚鉗口，道路以目。」攻擊曹操對民實行酷政為：「細政苛慘，科防互設，罾繳充蹊，坑阱塞路，舉手掛網羅，動足觸機陷……」這些言辭雖然有誇大但絕不是沒有事實根據，實在是打中了曹操的要害。加之他把袁紹的軍事優勢寫得極為壯觀，如：「幕府奉漢威靈，折沖宇宙，長戟百萬，胡騎千群，奮中黃、育、獲之士（中黃伯、夏育、烏獲，都是古代以武勇著稱的大力士）；騁良弓勁弩之勢。並州越太行，青州涉濟漯，大軍泛黃河而角其前，荊州下宛葉而騎其後，雷庭虎步，並集虜庭，若舉炎火以焫飛蓬，復滄海以沃慓炭，有何不滅者哉？」慢說一般百姓讀後對曹操沒有好感，就是曹操自己讀了，也不能不出一身冷汗，豈能不動搖曹營軍心？只是袁紹無能，終被曹操以劣勢戰敗。曹操抓住了陳琳，有足夠的理由殺之，但他認定陳琳是個有用的人才，只不輕不重地批評了幾句，就把他留下來：「你為袁紹寫文章，罵我一人還不行嗎？何必罵我祖孫三代？」

陳琳的確罵了曹操的列祖列宗，人格侮辱、人身攻擊的味道很濃。如說曹操的祖父是宦官，父親曹嵩是領養的，曹操則是「贅閹遺醜」，把曹操的家世揭了個底朝天。現在看，這也算不了什麼，但在當時是極能傷害人的手段。漢末宦官由於贅度操縱朝政，殘害士人，名聲很壞；漢代看重門第，領養的而不是嫡出的，是為人不恥的；漢朝歷代帝王都強調以孝治天下，罵老祖宗，比罵本人在感情上更難以接受。因此，像陳琳這樣的惡毒攻擊，一般人是難以容忍的。但當陳琳被俘向曹操賠罪後，曹操非但沒殺他，還任命他為司空軍謀祭酒。這樣，就使陳琳成了建安作家群中的一個重要成員，他留下的不僅有名詩《飲馬長城窟行》，更有以散帶駢、堪稱一絕的大量章表書記。對此，《三國志》的作者在《魏書．武帝紀》末的評語中這樣評價說，曹操用人「官方授材，各因其器，矯情任算，不念舊惡」。這說明曹操在用人問題上，確能克制感情，不計個人恩恩怨怨，做到惟才是舉，量才錄用。

又比如，在發兵決定戰袁紹之前，他到泰山廟去拜訪高僧，詢問中原有哪些賢人。

老和尚不敢洩漏天機，給他一個錦囊，說：「你進駐中原以後，如有人出來敢提名道姓罵你，你一看這錦囊便知。」

曹操密藏錦囊，統率大軍浩浩蕩蕩殺奔中原而來。所到之處，雞犬不留，路斷人稀。到了許昌之後，發現這裏是藏龍臥虎之地，就傳令三軍，安營紮寨。軍帳設在北門內一個名叫景福殿的廟裏。曹仁帶著親兵四下搶奪，弄得百姓惶惶不安。三天以後，四個城門上忽然都貼出一張帖子，上邊寫著：「曹操到許昌，百姓遭了殃；若棄安撫事，漢朝難安邦。」下邊落款是四個大字，「許昌荀彧」。

曹操知道了，氣得咬牙切齒。正想下令捉拿荀彧，猛然想起僧人贈的錦囊。急忙拆開來看，一張白紙寫著幾行大字：「開口就晌午，日落扁月上。十天頭長草，或字三撇旁。才過昔子牙，謀深似子房。」這是一首藏意詩。曹操左看看，右看看，翻騰了半天才解開其中祕訣：開口就晌午，開口系言，晌午取午，言午是「許」字；日落扁月上，日在上，扁月在下，像個「昌」字；十天頭長草，十天為一旬，旬加草字頭，是個「荀」字；或字三撇旁，是個「彧」字。頓時醒悟過來，高興地說：「許、昌、荀、彧，原來有子牙、子房之才！我一定要把他請出來。」

荀彧是穎川郡穎陰人，因不滿朝廷，在家過著隱士生活。他聽說曹操智勇雙全，又能重用人才，早想投奔曹操，又怕不安全，就寫了這張帖子，來試探一番。

曹操立即派曹仁去請荀彧。荀彧故意拒門不出。曹仁非常生氣，添油加醋地說荀彧如何藐視曹操，建議把他殺了。

曹操呵叱道：「大膽奴才，殺了他等於砍了我的臂膀，你知道嗎？」

那時正是臘月天，朔風凜冽，滴水成冰。曹操求賢心切，冒著嚴寒，親自出馬，來到聚奎街荀彧府第，只見大門落鎖。等了好久，不見有人。曹操不顧鬍子上結冰凌，又赴到奎樓街荀彧的另一府第。管家又對他說，主人到許昌打獵去了。曹操兩訪不遇，並未煩惱，仍耐心求訪。

一天，曹操訪得荀彧到城東北八柏的祖墳去掃墓了，就備下禮，前往憑弔。曹操來到墳前，看見一個青年，二十幾歲，姿態風流，儀表堂堂，正在專心致志閱讀《孫子兵法》，頭也不抬。忽然一陣風起，把書吹落在地。曹操急忙上前撿起，恭恭敬敬遞上，施禮說：「荀彧安康！」荀彧卻閉目問道：「先生是何人？來此做什麼？」曹操說：「我是譙郡曹孟德，來請荀公共扶漢室江山。」荀彧冷冷一笑說：「我是一個普通百姓，不懂治國大事，先生另請高明吧。」曹操陪笑說：「久聞先生胸藏經天緯地之術，腹隱安邦定國之謀，我非先生不請。」荀彧說：「不怕我罵你嗎？」曹操連連點頭，說：「罵得有理，多罵才好。」荀彧又推說患有腿疾，不能行動。曹操便親自牽來良馬扶荀彧騎上，前呼後擁，迎入景福殿中。

人才一旦來奔，曹操總是真誠地歡迎，常有相見恨晚之感。而且曹操一般都能安排適當職務，放手使用，在工作中注意虛心聽取他們的建議，有了成績及時給予肯定，有了功勞及時給予獎賞。曹操本性多疑，但在使用中卻常能信人不疑，不輕信讒言。建安十八年，東郡朱越謀反，誣陷黃門侍郎衛臻與他同謀，曹操同樣不信，但為慎重起見，讓荀彧進行調查，經過調查，弄清了真相，得出了正確的結論。衛臻是衛茲之子，曹操在陳留起兵時，得到過衛茲的資助，對衛茲父子十分了解，因此從一開始就不相信朱越的誣陷。經過荀彧的調查，更完全明白了衛臻的忠誠。不久，曹操把衛臻留在身邊做了參軍事，並賜爵關內侯。

2．放縱自恃清高的名士之妙用

對於那些享有聲望、自恃清高的名士，曹操總是能以寬容之心待之，甚至有些放縱。如名士邴原在青州與儒學大師鄭玄齊名，超脫世俗，清高自許，公孫度曾稱之為「雲中白鶴」，認為不是用捕捉鶉鷂的羅網所能羅致的。投歸曹操後，曹操任命他為東閣祭酒，對他的態度十分謙恭。建安十二年（西元二〇七年）冬，曹操北征烏桓回到昌國，設宴招待士大夫。酒喝到半酣時，曹操說：「我這次凱旋而歸，駐守鄴城的諸君肯定都會前來迎接，今天或者明早，大概就都到了。不會前來的，只有邴祭酒吧？」

誰知話剛說完，邴原卻先到了。曹操得到報告，大為驚喜，立即起身，遠遠出迎。見到邴原後，曹操說：「賢人實在是難以預料啊！我本來估計您是不會來的，誰知您卻屈駕遠遠地趕來了。這實在是滿足了我的渴盼之心啊！」

邴原離開曹操後，軍中士大夫前去拜訪的多達數百人。曹操知道邴原名高望重，從此以後對邴原更加敬重。

邴原雖有公職，但卻常以有病為由，高臥家中，不僅不理事，連面也很少露。這樣一來，不免要產生一些副作用。名士張范，也想學邴原的清高，曹操特地為此下了一道手令：「邴原名高德大，清規邈世，魁然而峙，不為孤用。聞張子頗欲學之，吾恐造之者富，隨之者貧也。」

「造之者富，隨之者貧」，意謂開創者能夠得到大名，跟著學的人就將一無所獲了。對張范進行了婉轉含蓄的批評。這說明曹操對邴原之所以特別寬容、特別敬重，是為了充分利用他的聲望和影響，爭取到更多的士人。但他並不希望人們去學習邴原的清高，他所希望得到的是熱中事業、有實際才能的幹才。

可見，曹操對清高名士，以禮相待，委以官位，有他政治上更深層次的著眼。漢末名士，是一股較強的政治勢力，他們在社會上名望高、影響大，對他們的態度如何，關係到人心向背。曹操對這些人採取寬容、敬重的態度，肯定有利用他們在社會上的聲望和影響，以爭取人心的考慮。但是也應充分肯定，曹操對士人的這種態度，也不乏廣納人才、才盡其用的用意。

3．不講出身，不論門第

不管你出身多麼微賤，地位多麼低下；也不管你過去投靠過誰，屬於哪個陣營，只要有才能，效命曹操集團，都能量才錄用。比如，于禁原是鮑信手下的一個士兵，樂進原是曹操帳下的一個小吏，由於具有才能，曹操敢於放手在實踐中使用他們，鍛鍊培養他們，後來都成為曹操的重要將領。毛玠原為縣吏，滿寵原為郡督郵，蔣濟原為郡計吏，後來都成為曹操的重要僚屬。張遼原是呂布的部下，張郃原是袁紹的部下，徐晃原是楊奉的部下，投到曹操陣營後，曹操盡悉重用，如張遼被拜中郎將，賜封關內侯。對此，西晉王沈評價曹操「知人善察，難眩以偽，拔于禁、樂進於行陣之間，取張遼、徐晃於亡虜之內，皆佐命立功，列為名將；其餘拔出細微，登為牧守者，不可勝數」。當然，曹操也不是完全地不講出身、門第。如他收許褚，是因他是地方豪強，有很大勢力，把他拉過來，可以壯大自己的力量。又如，他納荀彧，是因他出身名門，名重天下，把他吸收過來，可以利用他的影響延攬更多的人才。但不管怎麼說，在漢末重門第、講出身的大氣候下，曹操能做到這樣，已屬難能可貴。

在中國歷史上還有一位雄才大略的統御者，因為能不講出身、不講門第，惟才是舉，得以人才濟濟，成就了一番霸業，這個人就是劉邦。

劉邦胸有大志，早在豐沛起義之前，在咸陽街頭觀看秦始皇出遊時，曾經發出「大丈夫當如此也」的豪言壯語，吐發了他的雄心壯志。他在豐沛起義、反秦鬥爭和楚漢戰爭過程中，以其自己獨特的氣質、性格、思想方法和處世觀點，結交社會賢達，吸引招納良才。蕭何是一個才華出眾、政見卓識，文韜武略兼備的人物。劉邦在未任亭長之前就與之結為好友，並建立了深厚的情誼。

秦二世元年（西元前二〇九年）七月，陳勝、吳廣領導的農民起義軍，首先從大澤鄉發出了反秦的怒吼，劉邦隨即率領豐沛起義隊伍加入了反秦鬥爭的行列。在這期間，他大膽吸納蕭何、曹參等有才之士，作為他的主要輔佐，同時，在佔領豐邑之後，他積極擴大自己的隊伍，吸收了大批能征善戰、籌劃謀略的軍事人才，充任各級將領。這對於劉邦以後的勝利進軍，奪取政權具有重要的意義。據《史記．高祖功臣侯者年表》記載，在豐沛起義中及其以後追隨劉邦的起事者中，不少人物都能各顯其能，盡展才華，後來獲得侯爵者不乏其人。如清陽侯王吸、廣平侯薛歐、斥丘侯唐厲、博陽侯周聚、紀侯陳俞、合陽侯劉仲、什方侯雍齒等，都是劉邦在豐沛起事中和以後所吸納的賢才與骨幹。在反秦鬥爭和楚漢戰爭中，劉邦由豐沛起義時的幾百人到楚漢戰爭開始的數萬之眾，繼而由少變多，由小變大，由弱變強，以漢中一隅巧取關中，衝出函谷關，與不可一世的項羽逐鹿中原，終於摘取了統一中國的果實，成為當時中國的主宰。

劉邦之所以能夠取得如此偉大的勝利，除了項羽一連串的失誤給他造成不少有利條件和可乘之機以外，重要的是由於他採取了一系列順應歷史潮流、贏得民心的政治經濟政策，並在軍事上制定了一套正確的戰略戰術，而其關鍵所在，則在於劉邦正確的用人思想和路線，以及在其指導下所組合的一個文武搭配得當、足智多謀、團結一致而又配合默契的領導集團。

劉邦納賢，不分出身，惟才是用，對於那些來自社會下層的貧寒之士、布衣賢者，他誠心接納，虛心求教，坦誠相待，量才委職，信任以專，有功必賞。他不像項羽對寒士抱有偏見，也沒有陳勝稱王以後對於故舊親朋的那種傲慢態度。正因為如此，在秦末農民起義軍眾多的領袖人物中，劉邦對於貧寒之士、社會賢者就具有了超越任何其他人的吸引力和凝聚力，眾多不同出身、氣質各異，才能和秉賦千差萬別的各類人才，從不同渠道，通過不同形式，彙集到劉邦的麾下。這樣，漢軍就成為當時擁有布衣賢者最多的集團，同時也構成了劉邦獨具特色的領導集體。不僅參加豐沛起義的親朋故舊一直追隨劉邦到底，生死與共，患難至終，而且中途還有不少賢能脫離項羽和其他集團，相繼投奔於劉邦，韓信、陳平、王陵、酈食其兄弟等人的來歸就是典型例證。劉邦集團突出的一個特點，就是劉邦本人及其功臣宿將，大都出身貧賤，沒有顯赫的家世。劉邦出身比較富裕的農民，本人不過是秦王朝的一個小小的亭長。陳平之家僅有地三十畝，兄嫂都是老實的農民，他年過三十尚未婚配。韓信更是「常從人寄食」的城鄉赤貧流浪漢。其他人，如樊噲「以屠狗為食」、灌嬰「販繒」、婁敬「挽車」，周勃則「織薄曲為生」，並經常「為人吹蕭給喪事」。由於這些人長期處於社會下層，對於勞動人民的疾苦有所了解，對於秦朝統治的弊政認識較深，因此，對於改變秦朝統治狀況的願望非常迫切。正如毛澤東所說：「劉邦能夠打敗項羽，是因為劉邦和貴族出身的項羽不同，比較熟悉社會生活，了解人民心理。」

劉邦在奪取政權建立西漢帝國以後，他深深懂得「馬上得天下，不能馬上治之」。仍然要靠各類人才去治理的道理。因此，漢高祖十一年，劉邦發布求賢詔說：「蓋聞王者莫高於周文，伯（同霸）者莫高於齊桓，皆待賢人而成名。今天下賢者智慧，豈特古之人乎？患在人主不交故也。士奚由進！今吾以天之靈，賢士大夫定有天下，以為一家，欲其長久，世世奉宗廟無絕也。賢人已與我共平之矣，而不與吾共安利之，可乎？布告天下，使明知朕意。御史大夫昌下相國，相國酇侯下諸侯王，御史中執法下郡守，其有意稱明德者，必有勸，為之駕，遣詣相國府，署行、義、年。有而弗言，覺免。年老癃病，勿遣。」這段話的意思就是說，聽說歷史上凡做君王的沒有一個能夠超過周文王的，凡稱霸的沒有一個能夠超過齊桓公的人，他們都是因為得到賢才的輔佐而名揚天下的。現在天下一定也有不少聰明智慧的賢德人才，難道只有古代才有賢才嗎？就怕君主不去發現他們，人才怎麼能夠選拔出來呢？現在我靠上天的庇佑，以及有才能的士大夫的幫助，取得了天下，實現了統一，我還想世世代代的子孫永遠祭祀祖宗，使江山永固。過去這些有才能的人和我共同奮鬥，平定天下，而不與我共用安定的成果，這怎麼行呢？發布告示曉諭天下，使全國人民都明白我的意思。御史大夫周昌，把皇帝詔令傳給相國，相國酇侯又傳給諸侯王。御史中執法的把皇帝的詔令寫成榜文下傳郡守，曉諭各地百姓，誰發現有明顯德能的人才，一定要親備車馬送往相國府。整理好他的經歷、年齡、專長等材料上報。如有隱瞞人才不予推薦的，一經發現，就免除他的官職。

曹操死後，魏晉的統治者最終沒有繼承曹操「英雄莫問出身」的固心妙術，他們多在士族地主當中選拔官吏，並且出現了政權逐步由士族地主所壟斷的局面，以致成為禁錮人才發掘的一項弊政。「上品無寒門，下品無士族」就是當時生動的寫照。這種局面奠定了他們最終滅亡的結局，同時也成就了另一位治人攏心的高手——唐太宗李世民。

李世民執政後，力拯魏晉用人之失，匡正為得，把選人視野轉向了廣大的庶族，同時對於士族中具有真才實學的人才也大力重用，採取了士庶並舉的用人方針。

唐太宗早在藩府時，就把注意力放在了物色庶族中的人才身上，如房玄齡、張亮、侯君集等人。唐太宗即皇帝位後，他更加重視從庶族當中選用人才，韋挺、魏徵、馬周都是他們的傑出代表。另外，為了選拔更多的有用之才為其服務，唐太宗不斷地改進科舉取士制度，這為更多的庶族進入仕途創造了條件。他在大力選拔庶族中人才的同時，對於士族中的有用之士同樣予以信任和重用。如高士廉、長孫無忌、杜如晦等人，都是貞觀盛世時不可多得的重臣。對於山東士族中的人才也不例外，如崔敦禮源出博陵崔氏第二房，「世為山東著姓」，唐太宗按照他的才能不斷加以擢用，由左衛郎將、中書舍人、兵部侍郎，靈州都督直至兵部尚書。因他「深悉蕃情，凡所奏請，事多允會」。源出范陽盧氏的盧承慶，父、祖均為隋朝官吏，本人參與晉陽首義，貞觀時任民部（即戶部）侍郎與兵部侍郎並兼選舉之職，盧承慶自辭「越局」。太宗堅決不允，說：「朕今信卿，卿何不自信也。」李玄道源出後魏隴西李寶家族，後「世居鄭州」，「遂山東冠族」，貞觀年間太宗將其提為常州刺史，「在職常簡，百姓安之，太宗下詔褒美」。從這些事例中，可以看出唐太宗士庶並用的方針。

唐太宗不僅士庶並用，更難能可貴的是他能「官民同申」。

自古以來，封建帝王的詮選政策，一般都是從官中選官，而從民間的平民百姓中選拔官吏確屬為數不多，是非常罕見的。唐太宗李世民即帝位後，一改舊制，把選人視野轉向民間，成為歷代君主中的佼佼者。

貞觀三年四月，唐太宗下詔：「白屋之內，閭閻之人，但有文武才能，灼然可取；或言行忠謹，堪理時務……亦錄名狀與官人同申。」貞觀能臣馬周，雖然不是朝廷從民間平民百姓當中直接選拔而來，但他卻是唐太宗從布衣寒士當中拔擢的奇才。貞觀三年，唐太宗鼓勵臣僚上書直言政事得失，中郎將常何文辭淺薄，便請家客馬周代草奏事二十餘條。常何上奏後，竟條條符合唐太宗的旨意。唐太宗感到非常奇怪，認為常何乃一介武夫，不通文墨，何至神來之筆及如許卓識，遂追問原委，常何便據實相告。太宗認為馬周是一個有才之士，於是當天便下旨召見，在馬周遲遲未到之時，又「四度遣使催促」，顯示了唐太宗對這個素未謀面的落魄文人是何等的思賢若渴。馬周進宮後，太宗與其交談，發現馬周確係奇才，立即授官門下省，累官至中書令兼太子左庶子。馬周即兼任兩宮官職，處理事情平和公允，頗受當時人們的讚譽，更深得太宗的信任，後來又代理吏部尚書。馬周作為一個窮困落魄之人而如此發跡，他既無裙帶關係可資攀附，又無資蔭關係可籍恩賜，全因唐太宗求賢心切，愛才如寶，慧眼識英，用才如器，所以才使一代奇才盡顯才華。若無太宗自任伯樂，馬周這匹良馬也就只好湮沒人間。對此，歐陽修評論說：「周之於太宗，顧不異哉！由一介草茅言天下事，若素宦對朝、明習憲章者，非王佐才，疇以及茲？」

馬周從一個家客，一躍成為貞觀重臣，並不是偶然的事情。看來，曹操與漢高祖劉邦、唐太宗李世民這些有雄才大略的統御者在治人攏心方面的相似之處實在太多。

4·殺降不祥，厚待歸順者

對於曹操來說，厚待歸順者的好處實在太多了，一方面對方陣營也一定會有人才，不拿來為我所用太可惜了。另一方面，厚待歸順者可以對尚未歸順的人起到一個示範作用，使他們無心與自己對抗，從而削弱對方陣營的戰鬥力。

曹操厚待歸順者的事情有很多。

建安十九年（西元二一四年）十一月，張魯帶著全家來到南鄭向曹操表示臣服。曹操親自出城迎接，立即任命張魯為鎮南將軍，封閬中侯，食邑一萬戶，以客禮相待。張魯的五個兒子也都被封為列侯，曹操還為自己的兒子彭祖娶了張魯的女兒。

曹操對於張魯表現了異乎尋常的優待。為《三國志》作注的裴松之認為張魯雖有歸附之心，但畢竟是戰敗以後才來投降的，而曹操卻將他封為萬戶侯，五個兒子也全都封了侯，曹操的著眼點不僅僅是為了優待張魯一個人，而是為了以張魯為榜樣，影響、動搖和吸附與張魯類似的方面割據者。在曹、劉、孫三方鼎立的局面之下，只有在經濟實力、軍事實力和所施恩信等方面都超過對手，才有最後取勝的可能，曹操對此自然不會不明白。此外，漢中僻遠艱險，得來不易，以後要堅守更不易，必須施以重賞，以安固人心、利於今後，這大概也是曹操的一種考慮。

東晉史學家習鑿齒在評論曹操攻佔漢中後不僅封張魯及其五子，而且封了閻圃等人時說：「今閻圃諫魯勿王，而太祖追封之，將來之人孰不思順！塞其本源而末流自止，其此之謂與！若乃不明於此而重焦爛之功，豐爵厚賞止於死戰之士，則民利於有亂，俗競於殺伐，阻兵仗力，干戈不歇矣。太祖之此封，可謂知賞罰之本，雖湯武居之，無以加也。」著重從政治影響的角度來看待曹操的封賞閻圃，應當說是頗有眼力的。

還有一個劉雄鳴，情形與此類似。劉雄鳴是藍田人，年輕時以採藥打獵為業，常居覆車山下，每天早晚出入雲霧之中，從不迷路，人們說他能興雲吐霧。於是，不少人前去歸附他。馬超反叛時，他不肯隨從，被馬超打敗，後去投曹操。曹操拉著他的手說：「我剛進關中時，夢得一神人，這神人就是你吧？」於是以厚禮相待，任他為將軍，讓他回去招攬部屬。

誰知劉雄鳴回去後，部屬不肯投降曹操，逼著他一起反曹，於是聚眾數千人，扼守武關道口。曹操派夏侯淵前去討伐，獲勝，劉雄鳴南奔漢中。曹操平定漢中，劉雄鳴無處可逃，又來投降曹操。曹操一見，拉著他的胡鬚說：「老賊，真把你捉住了！」但並未予以追究，而是恢復了劉雄鳴的官職，把他調往渤海了事。

此外，程銀、侯選在建安十六年（西元二一一年）曾隨馬超一起起兵反抗曹操，兵敗後南逃漢中，這時也來投降曹操，曹操同樣既往不咎，也都恢復了他們原有的官爵。

三、公心待士，舉賢不避親仇

——看待人才不能受個人好惡左右，勿情與己同便忘其惡；勿意與己異便忘其善，甚至百善皆棄。

對待人才問題上，不以個人主觀的好惡定乾坤，是曹操治人攏心的一個鮮明特點。在他的人才隊伍中，既有跟隨他一起起兵的譙縣子弟，如夏侯惇、夏侯淵、曹仁、曹真等人；又有從敵方營壘中投奔、投降或俘虜過來的人，如武將有被陳壽評為「時之良將，五子為先」中的張遼、張郃和徐晃，他們原分別是呂布、袁紹和楊奉的部將，文臣有荀彧、郭嘉、許攸、賈詡等，他們原分別是袁紹、張繡等的謀臣。既有享有盛名、隱逸四方的士人，又有出身名門望族、世代歷任高官的後代新秀。不僅袁紹、袁術、劉表三人不能望其項背，即使比孫權、劉備也佔有明顯優勢。曹操集團人才濟濟一個重要原因就是能夠公心待士，舉賢不避親仇。

1．要「五湖四海」，不畫地為牢

用人是搞「五湖四海」還是任人惟親，搞「小圈子」，在很大程度上決定著統御者固心術的效果。一般而言，打天下需任人惟賢，但守江山就可能不一定要賢才了。洪秀全後期搞「洪氏天下」，因此讓頗有才能的石達開無法安心，是洪氏敗亡的原因之一。曹操非常可貴之處在於，在三國爭霸時，他就能堅持「五湖四海」的用人路線，甚至在他死後的一段時間，這條路線仍能持續。

西元二二〇年，曹操病死於洛陽，一時間，魏國籠罩在悲哀中。這時，有人給曹丕進言說：「趁這個非常時期，應當把各城的守官，換為大王家鄉的人。」話沒落地，魏郡太守徐宣厲聲喝道：「現在舉國一致，人心向魏，為什麼把守官全換成譙沛人？這不是傷害大家的感情嗎？」

曹操一生征戰，創立魏國，所任用的文臣武將，來自於全國各地，用毛澤東的話說是實行「五湖四海」政策。他的家鄉譙縣及鄰郡，也出了不少人，但重要幹部並不多。徐宣一聲斷喝，制止了這個以家鄉劃線，組織用人「小圈子」的餿主意，保證了曹操葬禮的順利進行及魏國各項工作的正常運轉。

「小圈子」這個詞不知是誰人創造，它形象概括的正是這樣一種怪現象：看人總是有遠有近，用人總是有親有疏；遠近親疏的界線，或以鄉屬籍貫而分；或以同學故舊而劃；或以意氣相投而定等等，形式多樣，不一而足。把劃進這個圈內的人視為可靠中堅，把圈以外的統統視為陪襯。如果這個解釋不錯，那給曹丕進言的，就是鼓動曹丕以鄉屬籍貫關係確定親疏，劃個小圈兒。

誰搞「小圈子」，必然要丟掉大多數，越想用「少數中堅」控制大多數，就越是控制不住，最終是失敗。試想，當時曹操屍骨未寒，如果把各城的守將全換成譙沛人，廣大官兵肯定不能接受，那天下不大亂才怪。徐宣敢於厲聲一喝，說到底，也是由於有絕大多數人的力量當後盾。

曹操剛死時，徐宣這樣的人站出來說話還管用，等曹丕當了皇帝，卻再也不能阻止他向「小圈子」的軌道上急滑了。只是曹丕死得早，他的圈子沒有圓起來。到了曹丕的兒子曹睿又死後，創業的功臣死的死，老的老，掌握實權的曹爽，正式把這個圈子搞成了。從這裏開始，曹家的江山也就變成司馬幫的了。

曹爽是曹真的兒子。曹睿死時，命他和司馬懿一道輔佐小皇帝曹芳。曹爽的本事遠遠比不上司馬懿，又想獨掌大權，他想來想去，先通過小皇帝的手把司馬懿明升暗降為「太傅」。實現了這一步，曹爽即把四個弟弟全提拔上來，安插在重要崗位，緊接著，又把與自己和弟弟們意氣相投的、曹睿時限制使用的何晏、李勝、丁謐、畢軌等幾人，劃進了圈內。正在曹爽自以為得意時，被司馬懿一舉摧垮了。

縱觀三國，搞「小圈子」的何止一個曹爽呢？

最早因搞「小圈子」而喪失絕好機會的恐怕是袁紹了。袁紹吞併公孫瓚後，由於北方地盤大，開始搞袁氏小圈子。他派長子袁潭任青州都督，沮授勸諫袁紹說：「這一定會成為禍亂的開始。」袁紹不聽他的意見，說：「我想讓我的每個孩子各守一州。」又讓第二個兒子袁熙為幽州太守，外甥高幹為並州太守。沮授又給袁紹講了一個「逐兔分定」的故事以勸諫：「世人常說一隻兔子跑到街上，很多人追逐牠，一個人捕住了，企圖得到牠的人就會停止行動，這是兔子已經歸捕獲者的緣故。年齡相同的就看誰賢能，德行相當就用占卜來決定，這是古代的制度。希望你在上思考從前成功失敗的教訓，在下想一想逐兔分定的道理。」袁紹說：「我想讓四個兒子各自佔據一州的土地，來看他們的才能如何。」沮授退出時說：「禍患大概會從這裏產生吧！」袁紹搞「小圈子」不但讓將帥寒了心，也讓謀略家們離他而去，後來袁紹兄弟相殘，終於敗亡。

劉備、孫權死後，其繼承者也搞小圈子。劉禪把諸葛亮教導他的「近賢臣，遠小人」整個顛倒過來，近小人，遠賢臣，嚇得連姜維這樣的大將都不敢在成都駐。孫權的兒子孫亮，用人惟宗室是舉，連被父親指定的顧命大臣諸葛恪也信不過，縱容宗室孫峻把諸葛恪殺掉了。蜀、吳兩國，都是因先在用人上出了問題，亂了幹部隊伍，喪失了民心，而後被魏國一一滅掉的。

「小圈子」源於「小心眼兒」。都是封建帝王，為什麼創業的先輩們用人能著眼於五湖四海呢？那是因為他們有遠大的政治抱負，所以能夠把治人攏心的「容」字訣發揮得淋漓盡致，使他們的固心術大有成效。漢高祖劉邦正是如此。他從豐沛起義到楚漢戰爭，繼而戰敗項羽，開創了西漢封建王朝偉業。究其原因，最根本的一條，就是劉邦具有高明的治人攏心之道。他不以親疏定遠近，任人惟賢，而不任人惟親，在其周圍，真正是猛將如雲，謀臣如雨，人才濟濟，競相效力。在《史記．高祖本紀》中有這樣一段記載——

高祖置酒洛陽南宮。高祖曰：「列侯諸將無敢隱朕，皆言其情。吾所以有天下者何？項氏之所以失天下者何？」高起、王陵對曰：「陛下慢而侮人，項羽仁而愛人。然陛下使人攻城略地，所降下者因以予之，與天下同利也。項羽妒賢嫉能，有功者害之，賢者疑之，戰勝而不予人功，得地而不予人利，此所以失天下也。」高祖曰：「公知其一，未知其二。夫運籌策帷帳之中，決勝於千里之外，吾不如子房。鎮國家、撫百姓、給饋餉，不絕糧道，吾不如蕭何。連百萬之軍，戰必勝，攻必取，吾不如韓信。此三者，皆人傑也，吾能用之，此吾所以取天下也。項羽有一范增而不能用，此其所以為我擒也。」

在這段記載中，劉邦闡明了一個很重要的問題，那就是他之所以能夠戰勝比他強大的項羽，關鍵在於任人惟賢，使他們忠心為其效力。正是因為堅持了「五湖四海」的固心之術，不搞親疏，不搞小圈子，不僅蕭何、曹參、盧綰、樊噲、灌嬰等一批豐沛起義的故舊元勳能夠得到劉邦的信任，而且對於其他加入他隊伍的人都能量才使用，委以重任，信而無疑。如張良，出身於韓國貴族，半路投奔劉邦。但由於他謀略出眾，忠心耿耿，一直在劉邦身邊參與政治與軍事，同生死共患難，劉邦對他的信任幾乎到了言聽計從的地步。韓信出身卑微，貌不驚人，又是從項羽那邊歸附過來的，開始沒有引起劉邦的重視。後來經過蕭何推薦，劉邦發現韓信確是一個帥才，就毅然排除阻力不次擢升，將他提拔為漢軍的統帥。韓信軍權在握，軍事才幹得到了充分發揮，在戰勝項羽的戰爭中起到了別人不可替代的作用。再如陳平，也是先投項羽，後又投到劉邦門下，他行為不拘小節，私生活不檢點，投奔劉邦後，又在軍中收受賄賂。但是劉邦發現陳平是個難得的人才，予以破格重用，因此引起了一些將帥的懷疑與嫉妒，甚至連周勃、灌嬰等也向劉邦進讒言。劉邦在疑惑之餘，同陳平進行了一次十分坦率的談話後，竟被陳平的坦誠所折服，徹底打消了對他的懷疑，任命他做了監督諸將的護軍中尉。後來，他為劉邦戰勝項羽、最後奪取政權立下了汗馬功勞。

劉邦在用人過程中還有一個顯著的特點，就是任人以專。在創業過程中，劉邦對於他的文臣武將都能做到充分信任，放手使用，使他們能夠在複雜紛繁的政治、軍事和外交實踐中發揮聰明才智，並從中得到鍛鍊，迅速成長為獨當一面的優秀政治家和智勇雙全的軍事家。在項羽集團中，他的屬下和將領們多數屬於低能、平庸之輩，而且缺乏獨立處理事務和指揮作戰的能力。而劉邦的屬下則不同，文臣武將不僅才華出眾，而且都有獨立處理各種複雜問題和指揮作戰的主動權。蕭何、張良、陳平、曹參、王陵等都是政治家的典型。在楚漢戰爭中，蕭何坐鎮後方，經國治民，保證前方的兵員軍需供應，各種軍國大事，諸凡民政、財政、稅收、徭役、治安等都處理得井井有條，有秩有序。後來，劉邦做皇帝後，蕭何被委任為西漢皇朝第一位丞相，為西漢王朝的鞏固和恢復發展生產起了非常重要的作用。蕭何之後，曹參、陳平、王陵等人相繼擔任相職，從而保持了漢皇朝休養生息諸政策的連續性。其武將，如韓信、彭越、英布、劉賈、周勃、樊噲、灌嬰等，不僅武功出眾，而且個個都具有獨立指揮作戰並能取得戰爭勝利的能力，在楚漢戰爭中，他們充分發揮才智，奮勇拼搏，指揮若定，立下了赫赫戰功。另外，酈食其、隋何、陸賈等人具有外交才能，擅長四處遊說，劉邦充分發揮他們的特長，不時銜命出使。他們則不辱使命，憑著三寸不爛之舌為劉邦效力。這些人的出使遊說，往往能克城破軍降將，顯示出外交的威力。劉邦正是靠著這樣一個文武搭配齊全、人員各有特點而又能密切配合的領導集團為其效力，才贏得了楚漢戰爭的最後勝利。

李世民也和曹操、劉邦一樣是因採用「新舊同進」，不搞「小圈子」的用人策略，而成就大業的統御者。

唐太宗在其用人過程中，不僅能夠信任和使用故舊屬員中的才德兼備者，而且能夠信任、重用新進才士。尤其難能可貴的是，唐太宗重用「昔仇」魏徵，一直被世代傳為佳話。魏徵早年落魄，隋末風雲變幻，曾經數易其主，後投奔李建成。唐高祖武德末年，官任太子洗馬。在秦王李世民與太子李建成爭做帝位繼承人的鬥爭中，常勸太子李建成早除秦王，以免後患。

玄武門之變，魏徵成為階下之囚。唐太宗慕其才華超群，是個難得的人才，不報私怨，出以公心，從鞏固政權，安邦治國的大局出發，重用魏徵。最初授諫大夫，貞觀三年，升任為祕書監，參與朝政。貞觀七年代王珪擔任侍中，加封鄭國公。在不到七年的時間裏，魏征由仇虜變成位極人臣。貞觀十七年，魏徵被任為太子太師，並仍主管門下省。在使用魏徵的過程中，唐太宗給其充分的信任。根據史書記載：「太宗數引之臥內，訪以得失。徵雅有經過之才，性又抗直，無所屈撓。太宗第與之言，未嘗不悅。」魏徵也不負太宗厚望，頻加忠諫，勸以從善，不許為非，治國才華得到了最大限度的發揮。唐太宗讚揚魏徵說：「當今朝臣，忠謇無如魏徵，他隨時諫正，多中朕失，如明鏡鑒形，美惡必見。」在治人攏心方面，唐太宗經常說：「用人但問堪否？豈以新舊異情？」這實際上是唐太宗固心術的經驗總結。他在即位之初，放手使用了一批秦府中有才能的故舊，但對其中庸才低能者，堅決不予使用。

就像曹操死後，有人勸曹丕把各城的守官換為自己家鄉的人一樣，也有人在李世民登基之後建議對於秦府故舊一概授以武職，宿衛宮廷，唐太宗堅決不允，說：「朕以天下為家，不能私於一物，惟有才德是任，豈以新舊為差？」在他執政期間，始終堅持惟才德是舉的方針，不被任何干擾所動搖，因此，秦府舊屬中的有些人便滿腹牢騷，口出怨言。對此，唐太宗並不遷就，而是曉之以理，對他們說：「今所以擇賢才能，蓋為求安百姓也。用人但問堪否，豈以新舊異性？才若不堪，亦豈以舊人而先用？今不論其能不能，而直言其嗟怨，豈是至公之道也？」

歷史的經驗一再證明，老子打下了天下，往往能以寬容之心，力避任人惟親，不搞「小圈子」，但是子孫們坐享其成，沒有了勃勃進取，剩下的只是琢磨現有的那些人，琢磨來琢磨去，就不由自主地以小圈圈來劃了。因此，無法設想一登上政治舞臺就搞「小圈子」的人能成大氣候。

2・去除私心，方可任賢舉能

俗話說：「莊稼看著人家的好，孩子看著自家的好。」可曹操硬是看著人家的孩子好。「生子當如孫仲謀。」一品曹操這句由衷地誇獎人家的兒子、他的勁敵孫權的話，不能不使人想到：孫權到底在哪些方面比曹操的兒子強呢？兩相比較，起碼在容人之心、公心待士方面，曹操的兒子比不過孫權。

孫權在哥哥孫策率領的隊伍中當兵時，只有十四、五歲。因過不慣軍中的苦日子，免不了要搞點「特殊」。孫策帳下主管財政的官員叫呂范，呂范這個人「性好威儀，勤事奉法」，當家理財，一是一，二是二，無論對誰，不徇私情。孫權要弄錢財私用，不能不走呂范的「後門」，可是呂范堅決不開，每次都請示孫策後再答覆。這惹得孫權很不高興。孫權當了陽羨這個地方的長官，在財物上還是不夠清廉，孫策就加強了對弟弟的控制，不時親自查查弟弟的賬目。孫權身邊有個叫周谷的人，為孫權在借貸往還的單據上做手腳，使孫策查不到問題，當時孫權自然是喜歡。孫策死了，孫權掌了大權。當家才知柴米貴，於是，孫權想起年少時辦的那些事，更想起「卡」自己的呂范和討好自己的周谷。照一般人看來，這回孫權可該重用周谷，給呂范穿一下「小鞋」了。可是孫權偏偏不這樣。他認為，周谷改竄帳目，欺騙孫策，是個心術不正的人，不能用；而呂范一心為公，忠誠可靠，才值得重用。孫權以公取賢，使呂范在二十多年的時間裏，從一個裨將軍一直升到大司馬，為孫權破曹操於赤壁、殺關羽於麥城、治都於建業，直接或間接地立下了很多大功。呂范死後，孫權每路過其墳墓，都呼著呂范的名字，「言及流涕」。在吳國的前、中期，之所以人才輩出、戰將雲集，一個十分重要的原因，不能不說是孫權堅持了秉公惟賢的用人路線。

曹操的兒子曹丕則不同了。曹丕當太子時，也想多搞點「外快」私用，但懾於曹操的嚴法，在宮中還不敢胡來，於是就想出一個向家叔曹洪借貸的主意。曹洪不肯給曹丕面子，曹丕便恨上了他。後來，曹丕當了皇帝，還恨著這件事，總想報復一下。機會總是有的。一次，曹洪的舍客犯了法，曹丕立即株連上了曹洪，把曹洪關進了監獄，準備殺頭。滿朝文武出來求情，曹丕也沒鬆口。沒有辦法，曹丕的母親卞太后出了馬，她對曹丕的愛妻郭后說：「令曹洪今日死，吾明日敕帝廢后矣。」

這就是威脅曹丕說，你今日將曹洪殺了，我明天便廢掉你的媳婦。想必是郭后吹了「枕頭風」，又加上曹洪本人「泣涕屢請」，一個勁兒地給皇侄兒說好話，曹丕才給了曹洪一個「免官削爵」的下場。

曹洪是曹操的從弟，自曹操舉兵討董卓，曹洪就將全部家兵千餘人歸了曹操，並一心一意地跟著幹。有一次，曹操被董卓兵打敗，連戰馬也失掉了。《三國演義》云——

「曹操來見袁紹曰：『今董賊西去，正可乘勢追襲；本初按兵不動，何也？』紹曰：『諸兵疲困，進恐無益。』操曰：『董賊焚燒宮室，劫遷天子，海內震動，不知所歸：此天亡之時也，一戰而天下定矣。諸公何疑而不進？』眾諸侯皆言不可輕動。

操大怒曰：『豎子不足與謀！』遂自引兵萬餘，領夏侯惇、夏侯淵、曹仁、曹洪、李典、樂進，星夜來趕董卓。且說董卓行至滎陽地方，太守徐榮出接。李儒曰：『丞相新棄洛陽，防有追兵。可教徐榮伏軍滎陽城外山塢之旁，若有兵追來，可竟放過；待我這裏殺敗，然後截住掩殺。令後來者不敢復追。』卓從其計，又令呂布引精兵遏後。布正行間，曹操一軍趕上。呂布大笑曰：『不出李儒所料也！』將軍馬擺開。曹操出馬，大叫：『逆賊！劫遷天子，流徙百姓，將欲何往？』呂布罵曰：『背主懦夫，何得妄言！』夏侯惇挺槍躍馬，直取呂布。戰不數合，又有一軍從左邊殺來，操急令夏侯淵迎敵。右邊喊聲又起，郭汜引軍殺到，操急令曹仁迎敵。三路軍馬，勢不可當。夏侯惇抵敵呂布不住，飛馬回陣。布引鐵騎掩殺，操軍大敗，回望滎陽而走。走至一荒山腳下，時約二更，月明如晝。方才聚集殘兵，正欲埋鍋造飯，只聽得四圍喊聲，徐榮伏兵盡出。曹操慌忙策馬，奪路奔逃，正遇徐榮，轉身便走。榮搭上箭，射中操肩膊。操帶箭逃命，踅過山坡。兩個軍士伏於草中，見操馬來，二槍齊發，操馬中槍而倒。操翻身落馬，被二卒擒住。只見一將飛馬而來，揮刀砍死兩個步軍，下馬救起曹操。操視之，乃曹洪也。操曰：『吾死於此矣，賢弟可速去！』洪曰：『公急上馬！洪願步行。』操曰：『賊兵趕上，汝將奈何？』洪曰：『天下可無洪，不可無公。』操曰：『吾若再生，汝之力也。』操上馬，洪脫去衣甲，拖刀跟馬而走。約走至四更餘，只見前面一條大河，阻住去路，後面喊聲漸近。操曰：『命已至此，不得復活矣！』洪急扶操下馬，脫去袍鎧，負操渡水。才過彼岸，追兵已到，隔水放箭。操帶水而走。」

這段經歷正史中也有記載，可以說，曹洪為打曹魏江山立下了汗馬之勞，是曹操眼裏的一等大賢。講曹洪性吝嗇不借給曹丕錢財，恐怕與事實不符，試想一個連命都不怕丟的人，還在乎那點家財嗎？曹洪常在曹操左右，又為曹操管理家務，是深知曹操嚴格約束子女的。怕隨便借給太子東西，曹操知道了不依，所以不給曹丕面子，似更有些道理。即使是太小氣不借，曹丕也不該「常恨之」，更不該在當了皇帝後藉機報復。不管是哪種情況，曹丕一個「常恨之」，又一個「遂以」，是公報私仇的舉動。聯想到曹丕連一母同胞曹植都要忌而殺之，可見曹丕用人是很差勁的。曹操在世時費了九牛二虎之力才推開「惟才是舉」的幹部路線，到了曹丕時很快就變成了「九品官人法」。九品官人法的實行，用人上的腐朽之風日趨泛濫起來。

歷代有作為的君主，在選人用人時，大都推崇「察實、舉要、破格、去私」這八個字。去私，就是要出以公心，拋棄個人恩怨。沒有去私這一條，其他三條都難以做到。

3．因公忘仇，化敵為友

相對來說，去除畫地為牢，以親疏定遠近還算是容易一些，要使自己轉變對一個人的仇視，以寬容之心感化對方，使其對自己忠心就不容易了。但是一旦能做到這一點，哪怕只有一件事，也可以使你的影響迅速擴大，這是一種高明的固心之術。

成大事的人，心胸也不一定真正總是像人們想像那樣始終寬廣似海，博大無垠。如果真是這樣，那他一定淡化了競爭。因此，欲想有一番作為，哪怕自己本來並不具心胸寬廣的本性，亦應磨練自己，養成一種博大胸襟，尤其要把握時機、選擇好對象，樹立起自己襟懷寬廣的形象，這樣才更有利於聚攏士人，為你馳驅。

曹操三次南征張繡，第一次失敗，第二次獲勝，第三次互有勝負，基本上打了個平手。曹操未能消滅張繡，但張繡也沒有足夠的能力進攻許都，南邊的局勢就暫時平穩下來。在這種情勢下，曹操接受荀彧的建議，先東征呂布，平定了徐州，並打敗了袁術。而在南征張繡過程中，張繡曾把曹操打得措手不及，將曹操的愛子曹昂、心腹戰將典韋等都殺死了。《三國演義》有一段精彩描述——

「操正欲起兵，自往征呂布，忽流星馬報說張濟自關中引兵攻南陽，為流矢所中而死；濟侄張繡統其眾，用賈詡為謀士，結連劉表，屯兵宛城，欲興兵犯闕奪駕。操大怒，欲興兵討之，又恐呂布來侵許都，乃問計於荀彧。彧曰：『此易事耳。呂布無謀之輩，見利必喜；明公可遣使往徐州，加官賜賞，令與玄德解和。布喜，則不思遠圖矣。』操曰：『善。』遂差奉軍都尉王則，齎官誥並和解書，往徐州去訖。一面起兵十五萬，親討張繡。分軍三路而行，以夏侯惇為先鋒。軍馬至淯水下寨。賈詡勸張繡曰：『操兵勢大，不可與敵，不如舉眾投降。』張繡從之，使賈詡至操寨通款。操見詡應對如流，甚愛之，效用為謀士。詡曰：『某昔從李傕，得罪天下；今從張繡，言聽計從，不忍棄之。』乃辭去。次日引繡來見操，操待之甚厚。引兵入宛城屯紮，餘軍分屯城外，寨柵聯絡十餘里。一住數日，繡每日設宴請操。

一日操醉，退入寢所，私問左右曰：『此城中有妓女否？』操之兄子曹安民，知操意，乃密對曰：『昨晚小侄窺見館舍之側，有一婦人，生得十分美麗，問之，即繡叔張濟之妻也。』操聞言，便令安民領五十甲兵往取之。須臾，取到軍中。操見之，果然美麗。問其姓，婦答曰：『妾乃張濟之妻鄒氏也。』操曰：『夫人識吾否？』鄒氏曰：『久聞丞相威名，今夕幸得瞻拜。』操曰：『吾為夫人故，特納張繡之降；不然滅族矣。』鄒氏拜曰：『實感再生之恩。』操曰：『今日得見夫人，乃天幸也。今宵願同枕席，隨吾還都，安享富貴，何如？』鄒氏拜謝。是夜，共宿於帳中。鄒氏曰：『久住城中，繡必生疑，亦恐外人議論。』操曰：『明日同夫人去寨中住。』次日，移於城外安歇，喚典韋就中軍帳房外宿衛。他人非奉呼喚，不許輒入。因此，內外不通。操每日與鄒氏取樂，不想歸期。

張繡家人密報繡。繡怒曰：『操賊辱我太甚！』便請賈詡商議。詡曰：『此事不可洩漏。來日等操出帳議事，如此如此。』次日，操坐帳中，張繡入告曰：『新降兵多有逃亡者，乞移屯中軍。』操許之。繡乃移屯其軍。分為四寨，刻期舉事。因畏典韋勇猛，急切難近，乃與偏將胡車兒商議。那胡車兒力能負五百斤，日行七百里，亦異人也。當下獻計於繡曰：『典韋之可畏者，雙鐵戟耳。主公明日可請他來吃酒，使盡醉而歸。那時某便混入他跟來軍士數內，偷入帳房，先盜其戟，此人不足畏矣。』繡甚喜，預先準備弓箭、甲兵，告示各寨。至期，令賈詡致意請典韋到寨，殷勤待酒。至晚醉歸，胡車兒雜在眾人隊裏，直入大寨。是夜曹操於帳中與鄒氏飲酒，忽聽帳外人言馬嘶。操使人觀之。回報是張繡軍夜巡，操乃不疑。時近二更，忽聞寨內吶喊，報說草車上火起。操曰：『軍人失火，勿得驚動。』須臾，四下裏火起。操始著忙，急喚典韋。韋方醉臥，睡夢中聽得金鼓喊殺之聲，便跳起身來，卻尋不見了雙戟。時敵兵已到轅門，韋急掣步卒腰刀在手。只見門首無數軍馬，各挺長槍，搶入寨來。韋奮力向前，砍死二十餘人。馬軍方退，步軍又到，兩邊槍如葦列。韋身無片甲，上下被數十槍，兀自死戰。刀砍缺不堪用，韋即棄刀，雙手提著兩個軍人迎敵，擊死者八、九人，群賊不敢近，只遠遠以箭射之，箭如驟雨。韋猶死拒寨門。爭奈寨後賊軍已入，韋背上又中一槍，乃大叫數聲，血流滿地而死。死了半晌，還無一人敢從前門而入者。

卻說曹操賴典韋擋住寨門，乃得從寨後上馬逃奔，只有曹安民步隨。操右臂中了一箭，馬亦中了三箭。虧得那馬是大宛良馬，熬得痛，走得快。剛剛走到清水河邊，賊兵追至，安民被砍為肉泥。操急驟馬衝波過河，才上得岸，賊兵一箭射來，正中馬眼，那馬撲地倒了。操長子曹昂，即以己所乘之馬奉操。操上馬急奔。曹昂卻被亂箭射死。操乃走脫。路逢諸將，收集殘兵。時夏侯惇所領青州之兵，乘勢下鄉，劫掠民家，平虜校尉于禁，即將本部軍一路剿殺，安撫鄉民。青州兵走回，迎操泣拜於地，言于禁造反，趕殺青州軍馬。操大驚。須臾，夏侯惇、許褚、李典、樂進都到。操言于禁造反，可整兵迎之。卻說于禁見操等俱到，乃引軍射住陣角，鑿塹安營。或告之曰：『青州軍言將軍造反，今丞相已到，何不分辯，乃先立營寨耶？』于禁曰：『今賊追兵在後，不時即至；若不先準備，何以拒敵？分辯小事，退敵大事。』安營方畢，張繡軍兩路殺至。于禁身先出寨迎敵。繡急退兵。左右諸將，見于禁向前，各引兵擊之，繡軍大敗，追殺百餘里。繡勢窮力孤，引敗兵投劉表去了。曹操收軍點將，于禁入見，備言青州之兵，肆行劫掠，大失民望，某故殺之。操曰：『不告我，先下寨，何也？』禁以前言對。操曰：『將軍在匆忙之中，能整兵堅壘，任謗任勞，使反敗為勝，雖古之名將，何以加茲！』乃賜以金器一副，封益壽亭侯；齎夏侯惇治兵不嚴之過。又設祭祭典韋，操親自哭而奠之，顧謂諸將曰：『吾折長子、愛侄，俱無深痛；獨號泣典韋也！』眾皆感歎，次日下令班師。」

這段故事不僅說明，曹操與張繡的確是結下了血海深仇，同時，也從一個側面說明了他不搞「小圈子」的玩意，他並沒有輕信自己的親信夏侯惇所言，對行伍出身的于禁妄加裁治，而且不哭長子、愛侄，「獨號泣典韋」，曹操固心之術何其之高！

到了建安四年（西元一九九年），曹操與袁紹在官渡一線對峙。曹操忽然想到要把張繡弄到身邊以對付袁紹，而這時袁紹為了對付曹操，也派使者來到穰城，約張繡出兵進攻許都，同時給賈詡寫了一封親筆信聯絡感情。當時袁紹勢力強大，張繡打算答應袁紹。這期間，多虧了賈詡之功，當時賈詡出人意料地當著眾人對袁紹的使者說：「你回去告訴袁本初，他們兄弟之間尚且不能相容，怎麼能容得下天下國士呢！」

兄弟不能相容，指袁紹、袁術反目為仇、互相攻伐的事。賈詡冷不丁這麼一說，毫無思想準備的張繡不由得大驚失色，脫口而出：「您怎麼這樣說呢？」

但賈詡胸有成竹，話已說出，使者只得動身回冀州覆命去了。

事後，張繡私下惶恐不安地問賈詡：「您這樣處理，我們今後怎麼辦呢？」

賈詡的回答又出乎張繡意外：「不如投靠曹公。」

張繡為難地說：「袁強曹弱，我們又同曹操結下了冤仇，去投靠他怎麼行呢？」

賈詡不慌不忙說出一番理由：「將軍所說的恰好就是我們應當投靠曹公的原因。第一，曹公奉天子以號令天下，名正言順，從公義出發，我們應當歸附他。第二，袁紹強盛，我們以不多的一點兵力去歸附他，他肯定不會看重；而曹公還比較弱小，得到我們這支兵力，肯定會感到很高興。第三，凡有志於建立王霸之業的人，肯定不會斤斤計較個人的恩怨，目的是要以此向天下人表明他胸懷的博大，我看曹公就是這樣的人。這件事請將軍不必再疑慮。」

張繡見賈詡說得入情入理，也就不再說什麼了。這年十一月，張繡率部到許都投歸曹操。曹操果然十分高興，親熱地拉著張繡的手，為之設宴款待，並立即任命張繡為揚武將軍。曹操還為自己的兒子曹均娶了張繡的女兒，兩人做了兒女親家。

曹操對賈詡自然也是親熱異常，拉著賈詡的手說：「使我取信於天下的，就是您啊！」

意思是說，他同張繡爭戰多次，並曾被張繡打得大敗，兒子、侄兒及愛將典韋都死在張繡手下，但現在張繡卻對他這樣表示信任，率兵前來投歸，我曹操也要信用張繡，既往不咎，為天下人做出一個不計私怨、寬宏大量的榜樣。

曹操不會忘記給他提供了這個機會的賈詡，因此他對賈詡所表示的不僅是歡迎，更多的是感激。他給予賈詡的封賞，也是很夠意思的。開始就上表舉薦賈詡為執金吾，封都亭侯，很快又提升賈詡為冀州牧。因冀州還在袁紹手裏，因此留參司空軍事。從此，賈詡同荀彧、荀攸、郭嘉等人一起，成為曹操身邊的重要謀士。

張繡內心十分感激曹操對他的信任，後來每次作戰都異常英勇。官渡之戰，他因力爭有功，被提升為破羌將軍。在南皮參加擊破袁譚的戰鬥後，封邑被增加到二千戶。曹操對張繡的信用也是始終如一的，給張繡的封賞總是超過其他將領。當時因戰亂連年，戶口減耗嚴重，十戶人家不過還剩一戶在，因此諸將的封邑沒有能夠滿千戶的，而張繡的封邑達到二千戶，大大超過了其他將領。曹操這樣做，其實質還是要保住這個「樣板」，讓他繼續發揮作用。建安十二年（西元二〇七年），張繡跟隨曹操北征烏桓，死於途中，其子張泉繼承了封爵。

曹操也是有個人恩怨的，但是關鍵在於他能因公去私，以自己的大業為重，這一點在他對待呂布舊部上表現非常突出。

曹操在消滅呂布的戰爭結束後，還得到了許多的有用之才。臧霸等人就是此時收降的。對這些人的任用方法與態度也在一定程度上體現著曹操是否具備王者之風。

臧霸、孫觀、吳敦、尹禮原為陶謙部將，陶謙死後他們成為泰山郡一帶的地方割據勢力，後歸附呂布。呂布敗亡後，臧霸逃往他處躲藏起來，曹操把他找到，給予款待，讓他去招降吳敦、尹禮、孫觀等人。然後，曹操將這些人全都任為郡守、國相，劃出青州、徐州靠海的一些地方委託他們管理，從琅琊郡、東海郡和北海國中分出部分地方，設立了城陽郡、利城郡和昌慮郡，讓臧霸做了琅琊相，吳敦做了利城太守，尹禮做了東海太守，孫觀做了北海國相。

此外，曹操還通過臧霸收降了徐翕和毛暉。

徐翕、毛暉原為曹操部將，後來背叛曹操投奔了臧霸。曹操讓劉備給臧霸傳話，讓他把這兩人的頭顱割下送來。臧霸不同意，對劉備說：「我之所以能夠自立，就因為我不肯去做這一類不義的事情。我受曹公生全之恩，不敢違命，但建立王霸之業的人是可以義動之的，希望將軍能夠替我去說明一下。」

劉備將臧霸的話轉告了曹操，曹操大為感歎，立即召見臧霸，對他說：「這是古時賢人才能做到的事情，而您卻做到了，這正是我所希望的啊！」

於是，不僅不再追究徐翕、毛暉的罪過，還任命他們為郡守，加以重用。顯然，曹操在這時若執意命臧霸按照他的話去做，他在臧霸及時人眼中的形象或地位就會是另一番景象了。這就從某一點說明了曹操是一個可「以義動之」的建立霸業之人。

歷史上還有一個能夠因公去私，舉賢不避親仇的一代明君，那就是唐太宗李世民。

貞觀初年，百廢待舉，萬事方興，急需大批治國治軍人才為大唐帝國效力。玄武門之變之後，東宮和齊府的僚屬之間存有敵對情緒。能否妥善解決這一問題，將直接關係到大唐帝國政權能否鞏固、能否發展的大問題。面對此種狀況，唐太宗不愧為一代明君，他沒有採取誅連、殘殺的策略，而是緩解矛盾，調節各種關係，消除各種消極因素，調動各種力量的積極性為其治國安邦服務。在選用官吏和人才上堅持舉賢不避親仇，大膽信任和擬用東宮、齊府屬下傑出的人才為其所用。李建成曾經收羅了一批驍勇善戰的武將，這些人出身事主，往往很講義氣。如將領薛萬徹，帶兵攻打玄武門和秦王府，失敗後與數十騎逃亡終南山。唐太宗不僅不因此事而捕殺，而且還派人將他請回長安「以其忠於所事，不之罪也」。又如東宮翊衛車騎將軍馮立，六月四日李建成被殺後，他歎息說：「豈有生受其恩而死逃其難！」於是，率兵攻打玄武門，殺死屯營將軍敬君弘，並聲言「微以報太子矣」！可見，他是太子李建成的「心腹」，一個愚忠於主子的黨羽。六月五日，他到李世民處請罪，李世民斥責他說：「汝在東宮，潛為間構，阻我骨肉，汝罪一也。昨日復出兵來戰，殺傷我將士，汝罪二也。」但是，當馮立表示悔改後，李世民就「慰勉之」，並授以左屯工中郎將。馮立異常激動地說：「逢莫大之恩，幸而獲濟，終當以死奉答。」在此，又展示了李世民的寬宏大度。

對於東宮府僚屬中的能臣，唐太宗李世民同樣加以重用，甚至引為知己。例如，對於已經流放的東宮屬官王瑶、韋挺，下令將其召回朝廷，並授以諫議大夫之職，留在身邊擔任顧問。玄武門之變後不久，太子黨人紛紛逃亡，而原太子洗馬魏徵卻依然故我。有一天，唐太宗見到魏徵後便嚴厲責問：「你為什麼要離間我們兄弟關係呢？」在場官員個個畏懼不已，驚恐萬狀。魏徵則慷慨自若，從容對答說：「皇太子若從臣言，必無今日之禍。」唐太宗一聽，轉怒為喜，倍加器重，封他為詹事主簿，後改任為諫議大夫，步步高升，深得寵信。貞觀六年（西元六三二年），在九成功丹宵樓的賞月夜宴上，唐太宗以滿懷喜悅的心情對群臣說：「魏徵往者實我所讎，但其盡心所事，有足嘉者。朕能擢而用之，何慚古烈？」由此可見，這是何等「棄怨用才」的雄豪器度。

4．駿骨吸才，「身曹心漢」又何妨

提起曹操「計賺徐庶」，換來的是「身在曹營心在漢」，世人多會說曹操失算了！其實曹操才是真正的大贏家，他用的正是「駿骨吸才」之策，對一個曾對自己造成重創的人，費盡心機地收歸過來，哪怕得到僅僅是他的「身」，而不是他的「心」，這對天下士人太有說服力了！

駿骨吸才有一典故，源自於戰國時期郭隗用馬作比喻，勸說燕昭王招攬人才，《戰國策．燕策一》記載了這個故事——

燕昭王問郭隗：「我如何才能得到人才，報齊國滅燕之仇呢？」郭隗說：「我聽說古代有位君王出黃金千兩欲購一匹千里馬，但三年沒能得到。養馬人對他說：『我可以給您買來。』於是君王就指派他去買千里馬。過了三個月養馬人回來了，說是找到一匹千里馬，不過已經死了，花了五百金買回了那匹千里馬的骨頭。君王聽後大怒，說：

『我要的是活馬，怎麼能花五百金買回一匹死馬呢？』養馬人答道：『君王息怒。如果人們知道您花了五百金買了一具死了的千里馬骨頭，那麼活著的千里馬，您就更垂青了。天下人必定知道您是一位願出重金買馬的人。千里馬就要到啦。』於是不到一年，得到三匹千里馬。」

郭隗講完這個故事，接著說：「今天君王如果想發現人才，廣招人才，您就不妨先從重用我開始，我得到重用了，何況那些比我德才更高的人才呢？他們一定會不遠千里而來。」燕昭王覺得有道理，於是下令築高臺，置千兩黃金於臺上，延請天下名士，不久便形成名士爭相而至的局面。燕昭王集聚了大批人才，終於實現滅齊報仇的願望。

燕昭王築「黃金臺」一事，對後代影響很大。漢代孔文舉在《論盛孝章書》中說：「燕君市駿馬之骨，非欲以騁道裏，乃當以招絕足也。」唐代詩人元稹在《長慶集．去抗州》詩：「駿骨鳳毛真可貴，崗頭澤底何足論。」在《獻滎陽公主》詩中又云：「駿骨黃金買，英髦絳帳延。」這裏「駿骨」為千里馬之亡骨，喻為賢才。「駿骨吸才」作為招攬、吸收人才的方法，是指從重視、重用由於特定條件發揮不了作用的人才入手，落實好人才的政策，從而對更高層次的人才產生吸引效果的方法。

徐庶，字元直，與諸葛亮交往甚厚。其才氣與諸葛亮旗鼓相當，劉備在新野時曾得其出謀輔佐，打過幾次勝仗。然而，為時不長，因其「為人至孝」，被曹操騙至曹營。

由於徐庶輔佐，劉備節節勝利。曹操問部下是誰為劉備劃策。程昱向曹操做了詳細彙報，說此人是穎川徐庶。他從小好學擊劍，中平末年，曾經為別人報仇殺過人，披髮塗面躲避官府追拿，後來被捉獲，問他叫什麼他不回答，被官吏綁在車上遊街示眾，被同伴解救，逃走更名，直今還叫單福。此後更加勤奮好學，遍訪名師，經常與司馬徽在一起切磋問題。曹操又問程昱：「徐庶的才能比你如何？」程昱說：「強我十倍。」曹操說：「可惜這樣的賢士被劉備所得，怎麼辦呢？」程昱出了一個主意，說：「徐庶為人至孝，小時候死了父親，只有老母健在，他的弟弟徐康也死了，老母無人侍養，可把他母親騙來，令她寫信召回兒子，那時徐庶必然來了。」曹操按程昱說的辦法，派人把徐母騙至曹營。然而，徐母不僅不為曹操寫信，還拿硯臺怒打曹操。無奈，曹操只好令人模仿徐母的筆體給徐庶寫了一封信，大意是：「我被曹操關禁，只有你來投降，我才能得救，你要速速前來，以全孝道，以後咱們再想辦法回老家耕作，免遭大禍。」徐庶信以為真，遂辭劉備來曹營侍奉老母。結果被老母痛罵一頓，老母自縊樑間。為此，徐庶抱恨終天，心灰意冷，委靡不振，一身的才氣不得施展。

讀這段故事，令人惋惜的不是徐庶被騙，再有機謀的人也不可能一生不受一次騙。也不是徐母之死，徐母之死死得其所，流芳千古，令人敬佩。惋惜的是徐庶在家遭不幸以後不能振作！

這一故事後人爭議頗多，有人說是曹操奸詐的表現，有人說是曹操愛才的典型，這裏面的是非曲直暫且不說，但不能不說曹操還是技高一籌。

5．「密訪群司」，注意公論

怎樣才能做到不以個人好惡定乾坤呢？其實，最重要的一個手段就是：注意群眾的公論，也就是民意。

西元二一六年曹操被封魏王，這時他已六十二歲，但遲遲不立太子。對立太子事，曹操有他的考慮。他在西元二一五年至西元二一七年間下的《諸兒令》中說：「今壽春、漢中、長安，先欲使一兒各往督領之，欲擇慈孝不違吾令，亦未知用誰也。兒雖小時見愛，而長大能善，必用之。吾非有二言也，不但不私臣吏，兒子亦不欲有所私。」由此可以看出，曹操選擇接班人不怎麼重視「立嫡以長」，而是「能善必用之」。這個「善」，就是「慈孝不違吾令」。不搞君臣雙重標準，而且「惟才是舉」，「不但不私臣吏，兒子亦不能欲所私」。他遲遲不立太子，是想對幾個兒子做進一步的考察了解，以便更好地貫徹「惟才是舉」的方針。

曹操遴選太子的對象，主要集中在曹丕、曹植兩個人上。曹丕有嫡長子身分，佔據爭奪太子的有利地位，且有多方面才幹，能騎射，會寫詩文，通諸子百家，可以說是文武兼長，在諸子中，曹操對他還是比較看中的，給予的政治名分常常在諸子之上。曹植是曹丕的同母弟，小曹植五歲，其人文思敏捷，才華過人，其才力常常領先於曹丕。所以在相當長的時間裏，曹植對曹操有著強烈的吸引力，成為他選擇繼承人的又一舉足輕重的人選。

就在曹操在是立曹丕還是立曹植問題上權衡再三、猶豫不定的時候，圍繞立嗣問題一場或明或暗的激烈爭鬥開始了。曹丕在其親信吳質的策劃下，曹植在其謀士楊修的幫助下，演出了一幕幕爾虞我詐、勾心鬥角的活劇。其鬥爭的目標，是爭得太子位；其鬥爭的焦點，集中在爭取曹操的好感和信任上。如有一次，曹丕聽說丁儀兄弟都在積極活動要立曹植為嗣，內心十分恐慌，打算找親信吳質商量對策。但吳質已被任命為朝歌長的職務，屬於外官，按規定曹丕是不能私通外官的。為了避人耳目，曹丕派人用車載上一些廢竹箱，再把吳質藏在廢竹箱內拉進宮內密謀。結果被楊修發現並報告了曹操，曹操很不高興。又如，楊修為讓曹植討曹操的歡心，每次去曹植那裏，就揣摸曹操的心思預先替曹植寫出許多答案，每當曹操要詢問時，就把合適的答案抄錄送上。時間長了就難免露出「馬腳」。使得曹操不僅對楊修，也對曹植產生了不好的看法。

曹操敏銳地覺察到，曹丕、曹植和他們身邊的人，都在玩弄權術騙取他的信任。在這個小圈子裏，要想把曹丕、曹植的德才表現了解得一清二楚，已無可能。於是，他經過深思熟慮後，來了個「密訪群司」。用現在的話說，就是聽聽圈外人的公論。他先後徵求了楊俊、賈詡、崔琰、毛玠、邢顒、桓階等有知人之鑒，又不是曹丕、曹植圈內人的意見。大家比較一致的意見是，曹丕比之曹植德優年長，且立嫡以長利於國家的政治穩定，曹丕立為太子更合適。曹操所徵詢的這些對象，當時在朝中大多是握有實權、享有威望、深為曹操所倚重的人物。如崔琰、毛玠都曾主持過人才的選舉工作，素以公正無私、知人善鑒著稱。特別是崔琰，還與曹植有點親戚關係（曹植是崔琰哥哥的女婿），但崔琰卻不替曹植說話，可見是出於公心了。這些人的意見對曹操影響很大，使他心中的天平，越來越向曹丕傾斜，最後定下決心：立曹丕為太子。可以這樣說，曹操立曹丕為太子，是聽從大臣公論的結果。實踐也證明，曹丕與諸子相比，也確實是接班的較為合適的人選。

古人云：「明王選將帥，訪於眾，詢於人。」孟子曰：「左右皆曰賢，未可也；諸大夫皆曰賢，未可也；國人皆曰賢，然後察之；見賢也，然用之。」曹操立太子，在封建世襲的傳統社會裏，既是國事，也是他的家事。本來他完全可以「一錘定音」，他卻要聽聽僚屬的意見，作為一個封建統治階級的政治家，這已是難能可貴的。在聽取意見的過程中，他不局限於聽取曹丕、曹植左右親信的意見，而是邁開雙腳，深入下去，逐一徵詢諸大夫的意見，就更是難能可貴了。當然，如果再擴大一下，廣泛徵求「國人」

的意見，那就再好不過。曹操為立嗣「密訪群司」，還談不上是注重群眾公論，充其量是注重了僚屬的公論。但不管怎麼說，在注重公論這一點上還是值得肯定的。

四、海納百川，能容難容士

——大才者，不拘小節；異才者，常有怪癖，恃才傲物，才之通病。統御者應胸懷寬廣，如江海之大，容納百川，方成大事。

用人容人，大多數人是懂的，自詡有容為之量者，也大有人在。但是，很多人表面上有「海納百川」之量，而實際上卻是「小肚雞腸」；表面上待人寬容，而實際上待人忌妒，即所謂「外寬內忌」，此乃固心術大忌。

1・對「手無縛雞之力」的文士另眼相看

常言說：「百無一用是書生。」在「罷黜百家，獨尊儒術」的漢代，文士更是一文不值，而且他們還往往比較「狂妄」。但曹操父子卻看到了他們在穩定人心和宣傳輿論方面的重要作用，因而對他們寬而容之。

建安的文士，數以百計。除最著名的「三曹」（曹操、曹丕、曹植）、「七子」（孔融、王粲、劉楨、徐幹、陳琳、阮瑀、應瑒）外，那繁欽、應璩、邯鄲淳、吳質、杜摯、繆襲、楊修、路粹、蔡琰等人，真可說是「人人自謂握靈蛇之珠，家家自謂抱荊山之玉」。曹氏父子是怎樣將如此眾多、風格各異的文士團結在自己的周圍，並發揮他們的作用呢？

曹操在前期，很能聚人，尤其對於文士，不管他們原來如何，只要能納攏過來，就一定納攏；曹操在後期，很能殺人，但是對於文士，一般不輕易開刀。陳琳就是最顯著的例子。被稱為狂才的彌衡，「氣尚剛傲，矯時慢物」，擊鼓罵曹淋漓酣暢，真個如狗血噴頭，曹操雖然氣憤，但考慮到彌衡的才名，還是容忍了他，把他送給了劉表。建安時代惟一的女詩人蔡琰，在戰亂中被胡兵所擄，流落南匈奴十二年，是曹操在建安八年用重金把她贖回來的，並為她重新建立了家庭。不然，我們今日怎能讀到那激昂辛酸、催人淚下的千古名篇《悲憤詩》？

曹丕，在用人的氣度上比父親差遠了，但在猜忌報復人上，比其父毫不遜色，用軟刀殺人，比父還高一籌。魏國名將于禁投降歸來，曹丕請畫家把于禁的畏敵貌狀繪成畫，再請于禁去參觀，活活把他羞死了。但對於文士們，曹丕總是另眼相看，文士們即使有所不恭，他也滿不在乎。一次，他請好友吳質和曹休等一塊喝酒，酒酣耳熱中，把郭后叫出相見，大概是那郭后美麗動人，吳質就抬起頭大膽「掃描」起來。按照那時的規矩，臣下對皇后平視就要殺頭，劉楨就是因平視曹丕的夫人甄氏而被曹操懲罰的。吳質如此放肆，那還了得！可曹丕竟允許不咎。黃初五年（西元二二四年），吳質從河北統軍回朝，曹丕命令所有「上將軍及特進」以上官員為他接風，席間，宗室曹真與吳質爭吵，曹真自負地位高貴，出言不遜，拔刀威脅，吳質也以牙還牙，毫無怯意。要不是有曹丕撐腰，他才不敢呢。吳質的作品流傳下來的很少，他的主要功績是在曹丕和文士間穿針引線，使曹丕及時了解文士的動向及人們對各種作品的議論，寫出了建安文學中獨一無二的文學理論批評性作品《典論．論文》。

曹操在為他手下的大謀士兼文人荀彧記功，荀彧以沒有參加野戰為由而辭讓時，曹操說過一句很有見地的話：「謀為賞本，功未必皆野戰也。」這說明，在曹操的眼裏，文臣們雖不善衝鋒陷陣，但他們手中的筆並不比刀槍的分量差。思想上對文士的重視，必然導致政治上對文士的重用。曹操對攏納到營中的文人，盡可能地委任合適的職務，以充分發揮他們的專長。「七子」中的佼佼者王粲，在劉表那裏待了十五年，只因其貌不揚，不被重用。「粲容貌短小，表以粲貌寢而體弱通侻，不甚重也。」劉表死，王粲說服了劉表的兒子劉琮，舉軍歸向曹操。曹操立即辟王粲「為丞相掾，賜爵關內侯」，時間不長，又提升為「軍祭酒」（祭酒，學官名，為博士之首）。曹操建立了魏國，進一步拜王粲為「侍中」。王粲一生，以建安十三年為界，經歷前後兩個時期。在前期，他的詩賦多以戰亂流離的切身感受和懷才不遇的抑鬱為主題。在後期，因被曹操重用，政治地位提高，特別是隨曹操東征西戰，大大開闊了視野，對事業充滿了信心和希望，作品的格調也煥然一新。他的後期代表作《從軍詩》五首，以磅礴的氣勢，表達了曹軍軍營的壯盛及詩人為統一全國貢獻力量的真實感情。在以詩言志的同時，他以筆為武器，為曹操革除積弊，興造新規，做出了很大貢獻，史稱他「博物多識，問無不答，時舊儀廢馳，興造制度，粲恆典也」。他的好友徐幹、陳琳、阮瑀、應瑒、劉楨等五人，也都在曹營受到器重。阮瑀和陳琳同時任「司空軍謀祭酒，管記室」。阮瑀寫的許多散文，都有很高的文學價值，與陳琳的文章一道，作為建安文學的重要組成部分，流傳下來。劉楨和應瑒都做過曹操的丞相掾屬，咸著文賦數十篇也成為建安文學中的瑰寶。徐幹做官的欲望不強，身體也不好，曹操特別隆重地下達命令，讓他回家休息，病好之後，讓他掛了個虛職，專門在曹丕身邊搞文學。徐幹的《室思六首》情意纏綿、真摯動人，有些句子被歷代誦為佳句，成為後來一些詩人寫作同類作品時仿效的特有格式。曹丕和曹植，也繼承了其父從政治上重用文士的傳統，在他們的身邊，各組成了一個以文士為中堅的政治集團。「丞相請署倉曹屬主簿」、大文人楊修因直接在曹操身邊工作，成為曹丕和曹植爭取的對象，最後楊修倒向了曹植。「是時，軍國多事，修總知內外，事皆稱意。自魏太子以下，並爭與交好」。一次，曹操出征，曹丕和曹植去送行，曹植稱頌父德，言辭甚為曹操歡喜，正在曹丕吃醋，不知所措時，他的好友吳質出主意說：「你不用再說話了，以哭壓曹植吧！」曹丕照辦，果然收到了奇效。曹丕做了皇帝，把吳質提拔為將軍、假節、封侯，獨掌河北軍事大權。讓一個文士擔任如此重要的軍事職務，不管其稱職與否，足見曹丕對文士何等青睞。

「士為知己者死。」曹氏父子在統一北方的過程中，對文士採取寬容和信任的政策，對全國文士的吸引力是很強的，那些目睹喪亂，飽經災難，心多哀思的文士，一旦得到安定的環境和精神上的快慰，創作才思如同山泉瀑瀉般地湧現出來，是不難理解的。他們以文學這種形式對漢末政權腐敗和戰亂災難的揭露、控訴，以及對曹氏政權的某些頌揚感戴，在客觀上，又起到了為曹氏「固人心」的作用。

曹氏一門，被當時的文士們擁為領袖。當然，從祖到孫在文學上都有不同程度的造詣。曹操的詩和文充滿了開拓創新精神，尤其是詩，寫實與抒情相結合，質樸自然，雄渾剛健，形象鮮明，氣勢磅礴，讀後往往給人以振奮和鼓舞，被古人譽為「漢末實錄，真史詩」，被魯迅讚為「改革文章的祖師」。曹丕在文學上的成就，總的看不如曹操和曹植，但他的《典論》，以其獨到的見解奠定了他在中國文學批評史上的重要地位。曹植是建安時代最傑出、最有代表性、對後代影響最大的一位作家，他在文學上，無論散文、辭賦還是詩歌，所達到的成就歷來被人驚歎不已。曹操的兒子曹彪、曹丕的兒子曹睿等，也都有傳世之作。

但是，領袖可不是自封的。曹氏父子，作為政治上的領袖，自然是以高明的政治手段和強大的軍事實力為後盾，作為文壇上的領袖，在文學上能獨樹一幟只是一個原因，另一個原因，那便是他們運用了高明的「固心之術」，使得文士對他們的敬重和擁戴。敬重是相互的，被人敬重來自於敬重別人。大量的文獻之中，記下了曹氏對文士敬而仰之、推心待之的若干事例。

曹操以詩的形式抒發求賢若渴、統一天下政治抱負的名篇是《短歌行》。有人說，此詩是詩人懷念劉備時所作，常理推斷，這不可能；有人說，係因荀彧而寫，這有些道理。從全詩的意境和口吻來推斷，是與眾文士對歌歡宴、縱論時局後有感而發最可信。聯想到曹操父子三人爭敬文士邯鄲淳，對以上分析越加信矣。

邯鄲淳究竟有多大的文學成就，因史料不足，不敢妄定。但從《魏略》記載中可清楚地看到，此人不僅有高深的文才，而且是善寫幾種字體的書法家。「博學有才章，又善蒼、雅、蟲、篆、許氏字指。」天下大亂他在荊州避難時，曹操就想把他招攬過來。得了荊州以後，曹操很快就接見了他，表現了格外的敬慕。曹丕乘機向父親進言，要求把邯鄲淳分配到自己身邊。就在同時，曹植也提出了這個要求，曹操就把邯鄲淳給了曹植。曹植與邯鄲淳一見如故，竟高興地手舞足蹈。在建安之前，尤其是漢初，「罷黜百家，獨尊儒術」以來，儒家思想在意識形態領域佔了統治地位。儒家的傳統文學觀是「原道、征聖、宗經」，文學只是經學的附庸，文學家是被「俳優蓄之」的對象，當然不能與經學家平起平坐。到了曹氏父子這裏，對一個普通的文士，一個「甚敬異」，一個要「博延」，一個「甚喜之」，充分說明他們真正從思想感情上，對文士來了一個一百八十度大轉變。他們對文士態度的這一大轉變促進了整個社會尊重知識和人才風氣的形成，也促進了文士們思想的解放，他們可以「慷慨任氣」，再不必如劉勰所說的那樣，「華實所附，斟酌經辭」了。由飽經社會之壓抑，到個性得以自由舒展，文士承認曹氏為文壇領袖不能不是由衷的。

曹丕、曹植與文士們打成一片，結為友誼又是一例。從《典論・自敘》看來，曹丕對各種文武技藝均感興趣，也很精通，又是個很重感情的人。他在為太子之前，就與許多文士有交往，久而久之，就結為朋友。立為太子尤其是當了皇帝，與文士們的友情不但未受影響，反而與日俱增。《魏略》記下的他與吳質的幾次通信，言辭誠懇，關心備至，實是感人。頭一封信，問候遠在前線的吳質，抬頭便是：「季重（吳質字）無恙！道路雖局，官守有限，願言之懷，良不可任。足下所治辟左，書問致簡，益用增芳。每念昔日南皮之遊，誠不可忘。」接著，把他們在南皮如何博弈、遊玩、讀書、食宿等，一一數來，並將自己玩時雖有許多隨從，但在文學上缺少知心人的煩躁也如實告知，最後滿懷深情地告致吳質要「自愛」。第二封信，是建安二十三年（西元二一八年）寫的，信中再一次追憶了他們「行則同輿，止則接席，觴酌流行，絲竹並奏，酒酣耳熱，仰而賦詩」的無窮興致，深深地表達了對不幸過早去世的文士朋友的惋惜之情：「昔年疾疫，親故多離其災，徐（幹）、陳（琳）、應（瑒）、劉（楨）一時俱逝，痛何可言。」在這封信中，曹丕還告訴吳質，他將早逝文友的遺作，選編了一個集子，並對這幾位文士的人品和作品，談了自己的看法：「偉長（徐幹）獨懷文抱質，恬淡寡欲，可謂彬彬君子；璉德班（應瑒）常斐然有述作意，才學足以著書，美志不遂，良可痛惜；孔璋（陳琳）章表特健，微為繁富；公幹（劉楨）有逸氣，但未遒耳，至其五言詩，妙絕當時；元瑜（阮瑀）書記翩翩，致足樂也；仲宣（王粲）獨自善於辭賦，惜其體弱，不足起其文，至於所善，古人無以遠過也。」最後，他問吳質有沒有新的作品，如有，他盼望著早日一睹。這封信對各文士作品的評論，構成了曹丕後來《典論．論文》的基本思想。范文瀾先生在《中國通史》中說：「曹丕居太子尊位，曠蕩不拘禮法，例如王粲葬時，曹丕率眾文士送葬。曹丕對文士們說：『仲宣愛聽驢叫，我們都叫一聲送他。』於是墓前響起一片驢叫聲。這可以想見曹丕和文士們日常相處的態度。」

在這一方面，曹植比曹丕不遜色。他在《與楊德祖（楊修）書》中，也從多方面談到與朋友在文學創作上的切磋之樂和與建安諸文士的深厚情感。如「數日不見，思子為勞；想同之也。僕少好詞賦，迄今二十有五年矣。然今世作者，可略而言。昔仲宣獨步於漢南，孔璋鷹揚於河朔，偉長擅名於青土，公幹振藻於海隅，德璉發跡於大魏，足下高視於上京」，並對建安的著名文士，給予了高度的評價。劉楨的《瓜賦序》，點明了他的這篇作品是在曹植處坐，廚人進瓜，曹植讓他促立吟成的；曹植的《送應氏》二首，就是在建安十六年（西元二一一年），送應瑒兄弟北上的宴別詩。詩句「念我平生親，氣結不能言、愛至望苦深，別促會日長，願為比翼鳥，施翮起高翔」，真實而集中地反映了曹植與文士的親密關係。

2·不善上官者必為正直士

在漫長的封建社會，官場裏有一句頗為流行的話，叫做「善事上官」。翻譯成現在的話，叫做精心伺候好上司，引申為揣摩好上司心理，看著長官的臉色行事。靠這樣的手段當官、升官，大概是封建時代為官的訣竅和經驗。這種人不是把主要精力用在幹事業上，而是用在打統御者人的主意上，投其所好，拍馬逢迎，統御者要什麼他有什麼。在他們看來，什麼競爭、監督、考核、實績統統都是形式，只要統御者高興就行。你別說，這種人有時還真吃香。

作為上司，對於「善事上官」者哪能不注意呢？他們「容人愛人」也必然多用在這種人身上。因為，不管對他有何印象，反正他老在視野內晃盪，視野中沒有的，往往是那些埋頭苦幹、老實巴腳的「老黃牛」。

曹操手下有個叫梁習的，原為郡主簿，歷代乘氏、海西、下邳縣令，後還朝任司空府的西曹令史，又調任西曹屬。梁習任職所到之處皆有政聲。但梁習卻是一位「不善事上官」的人，在任西曹屬時，一事惹惱了曹操。當時一個叫王思的也任西曹令史，因彙報情況不合曹操要求，曹操大怒，竟要將王思處以重刑，這位王思也與梁習一樣「不善事上官」。施刑人員來到，正好王思外出了，梁習便替王思前去接受質問，被曹操關押起來。

王思這時在外聽說，即飛馬趕回，主動承擔了死罪。這事情到此已經很糟糕了，論事實，梁、王二人必有一死。偏偏這二人的表現感動了曹操：梁習不為自己辯白，王思也不推卸責任。倒是把曹操驚惶了，不禁感歎：「哪裏想到我軍中有兩個義士呢！」結果不僅沒治二人的罪，二人反因禍得福，雙雙提拔為刺史，王思兼豫州刺史，梁習兼併州刺史。

又比如，三國時的崔林，算是一個不善上官者。從他被降職使用到受到重用的過程中，可說明注意不善上官者的重要。

崔林，是崔琰的從弟。「少時晚成，宗族莫知」。曹操定冀州時，大概是崔琰引薦，被委了一個地方小官，「貧無車馬，單步之官」，家中貧窮，只好步行到官所。曹操攻壺關，讓並州刺史張陟彙報當地官誰最優秀，張陟又推薦了崔林，從此受到曹操重用。「陟以林對，於是擢為冀州主簿，徙署別駕，丞相掾。魏國既建，稍遷御史中丞」。曹操的兒子曹丕做了皇帝，崔林一度被「拜尚書」。想必崔林不會迎合曹丕，「出為幽州刺史」。從尚書到刺史，從宮內到邊陲，無論怎麼說，是被輕用了。當時，統河北軍事的是曹丕的心腹吳質，別的州郡官員，今天一個報告，明天一個請示，以取得吳質的好感。崔林一個心思用在工作上，堅決不搞這一套。他的下屬涿郡的太守王雄，埋怨崔林說：「吳質可是個重要人物，你不能這樣冷淡他呀！我們在你手下工作，如果你得罪了吳質，能不受株連嗎？」崔林說：「我視去幽州為脫鞋，當為國家減輕負擔，哪能光給上級添麻煩呢？況且邊疆宜靜，若老是跟上司套交情，容易引起騷動。」崔林一心為著國家，不討吳質歡心，雖「在官一期，寇竊寢息」，得到的卻是「猶以不事上司，左遷河間太守」。三國時，刺史的官階高於太守。古以右為主，左遷謂降職，「清論多為林怨也」。

就因「不善上官」，崔林官職一降再降。無論別人怎樣為他鳴不平，他是該怎麼幹還怎麼幹。勸他巴結吳質的王雄，大概精於「事上司」，由涿郡太守提拔為幽州刺史。曹丕死，其子曹睿當皇帝，在用人上，恢復了曹操在世時的一些做法，注意從「不善上官」者中來選拔人才，崔林的官職才升上去，最後做到「司空」。「三公封列侯，自林始也。」

吳質善於逢迎，受到了愛聽恭維話的曹丕重用；崔林「不事上司」，被曹丕、吳質一壓再壓。這個歷史事實揭示：什麼樣的上司喜歡什麼樣的下級，「善事上官」所以風行了那麼多年，就是因為上官們喜歡下官的「善事」。

3．留有餘地，不趕盡殺絕

人在面臨絕境時，大多有三種狀態，一是坐以待斃，二是全力掙扎，以死相拼；三是竭盡自己的智慧，積極地尋求擺脫的辦法。第二、三種狀態給那些暫時得勢的征服者以深刻警示，就是：斬草除根固為重要，但「置人於死地」也往往容易激起更大的反彈力，反而可能會瞬間成敗易位。因而在征服者已經把被征服者置於必敗之險境的同時，必當考慮要給其留有一點「生」的餘地，以期避免由以死相拼導致的反彈力而可能造成的角色互變。曹操是有置於死地而得勝經歷的人，但他差一點也犯了讓別人能夠置於死地而得勝的錯誤，這一點則多虧採納了堂兄曹仁的意見。

河北平定之後，曹仁跟隨曹操包圍壺關。曹操下令說：「城破以後，把俘虜全部活埋。」連續幾個月都攻不下來。

曹仁對曹操說：「圍城一定要讓敵人看到逃生的門路，這是給敵人敞開一條生路。如果你告訴他們只有死路，敵人會人人奮勇守衛。而且城池堅固、糧食又多，攻它則會傷亡士兵，固守便會曠日持久；今日陳兵在堅城的下面，去攻擊拼死命的敵人，不是好辦法。」

曹操採納了他的意見，城上守軍投降了。

亂世之主，一生百戰，勝敗在所難免。而每一戰的勝利，都可能有一批降者，如何對待降者，霸主們或殺或留，自有一番主張。雖然對於降者斬盡殺絕的做法，可以起到斬草除根的作用，但是英明的霸主往往是不殺降的。

因此曹操的一生，雖然殺了很多人，但他的不殺降，確實為壯大自己的力量，向天下人顯示自己的寬闊胸懷和不計私怨的品格，從而為曹操取信於天下，爭取更多的智慧之士歸附他，起到了積極的作用。

曹操的這一做法，得到了毛澤東的肯定。他在讀《魏書．劉表傳》時寫了兩條有關曹操的批註。《魏書．劉表傳》裴松之的注中，有一段說劉表初到荊州時，江南有一些宗族據兵謀反，劉表「遣人誘宗賊，至者五十五人，皆斬之」。毛澤東讀到此注，對

「皆斬之」的做法是不贊成的，所以，他在「皆斬之」三字旁畫了粗粗的曲線，又在天頭上寫下了這樣一條批語：「殺降不祥，孟德所不為也。」毛澤東的這條批語，表明了他對曹操「不殺降」的讚許。

作為一種「固心術」宋太祖趙匡胤對曹操的「不殺降」又進行了進一步的發展。

趙匡胤奪取帝位後，實現了他由軍事將領向政治家的轉變。他在位期間，順應歷史發展的潮流，南征北戰，吞併群雄，統一了天下，結束了從唐中葉以來二百多年的分裂局面，開創了中華民族歷史上的新時期。他之所以能夠取得顯赫的文治武功，主要在於他能夠積極地網羅人才，使其為大宋王朝的鞏固、發展、興盛貢獻聰明才智。乾德二年（西元九六四年）七月，宋太祖說：「得士者昌，既允資於共理；薦賢受賞，宜各舉於所知。將選器能，必求名實。」意思就是說，得到有識之士幫助則國家昌盛，既然他們有聰明才智，就應該共同管理國家。推薦賢才給予獎賞，文武百官應當推舉自己所了解的賢人。同時，選擇有賢才的人，必須力求名副其實。

根據這一原則，宋太祖趙匡胤為了使江山永固，起用了大批人才。其中一個重要措施就是對後周舊臣實行了官位依舊、全部錄用的政策。甚至連宰相也仍由王溥、范質、魏仁浦三位舊相繼任。范質在得到陳橋兵變的消息時，曾抓住王溥的手說：「匆忙派趙匡胤出征，我們太糊塗了！」因為十分慌張，邊說邊用力握，指甲竟戳入王溥的肉中，流出了鮮血還不知道。可見他對趙匡胤恨意之極。在舉行禪代大典時，范質在士兵「舉刃」脅迫之下，才無奈帶領後周群臣跪拜宋帝。儘管如此，趙匡胤為了穩定局勢，鞏固政權，籠絡後周百官為大宋王朝出力，仍然委任范質繼續擔任宰相。直到乾德二年（西元九六四年）二月才將其罷為太子太傅，同年九月，范質病逝。范質雖然在宋為相，但他一直還有一種留戀舊朝、愧對前君的複雜情緒。如他臨終之前，告誡兒子不可為他立墓碑，不可向朝廷請求謚號。但是，這種複雜的情緒既沒有發展成為對大宋王朝的公開敵視，也沒有導致他與宋王朝的不合作。這些不能不歸因於宋太祖趙匡胤「得士者昌，允資共理」的用人思想和對前朝舊臣的優待籠絡政策。後周大臣張永德曾任殿前都點檢，既是後周皇親（駙馬），又長期擔任禁軍的高級將領，也是一個權傾一時，甚至被懷疑有做皇帝野心的不凡人物。他曾是趙匡胤的至交，趙匡胤正是取代了他的殿前都點檢的職務後發動兵變而當上皇帝的。面對此種情況，張永德心情複雜，難以言表。趙匡胤卻對他一如既往，同他一起飲酒敘舊，始終以駙馬相稱，從不直呼其名。張永德很快消除了戒備和不安的心理，成了宋王朝的積極擁護者，為宋王朝的穩定、鞏固起了重要作用。

現代運用技巧：待人以寬，無不服之人

——容人之度應成為現代每一個領導者、管理者的必備素質。

從魏武曹操固心實戰中可以清楚地看到，在整個用人過程中，無論是統御者，還是被使用者，雙方都處於動態變化之中，這使本來就十分複雜的用人行為，更顯得變幻莫測和難以駕馭。這裏有沒有什麼技巧？應該說是有的，那就是以寬容之心待人，這樣就可以「以己之心，換人之心」，使部下真心信任你、敬佩你、擁戴你，這樣固心的效果才能達到。

◎技巧一：金無足赤，人無完人

第一，有高世之才，必有負俗之累。

用人的一個出發點就是對人才的態度，是挑剔，還是寬容？曹操治人攏心之道認為，對人才不可求全責備，有高山必有深谷，必須善於用其所長，避其所短。

首先，人之才性，各有長短　數千年來，用人者擇人、察人累千計萬，得出一個重要結論，即「人無完人，金無足赤」，宋代司馬光總結說：「凡人之才性，各有所能，或優於德而嗇於才，或長於此而短於彼。」而且，人之長短，僅是比較而言，世無絕對之長，也無絕對之短。明代朱元璋也曾說：「尺有所短，寸有所長。」「尺」比較於「寸」當然為長，但較之於「丈」則為其短；「寸」比較於「尺」當然為短，但較之於「分」則為其長。學富「五車」較之於「四車」當勝一籌，但較之於「六車、七車」乃至於「八車」者卻顯遜色。「顧城之於走獸，鳳凰之於飛鳥，太山之於丘垤，河海之於行潦」，確乎「出於其類，拔乎其萃」。但是，飛鳥與鳳凰相比，河海與汪洋相比，太山與珠峰相比，則更有比其勝者。

所以，用人必須根據當時當地的具體情況，不可強求完美。若眾皆賢明，則好中選好；若眾皆平庸，則必在「矮子之中選狀元」，「短」中選「長」。此時，則「短」也為「長」，「庸」也為「賢」了。另外，事之所需，各重一面，無需全才。因此，用人擇其長者即可。陸贄曾說過：「人之才行，自古罕全，苟有所長，必有所短。若錄長補短，則天下無不用之人；責短捨長，則天下無不棄之士。」生來完美之人，有如自直之箭、自圓之輪，難以尋找，而世上直箭、圓輪又何以如此之多？只不過是藉助於良工巧手，取長補短之力。

其次，「良工有不巧，術業有專攻」　三國時，曹軍陸戰，其勢洶洶，一舉掃平袁紹百萬之眾，但是曹軍八十萬兵臨赤壁，卻因不習水性，不諳水戰，而喪失陸戰優勢，結果一敗塗地。同為曹軍，同是曹操親自指揮，卻因地理之變，而優勢變為劣勢。可見長、短之較，無人或缺，即使是「賢者」、「良工」也在所難免。《呂氏春秋．舉難》認為，堯、舜、禹、湯、武，五伯皆有弱點和缺點，「由此觀之，物豈有全哉！」不僅如此，即使是有顯著缺點之人，也自有其長處，即使是愚人、壞人，也有其可用之處。古人曰：「智者千慮，必有一失；愚者千慮，必有一得。」這是很有道理的。

所以，在一般情況下，長短並存，兼於一身，或者說，有「長」必有「短」，有「短」也必有「長」。人之長短，不僅並存，而且在不同的時間，不同的地點及處於其他不同的條件下，其長短也可轉化。「春蘭秋菊，各一時之秀也。」春天，蘭花盛開，而菊花正待發芽；秋天，菊花爛漫之時，而蘭花早已凋謝。究竟蘭花為「長」，還是菊花為「短」？恐怕很難分清。即使非分個「長短」不可，那也應據其不同季節而論。同理，人之才情有時也因時節及其他條件而變，其條件不同，「長」可以變為「短」，「短」也可以變為「長」。可見，「長短」之分，還應據其不同條件而論。

第二，水至清則無魚，人至察則無徒。

既然，人無完人，那麼，就不可苛求，否則只能感歎「世無可用之人」了。所以，古人說：「水至清則無魚，人至察則無徒。」

首先，求全責備是用人之大忌 求全責備，是指對人要求過嚴，希圖「完美」，容不得別人半點缺陷，見人一「短」，即不及其餘，橫加指責，不予任用。求全責備壓抑著人的工作積極性，阻礙人的成長，阻礙人的智慧的充分發揮；它使人謹小慎微，不思進取；阻礙人的創造性思維與創造性想像力的發揮；它使工作人員缺乏活力，「死水一潭」，缺乏競爭能力和應變能力；它造成人才，尤其是優秀人才的極大浪費，因為，任何人總是有短處，甚至是有錯誤的，必受求全者的種種非難，因而使許多人難以得到啟用。縱觀三國的歷史，凡用人求全責備的皆不得成事，如諸葛亮。用人「貴適用、勿苛求」的皆有奇動，如曹操。

諸葛亮足智多謀，但惟獨在用人方面存在有「端嚴精密」的偏見，他用人「至察」，求全責備。正如後人評價他時所說：「明察則有短而必見，端方則有瑕而必不容。」他用人總是「察之密，待之嚴」，要求人皆完人；而對一些確有特長，又有棱有角的雄才，往往因小棄大，見其瑕而不重其玉，結果使其「無以自全而或見棄」，有的雖被「加意收錄，而固不任之」。例如，魏延「長於計謀」，而諸葛亮總抓住他「不肯下人」的缺點，將其雄才大略看作是「急躁冒進」，始終用而不信；劉封本是一員勇猛戰將，諸葛亮卻認為他「剛猛難制」，勸劉備因其上庸之敗而乘機除之；馬謖原是一位既有所長、也有所短的人才，諸葛亮在祁山作戰中先是對他用之不當，丟失街亭後又將其斬首。正因為其對人「求全責備」，處之極端，而使許多官員謹小慎微，以至臨終前將少才寡，「蜀中無大將，廖化為先鋒」，正應了「至察無徒」之斷。與諸葛亮相反，曹操卻不計前仇，不求全責備，堅持用人長處，委以重任，而使各種人才竭心盡力，終使曹魏「一匡天下」，稱雄一時。

其次，人恆過，然後能改　用人，既然不可求全責備，那麼，順理成章，也應正確對待、寬容那些犯過各種錯誤的人。一方面，人非聖賢，不可能無錯，即使是達到「七十隨心所欲不逾矩」的地步，也僅是七十以後，而七十之前更是在所難免。

另一方面，錯誤也各有區別。一、是錯誤的性質有別。有的是因為經驗不足或方法欠妥而在工作過程中發生這樣或那樣的缺點錯誤；有的是因為「才有餘而德不足」，以權謀私、貪污受賄而違法亂紀，而這兩類錯誤在性質上卻有原則區別。二、是錯誤的大小有別。春秋時的苟變有「將五百乘」之才，但他曾在收稅時白吃了老百姓兩個雞蛋，衛侯因此不予起用，這就叫做「察秋毫之末而不見輿薪」了。錯誤的多少有別。有的屢教不改，一犯再犯，而有的僅為偶然之錯。對錯誤的認識與態度有別。有的犯錯以後，很快便意識到或深刻認識到其錯誤之害，而有的卻堅持錯誤或掩蓋錯誤，甚至「嫁錯於人」。既然人的錯誤難免，那就不可過分求全；既然錯誤有別，那就應該區別對待。對其中一般性的錯誤、偶然的錯誤或對錯誤認識較好、改正錯誤很快的工作人員，則應不計前錯，委以適職，甚至委以重任，應如《左傳》所言：「人誰無過，過而能改，善莫大焉。」對於這一點，宋代包拯甚至提出：「使功不如使過。」就是說使用有功者不如使用有過者。看來，包拯也是一個治人攏心的高手。

最後，善惡不可過於分明 有的人看人，善惡過於分明。他們或者見人一善，則各方面都善；見人一惡，則各方面皆惡；或者以印象看人，其為善者，惡也為善；其為惡者，善也為惡；或者把整個人群簡單地劃分為「善」、「惡」兩類，要麼就是善人，要麼就是惡人。非善即惡，非惡即善。無有其他；或者心中只容得善人，見不得半點「惡」意，眼裏揉不得半粒沙子。這樣一來，眼中的善人就很少，因為毫無缺點的人是幾乎沒有的；即使是東郭先生這樣的「大善人」也不能稱之為「善」，他濫行仁慈，救助被人追逐的中山狼，幾乎被狼吃掉，而且，偽君子也乘機而入。因為只要「偽善」，則一切皆善，就算是入了「善」門，即使是以後有「惡」的時候，也無所謂。

——其實，善惡過於分明是極不符合現實的。因為，任何人都有其優點和缺點，即使是再好的人，也自有其不足，再惡的人也仍有其可用之處，即使是謀財害命的罪犯還可能對其父母雙親十分孝敬。《水滸傳》裏的時遷雖然偷雞摸狗，卻殺富濟貧，充滿正義感；八仙之一的呂洞賓是個好美色的浪蕩神，卻是位為人間排憂解紛、救苦救難的好神公；《紅樓夢》裏的薛寶釵深知禮義，潔身自好，但卻是個八面玲瓏的巧偽人；宋朝賢相寇准、呂蒙正才智過人，剛正不阿，但是生活上卻最尚奢華。寇准好夜宴，連馬廄、廁所也要用蠟燭照明，蠟淚凝地成堆。呂蒙正好吃雞舌，雞毛堆積成山。宋朝大才子蘇東坡，可謂人品、詩品、文品，品品皆高，就是做官也多為百姓想，不做貪官，兩袖清風。東坡才高八斗，「大江東去」、「明月幾時有」膾炙人口，千古傳頌。可是，就是這麼一位人品、詩品、文品極高的才子，有時竟也有點「胡說八道」的毛病，他被放嶺南，有故人至，便請人說鬼。人言無，還糾纏不放，讓人家「姑妄言之」。初次參加大試，寫下成名之作《刑賞忠厚之至論》文章雖立論生動，卻為皋陶與堯編了一段沒影的謊話，說：「當堯之時，皋陶為士。將殺人，皋陶曰殺之三，堯曰宥之三，故天下畏皋陶之堅而樂堯用刑之寬。」這則典故一下子難倒了當時一代學宗歐陽修。歐陽修百思不得其解，便問蘇東坡這話的出處，東坡笑答：「想當然耳。」篡改史實，胡編亂造，竟出於向來文風嚴謹的東坡之手，可見，「人無完人」是為至理，「善惡過於分明」確為妄談。所以，唐朝頗有名望的宰相魏徵特別提出，要「愛而知其惡，憎而知其善」，意即喜愛一個人，必須同時知其缺點和弱點，憎恨一個人，必須同時知其優點和長處，只有這樣，才能更全面地了解一個人，更恰當地任用一個人。

第三，錄長補短，則天下無不用之人。

既然，人有「長短」，不可求全責備，那麼，用人，當以「錄長補短」為好，只有這樣，才能使各逞其能，人盡其才。而要如此，作為一個統御者必須要有一個寬闊的胸懷和容人的氣度。那種「小肚雞腸」是用不好任何一個人，也是成不了大事的。

首先，應提倡「海納百川」　清代林則徐曾寫過一副堂聯：「海納百川，有容乃大；壁立千仞，無欲則剛。」古今卓越的統御者是既能用人之長，又能容人之短的。用人處事倘若看不到別人長處，聽不進不同意見，一有缺點就貶，一有過失就免，這樣「則世無可用之才」。特別令人厭惡的是看到部屬做出了成績，超過了自己，就嫉妒、就排斥，或者將部屬之功居為己有，則必大失人心，眾皆離異。所以，凡是深得人心的統御者，被人稱道之處就在於他們的胸懷大度，寬容待人。或者說，凡是胸懷大度者，必人歸如湧，事業有成。

羅貫中筆下的周瑜是一個氣量狹小的典型，當其發現諸葛亮才智過人時，便高呼：「既生亮，何生瑜。」當諸葛亮借得東風，率人離去時，周瑜急派人「追殺孔明，以絕後患」；然追殺不及，諸葛亮乘船歸去。周瑜由此大病，不久身亡，時年僅三十五歲。可見其氣量何等狹小！也可見氣量狹小之害。其實，歷史上的周瑜並不像羅貫中筆下描繪的那樣。據史料載，他「性度恢廓，大率為得人」。起初，程普自恃功高年長，瞧不起周瑜，甚至「數陵侮瑜，瑜折節容下，終不與校」，感動了程普。「普後自敬服而親重之，乃告人曰：『與周公瑾交，若飲醇醪，不覺自醉。』時人以其謙讓服人如此。」可見，史學家筆下的周瑜是很有一些大政治家的氣量的。也可見，氣量「恢廓」之利。兩種描述，兩種胸懷，雖同為一人，卻從正反面說明了「有容乃大」之於用人的極其重要的意義。當然，任何寬容都不是無邊無際的，它有兩個最基本的原則。一是「取其精而忘其粗，重其內而忘其外」。即看其內在的實質，而不看其外在的虛華；看其是否具有事業所需要的最基本的品質和智慧，而不拘於些小的弱點和缺陷。二是「容錯不容罪」。容人之短、容人之錯是因為其「短」、其「錯」不影響其實質，而如果一個人本質惡劣危害人民，犯下十惡不赦之罪，則萬萬不可容忍，否則，便是對人民的犯罪，即使其具有一技之長，也不可因此赦罪，至多可在對其教育改造中，給予利用一技之長戴罪立功的機會。

其次，應戒除「外寬內忌」　外寬內忌危害極大，一、它易使人產生離心傾向。因為，外寬內忌，表面上寬容，實際上忌嫉，最終必定為人所看破，而其陰謀權術一旦為人看破，必致離心離德，甚至反目為仇。例如，三國時，袁紹身邊聚集的一大群「智囊」，如荀彧、郭嘉、田豐、許攸、沮授等，都是當時有名的謀士，但由於袁紹「外寬內忌」，不能積極採用他們的良策，致使他們不少人心灰意冷，終於走上了棄袁投曹的道路。即使有幾個忠心不變者，到頭來也都成了袁紹的刀下鬼。二、外寬內忌易使諂諛者乘機作亂。外寬內忌的權術，不僅智士明瞭，諂諛小人更是「心中有數」，他們既知統御者忌賢，必趨而進讒，以投統御者所好；既知統御者心胸不寬，必誹謗於人，製造嫌隙，使統御者疏賢。袁紹不用良才，不聽忠言，確使一些拍馬逢迎小人乘機鑽營作亂。奸謀郭圖即為一例，他為迎合袁紹，常歪曲事實，順袁意而盡出「歪計」，甚至在張郃、高覽兵敗之時，誣陷張郃、高覽「素有降曹之意，今遣擊寨，故意不肯用力，以至損折士卒」，最後逼得二人雙雙投曹。三、外寬內忌必「制肘」於部屬，使其無法工作，無法成事。四、外寬內忌也必浪費人才。因其表面寬容，常使一些賢能之士遠來「投靠」，而其必然容留以示「寬容」。一旦容留下來，卻又因「內忌」而不予重用，以至閒置奉養，正所謂「取之至寬而用之至狹」。如此，「投靠」者越多、容留者越多，閒置者也越多，造成大量「堆積」浪費，統御者甚至不以為恥，反以為榮，自詡為「人才庫」，並藉此大肆宣傳，以揚其「愛才」之名，而實質上卻是忌才之錯、毀才之罪。其實，外寬內忌最大的危害在於自己。因為，外寬內忌的假象不可能長久，一旦為眾人識破則必不自保。

《水滸傳》裏有一白衣秀士王倫，初上梁山，便為寨主，於開闢這塊「根據地」可謂有功，然而心胸狹小，卻又裝出一大度容人之態，當晁蓋、吳用等人投靠他時，表面熱情，內裏忌嫉，終被林沖火拼，生前雖未做多少有害於人生和人道的事情，卻成為自己狹窄心胸的犧牲品。可見，「寬容」之態不可裝，「內忌」之心不可有，否則，既害別人，也害自己，更害事業。

◎技巧二：任則必容，有容乃大

因「金無足赤，人無完人」而導致任人必容，即容人之短、容人之錯。但是，這僅僅是「容人」的一個方面。任人容人，內容十分廣泛，它幾乎涉及到任人的一切方面，尤其是涉及到任用的全過程。

第一，容人之長。

世人皆論容人之短，其實最難者莫過於容人之長。因為，容人之短，既體現了自己的寬宏大量，又使身具短缺者感恩戴德，實是兩全齊美之事。而容人之長卻不同，即使是用了，一方面雖是該用，但另一方面「珠玉在側，覺我形穢」，很有對我「取而代之」的危險。因此，容人之長需要有更大的「度量」。容人之長的天敵是嫉妒。嫉妒使同僚不容，使夥伴相拼，使統御者對部屬賢能如臨險敵。

隋朝昏君楊廣，歷來「不欲人出其右」，據史載，楊廣曾寫一首《燕行歌》讓文人學生唱和。應召者很多人抱著應付一下的態度，惟有王冑，不肯居楊廣之下。於是，不久王胄就被楊廣藉故殺死，除掉了出於己右的王胄。據記載，楊廣還殺過一個比他詩作得好的薛道衡，其名句為「空梁落燕泥」。

戰國時期，魏人龐涓和齊人孫臏，皆拜鬼谷子為師。龐涓先出山去見魏惠王，因軍功連敗衛、宋諸國而升大將。不久，孫臏經人推薦亦到魏國。魏惠王見孫臏很有學問，精於兵法，又是春秋時期大軍事家孫武之後代，便要拜他為副軍師。龐涓自知才能不及孫臏，深恐孫臏的到來會對己不利，便私下進見魏惠王說：「孫為齊人，恐不能為大王所用，還是先任以客卿為好。」半年以後，龐涓又設計栽孫臏「通敵」，使孫臏被處以臏刑，剜去膝蓋骨，又在臉上刺字。龐涓不能容人，妒賢嫉能，終至自殺身亡。

容人之長包括用「賢者」之長和用「愚者」之長兩個方面。容「賢者」之長固然不易，而容「愚者」之長也很難。因為，「愚者」智力一般，甚至不及一般，常受人鄙視、輕待，對其「長」處，一為不信，二為不屑，因而要為人們承認、重視、容納確不容易。但是，恰恰「下下人」常有「上上智」，所以，古人說：「智者之所短，不如愚者之所長。」

第二，容人之短。

首先，不以己長格物　古人曰：「不以求備取人，不以己長格物。」即不以己之好惡定別人長短，不以己之長來否定人之長，不以己之情感待人之短。否則，必致長短界限混淆不清，必然傷害部分賢能之士，甚至造成人才的重大損失。例如，三國赤壁大戰之前，曹操豪爽剛正，對蔡瑁、張允棄主來降十分反感，總認為他們是「諂佞之徒」，極其憎惡，只是因曹軍不習水戰，才暫時留用了二人，而在水軍訓練中，又疑心蔡、張怠慢，不夠效力。因此，一看蔣幹盜來的假書信，便當機立斷將蔡瑁、張允立刻處死。後終因水軍失去良將而致赤壁一戰，全軍覆沒。可見，像曹操這樣一位治人攏心的高手，也不免會從個人感情出發，看來容人之短確屬不易。

其次，「無害之疵不可灼」　古人曰：「目中有疵，不害於視，不可灼也。喉中有病，無害於息，不可鑿也。」意為眼睛裏有小瑕贅，不妨害視覺，就不應燒灼它；嗓子裏有了病，不妨礙呼吸，就不能刺穿它。同理，「人貴適用，慎物多苛求」。人之缺點、弱點只要不礙其用，可以不予考慮。對此，曹操曾說過：「若必廉士而後用，則齊桓公何以霸世！陳平豈篤行，蘇秦豈守信邪？而陳平定漢業，蘇秦濟弱燕。由此言之。上有偏短，庸可廢乎！」他認為「文俗之吏，高才異質」，未必能為將守。春秋時，魏文侯一次問翟璜，誰能鎮守軍事要地西河，翟璜答道：「我舉一人，姓吳名起，此人有大將之才，現在從魯國來魏，您如要用，趕快將他召來。」文侯卻說：「吳起這人品德不行，且性情殘忍，難以委託重任。」翟璜說：「我所薦之人，是取其能為國君成一日之功的，其品行我看就不必計較了。」曹操、翟璜之言正是容人之短的真知灼見。

再次，具體之「短」，具體對待　容人之短也當具體分析，根據不同之「短」而採取相應的對策。如果是不影響長處之短，則可以任其存在，不必苛求；如果是長處與短處相伴而生，且有一定影響，則應大膽使用其長，同時幫助克服其短，以利於充分發揮其長處的效用；如果其短處有明顯的危害，則應首先幫助其迅速克服缺點，同時儘量發揮其長處。

最後，使長短各得其宜　因人而任、使長短各得其宜，是容人之短的最主要的體現。而且，這樣做也是可能的。因為，某些缺點在此處是為「短」，在他處則可能是為「長」，反之亦同。著名數學家陳景潤，教書時兩腿「篩糠」，怯場得連學生都不敢見，可是一旦改行從事數學研究，卻成果輝煌；《水滸傳》中的李逵在水中力不縛雞，可讓其擔任陸戰先鋒，卻兇猛如虎，力大如牛；而浪裏白條張順陸戰不及一普通武夫，而使其任水軍頭領，卻「踏浪如履」。可見，只要統御者因人而異，用心安排，必能使長、短各得其所，而這恰恰正是容人之短的關鍵。

第三，容人之隙。

古人曰：「建大事者，不忌小怨。」以事業為重的統御者，必須「不忌小怨」，容人之隙。

首先，容人之隙，可以「化怨為誼」，獲取人心　周定王元年，楚莊王平定叛亂後大宴群臣，並讓愛妾許姬為大臣們敬酒，一陣輕風，吹滅了廳堂內的燈燭。黑暗中，有個人拉著許姬的衣袖調情。許姬不從，順手扯下了他的帽纓，並告訴莊王，要求掌燈後立即下令查出帽子上沒有纓的人。莊王哈哈大笑，當即發話：「請眾官都把帽纓去掉，以盡情痛飲。」待大家都把帽纓扯下，莊王才下令點燈。這樣，究竟誰是行為不軌者，已無法分辨。許姬不理解，莊王說：「酒後狂態，人常有之，倘若治罪，必傷國士之心。」後來，在吳兵伐楚的戰爭中，有個人奮不顧身，英勇殺敵，為保衛楚國立了大功。此人名叫唐狡，他就是「先殿上絕纓者也」。後人有詩讚道：「暗中牽袂醉情中，玉手如風已絕纓；盡說君王江海量，畜魚水忌十分情。」

其次，容人之隙可安定情緒、穩定軍心　俗話說：「小怨不赦，則大怨必生。」統御者與部屬常在一起，難免矛盾，甚至可能產生怨恨，作為統御者若能容人之隙，不計小怨，則能迅速化解；但若記恨在心，伺機報復，則小怨必成大怨，甚至反目為仇，刀槍相見。

那麼，容人之隙應注意哪些問題呢？容人之隙必須做到兩條。

1．**是不念舊惡，度外用人**　度外用人是歷代智慧之士用人的一條重要原則。北宋時期傑出的科學家沈括在《夢溪筆談》中說道：「范文正常言：史稱諸葛亮能用度外人。用人者莫不欲盡天下之才，常患近己之好惡而不自知也。能用度外人，然後能周大事。」其實真正能度外用人的是曹操，甚至連為袁紹寫檄文、罵曹操為「贅閹遺醜」、辱及三氏的陳琳也被重用，封為祭酒。因此，楊阜才說曹操寬宏大量，「能用度外之人。」同樣，唐朝武則天時，駱賓王為徐敬業起草《討武曌檄》，罵武則天「入門見嫉，娥眉不肯讓人，掩袖工讒，狐媚偏能惑主」。武則天讀後僅是微微一笑，可當讀到「一抔之土未干，六尺之孤何託」時，馬上問：「誰為之？」當她知道是駱賓王所作時，激動地責問：「宰相怎麼能忽視這樣的人才？」一邊讀著辱己檄文，一邊讚賞作者之才，恨相見太晚，惋惜未遇之憾。足見武則天氣度之大，胸懷之闊。如此容人之隙，何愁「江山」不保。

2．是以德報怨，厚施薄望　即不僅怨隙可容，而且施以「恩德」，給予關心和重用。俗話說：「隙莫大於叛。」在一般情況下，叛我投敵之人「十惡不赦」，可是，魏武曹操卻能對於那些背叛過自己又重新回歸之人，以寬厚之心容納使用。漢高祖劉邦也同樣，如韓王信守滎陽時投降了項羽，後又逃歸劉邦。劉邦不但沒有殺他，反而「與信剖符，王潁川」；雍齒原是劉邦起沛時的一名屬將，為劉邦守豐。不料他背叛劉邦，幾乎使劉邦無立足之地。後雍齒再次回到劉邦身邊，仍被封為什方侯。以至許多對劉邦心存畏忌、企圖謀反之人都感動地說：「雍齒封侯，吾等無憂也。」從而平息了一場醞釀中的叛亂。

第四，容人之仇。

如果說，容人之隙尚為勉行，而容人之仇則更為不易。因為，「仇」者，必有你死我活之矛盾，殺親滅族之仇恨，若能容之，其「量」何其之大。但是，反過來說，「大仇」尚能容之，則小怨小隙更能諒解，其震動之大，感召力之強，效果之妙，非一般用人措施所能及。

首先，以事業為重，以私仇為輕　古人曰：「私仇不及公。」在社會生活和社會的各種鬥爭中，尤其是政治鬥爭中，因各種原因而造成私人之間或家庭、家族之間的各種仇隙在所難免，對於一個統御者來說，必須慎重處理，若以私仇為重，感情用事，則必使公務原則紊亂，貽誤事業發展；若能以事業為重，不計私仇，則必使「人心歸我」，事業得人。曹操厚待張繡就是一例，假如曹操以私仇為重，則必失良將，亦無統一北方的順利發展。

其次，以長遠為重，以眼前為輕　「大仇」當前，應首先考慮長遠利益，切勿為眼前私仇所激，更不能因一時之激而輕舉妄動，遺害事業發展，正所謂「小不忍必亂大謀」。漢光武帝劉秀在稱帝之前，一度隸屬於劉玄。一次，突然接到立有赫赫戰功的長兄被更始皇帝劉玄因嫉謀殺的消息，禁不住捶胸頓足。這種打擊，為一般人所難忍受，但是劉秀考慮到王莽未除，復漢事業未成，一旦與劉玄分裂，則兵力分散，必為王莽所滅，因而強忍悲痛，容劉玄殺兄之仇，親赴宛城向劉玄謝罪，「未嘗自伐昆陽之功，又不敢為伯升（即劉秀長兄）服喪，飲食言笑如平常」。劉玄自感羞愧，只好封他為破虜大將軍、武信侯。劉秀也因此而得生存，兵力迅速發展，終至推翻王莽，恢復漢室，一統天下。假如劉秀不能忍悲容仇，一時激忿而興兵討伐劉玄，恐怕也不會有後來的王莽「新」朝滅亡，東漢王朝的建立。

最後，以理解為重，以成見為輕　處事謹慎的原則之一，就是多站在對方的角度想一想，拿現在的話講，就是多予理解。容人之仇也應如此，應考慮到事情所處的背景、條件，給予實事求是的分析，如此而常常能使仇恨化解，寬容之德也必自然而生。

春秋時期，有公子糾與公子小白爭位，著名的管鮑之交的主人公，便分別是兩位公子的師父。在爭奪王位的過程中，管仲曾半路攔截，射了小白一箭。小白繼承王位以後，管仲歸來，齊桓公（即小白）考慮到管仲當時「各為其主」，忠誠不二，給予理解，重用管仲，委其為相，管仲竭力報效，這使齊國成為春秋五霸之首。

唐朝武則天時，契丹經常侵擾唐朝邊境，契丹名將李楷固和駱務整屢敗唐軍，殺死很多唐軍將領。後來，他倆前來歸降，許多被李、駱殺死的唐軍將領親友、大臣紛紛上書，請求武則天殺李、駱以報血仇，但是武則天聽從狄仁傑建議，理解李、駱盡力事主的背景，以國事為重，拋棄個人恩怨，委以重任，派駐邊防，邊疆很快得到安寧。

第五，容人之傲。

尊嚴，是大多數統御者所看重的東西，失之不行，辱之不可。但是，世上恃才傲物者、剛正不阿者也為數不少，他們常常不把統御者的尊嚴放在心上，不把權力、地位放在眼裏。因此而使統御者又面臨著一個新的難題，即能否容人之傲的問題。

所謂容人之傲，意即為了事業得人，而對那些傲視於己的剛正不阿或恃才傲物者予以寬容，或者熱情接納。然而，真正做到容人之傲卻也不易。因為，容人之傲必須具備「紆尊降貴」的氣量。漢代張良曾遊下邳橋上，有個老漢故意墜鞋橋下，要張良下橋拾取，張良強忍怒氣為老漢拾鞋，並替老漢穿到腳上。老漢很欣賞張良的氣量，於是送給張良《太公兵法》一書。後人蘇武就此事評論說：「倨傲鮮腆而深折之，彼其能有所忍也，然後可以就大事。」戰國時期趙國的將軍廉頗不服宰相藺相如的能力和地位，多次在路上阻擋藺相如的車子，羞辱藺相如，藺相如總是謙恭避讓，以國事為重，不計較個人恩怨，以誠相待，使廉頗大為感動，負荊請罪，終於結成「刎頸之交」。

但是，真正做到「紆尊降貴」，必須解決一個對「良馬難乘、良才難令」的認識問題。有些歷來喜歡惟命是從的人，一見「傲慢無視」之態，怒氣便油然而生，他們不懂得「良弓難能，然可以及高入深；良馬難乘，然可以任重致遠；良才難令，然可以致君見尊」。俗話說：「藝高人膽大。」技藝超人，學識淵博的賢能之士，因其看事透徹，具有遠見卓識，說話處事自有其獨到之處，非同凡響，有時甚至態度生硬，口吐「狂」言，這種「狂」，不是無知，倒常常是能力的外露，是自信的表現，不僅不可怕，而且從一定的意義上說，甚至是可貴的，必須予以熱情歡迎和容納。

閒居隆中的諸葛亮，雖「躬耕隴畝」，但常論晏嬰，自比管（仲）樂（毅），高唱「大夢誰先覺，平生我自知」。就是桃園三兄弟三顧茅蘆，也是雪天跑空路，兩次閉門羹。可見其「狂傲」到了何等地步。但也正是這個「狂徒」，使劉備三分天下有其一，智慧超人，功勳卓著，名垂青史。

當然，對恃才傲物者也應具體分析，如果是桀驁不馴，故弄玄虛，則應拒之於門外；如果是居功自傲，目空一切，則應設法挫其傲氣，使之認識「天外有天」；如果是確有真才，甚至是高才，則應不計較其傲態，禮待有加，委以重任。

第六，容人之私。

容人，有一個重要的方面，就是容人之私，即對部屬的私交、私利和隱私，不予干涉，允許其存在和發展。因為，人之為人，自有其獨立的愛好、追求和社會交際，這是人的社會生活、經濟生活和家庭生活的實際內容，既不可壓抑，也不可缺少，更不可全部取消。存在是正常的，不存在倒是極不正常的，不僅作為上級對部屬不可予以干涉，即使是父母對子女也不可予以干涉。

從某種意義上來說，私生活正常健康的發展，正是個人全面發展的重要組成部分，取消這部分生活，必將導致人的畸形發展，必將產生變態或病態心理，這不僅傷害其本人身心，也將傷害工作和事業。

但是，不少統御者恰恰在這點上無容人之量，他們或者大肆宣傳「在領導和組織面前無隱私可言」，恨不得洞察了解部屬的一切；或者「教育」部屬「以公司為家，獻出一切」，其中包括獻出個人的一切時間、一切精力及一切隱私；或者以「公」字衡量部屬的道德和事業心，見私利，則大發雷霆，罪之為「私心太重」，見私交，則側目而視，罪之為「拉幫結派」，見私隱，則眉峰緊皺，罪之為「心術不正」，恨不得部屬把一切都交「公」，除了工作，別無其他才好。而某些統御者自身在強調「公」心的同時，卻大發私欲，或則「權力不授，調資不漏，受賄惟恐不厚」；或則「喝酒不醉、跳舞不累，釣魚打獵全會」。不但如此，還常常冠冕堂皇地稱之為「責任重則應報酬高」、「不會休息就不會工作」、「謝安敲棋，決戰千里；我之閒樂，運籌成敗」，而實質上恰是「只准州官放火，不准百姓點燈」。這一方面顯示了這些統御者的虛偽面目，另一方面也說明了自命「品質端正，道德崇高」的某些統御者自身也是有私欲的。

首先，應容人私交　即允許部屬享受交友的權力、交際的權力、參加各種合法的社會團體和社會活動的權力。對此，統御者既不可「以己之交，強人之交」，亦不可「欲交必交我，欲從必從我」，更不可因自己的感情變化而「愛屋及烏」或「殃及池魚」。

其次，應容人私利　即允許部屬在法律規定的範圍內，追求、交換、贈與各種物質的或精神的利益，作為統御者既不可限制部屬私利，也不可傷害部屬私利，即便部屬在追求私利以及個人消費上有些缺點，只要不是違法亂紀，都不要橫加干涉。當然，適當加以勸導是可以的。清朝時，胡林翼任湖北巡撫，官文為兩廣總督，督撫同城，權責難分。初，胡對官文私費揮霍，很有成見，擬糾參，但想到督撫不和非國家之福，且官文私費豪奢乃私事耳，便一改初衷，誠心結納。遂以精細之用心，使內眷既如家人，更與官文相約為兄弟，真正做到交歡無間，相互援引，公情與私誼均極融洽。因此，他在撫鄂期間，能做到事權歸一，而威震武漢，支援了曾國藩的東南戰爭。胡林翼的這種容人之私而全大局的態度，於今大有可鑒之處。

最後，應容人隱私　世上所有的人，都有其各自的隱私，在法律規定範圍內的隱私是人身權力的一部分，尊重別人的隱私，其實質就是尊重別人的人身權力。反之，通過各種手段竊取、了解別人隱私的行為，是一種極不道德的行為，作為一個統御者更應注意。當然，如果雙方都樂於交談隱私，那當別論。但是，如果以竊取別人隱私為樂，甚至作為敗壞、陷害人的材料，那就應該受到道德法庭的審判。這種事如發生在部屬同事之間，統御者應予以嚴厲批評和嚴肅處理，如發生在統御者自身，那他至少是已經失去了做人的起碼條件，更失去了做領導的起碼資格。

第七、容人之錯。

「人非聖賢，孰能無過。」既然人的過錯難免，那麼，容人之過也就順理成章了。怎樣容人之錯？

首先，應分清錯誤的類型而採取相應的態度——

第一種類型，過失性錯誤　過失並非有主觀意圖，而是未曾想錯而終於致錯。對這種錯誤必須寬容。因為，由於人的思維寬度有限，可能考慮不周，過失難免，並非其主觀意圖所致。對這類錯誤，容之，則寬其心，去其疑；不容，則使人人謹小慎微，不敢進取。北宋官至樞密的韓琦，為人寬厚大度。他有傳世的珍寶玉杯二只，珍惜至極，一次招待貴賓被一小吏不慎碰倒摔碎，坐客懼驚，小吏伏地待罪，他毫不動氣地說：「一切物品都有損壞的時候嘛。」還有一次，一個小兵手持蠟燭，不慎燒了韓琦的鬍子。古時的人雖很注重「鬚眉」，但韓琦也未動怒。韓琦對部屬過失如此大度，使部屬深受感動，無不盡心竭力。

第二種類型，主觀性錯誤 這種錯誤主要是主觀認識和主觀性行為造成的。因為，他們的認識不對，而自以為很對，才犯了錯誤。而且，在其沒有轉變認識之前，越是要堅持錯誤，造成的損失也越來越大。對這種錯誤也應予以寬容。因其雖有錯誤，但其主觀願望尚好，有的事業心還十分強。但是，在寬容之中必需幫助其總結經驗教訓，因其能力較低或因其業務不熟還應調整其職，恰當安排。晚清時，有個叫任謂長的畫師，他的畫技在當時名聲較大。一個叫任伯年的窮畫匠為了混飯吃，便經常冒用任謂長的名字畫些扇面賣錢。任謂長發現了這些冒牌貨後，覺得這個年輕的冒牌者功底還不錯，便到任伯年的鋪子裏訂了五把仕女扇面。過了幾天，任伯年果真及時交了貨。任謂長笑著問：「任謂長老先生畫得能有這麼快嗎？」任伯年胡謅道：「我送得快，他也就畫得快，他是我的家叔呀！」任謂長當時並未動怒，覺得他是窮極所致，而且願望尚好，並無惡意，更無惡果，於是開心地說：「我就是任謂長呀，你既願意，我就做你的叔叔吧！」從此，他悉心指導，並資助任伯年到蘇州去學習。在其栽培下，任伯年青出於藍，成了當時造詣極高的畫師。

第三種類型，執行性錯誤 即由於執行了領導的錯誤指令而造成的錯誤。這種錯誤，根在領導，對執行者更應寬容。西元前六二八年，晉文公和鄭國國君都相繼死去，秦穆公想趁晉文公新喪的機會，發兵攻鄭。大臣蹇叔和百里奚分析形勢，權衡利弊，提出反對攻鄭意見，而秦穆公為樹秦威，堅持攻鄭，於是派孟明視為大將，西乞術、白乙丙為副將，率兵車三百輛伐鄭。而晉、鄭早已獲得消息，做好了抵抗準備。秦軍在路經晉國崤山時，誤中晉軍埋伏，全軍覆滅。孟、西、白三將也被晉軍活捉。當時，晉襄公的後母文嬴是秦穆公的女兒，為緩和晉、秦關係，勸晉襄公放回了三員敗將，孟明視、西乞術、白乙丙回秦以後，秦穆公身穿孝服親自迎接，引咎自責，再三安慰他們說；「寡人不聽蹇叔之言，以至今日之敗，這是寡人之錯，與你們無關。」仍然讓他們掌握兵權，孟明視三人感激得涕淚交流，一心要報仇雪恨，加緊練兵，激勵將士，終於西元前六二四年夏天大敗晉軍，雪恥榮歸。

第四種類型，失責性錯誤　即因不負責任，玩忽職守而造成的錯誤。對這種錯誤，應看其「前科」有無、悔改程度和惡果大小。若是前錯不改、態度惡劣且惡果較大，則應從嚴懲處，不予寬容；若是初犯之錯，悔改態度較好，而且後果不太嚴重，則應在教育的同時予以寬容。

第五種類型，故意性錯誤　故意性錯誤是一種性質惡劣的錯誤類型，雖未達到犯罪程度，頗似犯罪的初始，或者犯罪的前兆，其特點是明知故犯。例如，明知嫁禍於人為錯，可偏偏如此而行；明知「貪天之功」為恥，可偏偏貪部屬之功為己有；明知挪用公款不對，可偏偏挪用不止。對於這類錯誤也如對待失責性錯誤一樣，應視其態度、後果而決其寬容與否。

第六種錯誤，無錯誤的錯誤　即平平庸庸，什麼事情也不做，還自以為得計，說是自己雖無多大成績，但也未給人民帶來任何損失，雖說能力不強，但也無錯誤；沒有建樹，也無過失。聽上級話、跟上級走。一手拿著文件，一手對照執行，照章辦事，絕不走樣，「章」外之事，也絕不過問。即使是油瓶倒了，也要先請示，後拾扶，因為放倒油瓶，是否是領導的重要「戰略部署」，也未可知；房子塌了壓住八個活人，更要先請示，後救援，因為他們是「好人」還是「壞人」，只有「高瞻遠矚」的統御者才心中有數。宋朝有一王宰相，在位之時，人言伴君如伴虎，他卻伴虎如伴羊，安詳自在，好不愜意。其要訣不過九個大字而已。每朝呈文，稱「取聖旨」，待皇帝御批，稱「領聖旨」，已有御批諭眾官，又說「得聖旨」。他本人絕不多插一句嘴，原汁原湯，「煮壞了羊頭沒咱家的事」。人稱「三旨」相公。對這類平庸之人，絕不可以寬容。因為，寬容的目的是為了使其悔過自新，激勵其更加努力工作。而平庸之輩，即使是寬容感化，也絕無「創造性工作」可言，惟有撤職究處，才是「正確對待」。

根據以上六類錯誤的分析，容人之錯主要是指那些過失性、主觀性、執行性錯誤以及大部分失責性、故意性錯誤，而對於那些態度惡劣、不思悔改、後果嚴重的失責性、故意性錯誤以及不負責任的平庸性錯誤絕不寬容，可見，容人之錯絕不是寬大無邊，也不是容忍一切。

第八、容人之諍。

古人言：「兼聽則明，偏聽則暗。」對於一個統御者來說，「兼聽」就得容人之諍。因為，容人之諍至少可以獲得三方面之益。

一、是明己過　明代朱元璋曾說：「人君統理天下，人情物理必在周知。」，但人君深居高位，往往「隔絕聰明，過而不聞其過」，因而必須「有獻替之臣，忠諫之士日處左右，以拾遺補缺」，於是告諭中外諸司：「下至編民卒伍，苟有所見，皆得盡言無諱。」朱元璋之言確富哲理，作為一代君王，高高在上，難以了解下情；作為一己之識，處事少慮，難免失之偏頗，如若專己、不進臣諫，勢必多有失誤，而如果虛懷納諫，勢必明瞭己過。所以，韓非子說：「古之人目短於自見，故以鏡觀面；智短於自知，故以道正己。故鏡無見疵之罪，道無明過之怨。目失鏡則無以正鬚眉，身失道則無以知迷惑。」可見，人若有過，能自見者很少，必須虛心求「諫」，方能「知迷惑」、「正鬚眉」、「以道正己」。

二、是疏「言川」　古人曰：「防民之口，甚於防川；川壅而潰，傷人必多；民亦如之。是故為川者決之使導，為民者宣之使言。」人民有意見，部屬有意見，必須讓他說出來，否則，矛盾激化，後果將不堪設想。

三、是辨是非

唐太宗曾對臣下指出：「人心所見，互有不同，苟論難往來，務求至當，捨己從人，亦復何傷。」意為上書爭諫和在朝廷上互相辯論答難，為的是把事情做得更好，即使是最後服從於他人的正確意見，也不會丟面子的。可見，容人之諍實質上是集思廣益的極好辦法，是明辨是非的必要條件。

可是，「虛懷納諫」的高調唱了幾千年，為什麼仍有不少帝王臣子不能做到呢？原因也是多方面的。有的因為心胸狹窄，表面上求言納諫，實際上做的是官樣文章，最終多流於形式；有的「議事議人則可」，一旦議及自己則惱羞成怒，風流大度之氣一掃而光；有的自尊心太強，諫者態度和緩，則熱情納諫，而一旦態度激昂，則難以接受，而不看其所諫內容是否正確。然而，如前所述，曹操卻真正做到。那麼，如何做到容人之諍呢？

1．近直友 大凡能容人之諍者，必近「直友」。因為，「士有諍友，則身不離於今名」。宋朝的寇准與張詠是朋友，可是張詠敢於對同僚說身為宰相的寇准是「雖有奇才，但學術不足」。寇准知道朋友的人品與個性，可深知他講這話的用意，不僅未生怨恨，反而盛情款待張詠。試想，如果寇、張不是朋友，張詠未必直言評其不足，寇也未必深知其意。隋朝畫家展子虔的人物、山水、鳥獸畫在當時都是第一流的，他聽到的只是恭維話，於是自以為是世界上最好的畫家，而不把別人放在眼裏。同時代的另一畫家董伯仁則說：「展子虔不過畫些北方的窮山惡水，不會畫江南的美景。」此語傳到展子虔的耳中，當然很為生氣，但仔細一想，很有道理，於是找來董伯仁的作品細細揣摩，這才發現自己的不足，認識了董伯仁的價值，主動去見董伯仁，誠懇地向他學習，兩人在藝術衝突中認識了對方，不斷來往，取長補短，良性迭加，成為極密切的一對朋友。如果展子虔不納董伯仁直言，必無畫技之進步；如果不進而交董為友，也必無良性迭加，互助互進。

2．容冷言　容人諍言，一方面應鼓勵進言。只有預做鼓勵才能使部屬踴躍「進諫」，無有「後顧」。金王朝金世宗就經常勉勵臣下學習古人捨身納諫的精神。他說：「朕治天下，方與卿等共之，事有不可，備當面陳，以輔朕之不逮，慎毋阿順取容。」並詔諭：「百司官吏，凡上書言事或為有司所抑，許進表以聞，朕當親覽，以觀人才優劣。」甚至把上書言事作為選賢擢良的重要標準。金世宗還常叮囑臣下：「朕年老矣，恐因一時喜怒，處置有所不當，卿等即當執奏，毋為曲從，成朕之失。」可見其納諫之誠。另一方面，應使人言無不盡。朱元璋曾說過：「朕每思一介之士，於萬乘之尊，其勢懸絕，平居能言，臨時之際，或畏避不能言盡其詞，倉卒不能達其意，故嘗霽色以納之，惟恐其不能盡言也。」同時，應誠受「苦藥」直言。「直言者，國之良藥也；直言之臣，國之良醫也。除膚瘍，不除症結者，其人必死；稱君聖，謫百官過者，其國必亡。」良藥雖苦口，但能治病；直言雖逆耳，但能治「過」。所以，統御者容人之諍，必得有服「苦藥」之耐心，聽直言之誠意。

3．聞必改 容諍之誠的最終表現應是以能否「聞過必改」為準。聞則改，是為真容；否則，便是假容。朱元璋對待進諫的態度是：「其有實而人言之，則當益勉於喜；其無實而人言之，則當戒於不喜。但務納其忠誠，何庸究其差謬？」意即有實益勉，無實益戒。金世宗也曾告諭百官：「朕旨雖出，宜審而行，有未便者，即奏改之。凡已奏斷之事有未當，卿等，勿謂己行，不為奏聞改正，朕以萬機之繁，豈無一失，卿等但言之，朕當更改，必無吝也。」可見，金世宗容人之諍也是以改為先。

4．置便利 封建帝王高高在上，群臣眾吏難得一見，尤其是「草野」之民更是難見「龍顏」。即便是現在，各級領導與人民群眾在一起的時間也畢竟有限。所以，雖能容人之諍，也難以實現。這就必須為「諫諍」提供一定的便利條件。古代，從漢武帝開始，創設了「公車上書」之制，就是為天下吏民上書言事提供方便。

第三章

將「天命」掛在嘴上，用盡天下能人

人之才情，在乎其用。治人攏心的宗旨就是讓各種人才任我駕馭，要達到的目標有三個：以少勝多，即少數人有效控制多數人；以劣勝優，即讓德才超己者甘心為自己效命；以低換高，即儘量降低人才成本。而用者之首，是為善任。善任則其能當其位；不善任，則如「駿馬力田」。正如毛宗崗所言：「歷稽載籍，奸雄接踵，而智足以攬人才而欺天下者莫如曹操。」的確，曹操的御人謀略和權術獨有一格。

一、挾天子，令不臣，不冒天下之大不韙

——在人心未附或力量不足之時，假借某種權威的旗號，以懾大眾，瓦解對手，往往可獲奇效。

假託王命古已有之，這些人往往盜用「天子」的旗號，以號召各種反對力量，使其歸順於己，從而對對手進行分化瓦解，各個擊破。「挾天子以令諸侯」正是此計的具體運用，這樣可以為自己的行為披上合法的外衣，從而達成服眾的目的。在東漢末年，首先盜用天子招牌的是董卓，結果卻引火燒身。而這塊招牌到了曹操手中，馬上就成了他「任大天下之智力」的機樞，兩者治人攏心之道高下立現。

1．要想打鬼，藉助鍾馗

曹操剛崛起時，各主要勢力各有優勢，如孫策憑藉長江天險而固守，劉備則憑藉「光復漢室」的招牌而感召天下。在這種群雄並起的形勢下，欲想謀求霸業，必須營造一種自己的優勢來號令天下，曹操經過比較權衡，決定以「奉戴天子」——即所謂「挾

天子以令諸侯」作為自己的政治優勢。

中國古代有一句成語，叫做：「要想打鬼，藉助鍾馗。」這確實是一個十分高明的謀略。因為一方面鬼是怕鍾馗的。另一方面，誰有了鍾馗，誰就掌握了號令和彙聚所有打鬼力量的優勢與主動權。

古往今來，許多成大事者都頗得「藉一種旗號」號令天下的真傳與實惠。眾人皆知的春秋首霸齊桓公就是通過「尊王攘夷」的做法而獲得其政治上、軍事上的主動權。戰國時，周天子權力衰落，無力統治人民，但他仍是天下共主，誰也不能公開反對，而且一個新國君即位，必須得周天子的承認，否則就無法取得統治一個侯國的合法權力。所以周天子至高無上的權力，成為諸侯爭霸鬥爭的一面旗幟，只有盜用這面旗幟，才能有力地控制其他諸侯國。齊桓公打著「尊王攘夷」旗幟，謀取首霸地位。齊桓公的霸業曾經煊赫一時，深得諸侯擁護。所謂「九合諸侯，一匡天下」，即描寫齊桓公的功績。

曹操的「挾天子以令諸侯」可以說又是運用這一謀略的經典範例。但是，失敗的例子也不是沒有的，董卓就是一例。

在曹操之前，先是董卓控制著漢獻帝這面「義旗」。初平元年（西元一九〇年）二月，董卓將獻帝西遷長安，安置在未央宮中。董卓自己則在長安城東修築了一座堡壘居住，取名郿塢。郿塢城牆高厚各達七丈，高度與長安城牆相等，稱為「萬歲塢」。董卓將從洛陽等地掠奪的大量金銀財寶和糧食藏在塢中。周初時，周文王立呂尚為太師，武王即位，尊為師尚父，意謂太師呂尚是可尊崇的父輩。董卓以呂尚自居，自為太師，號曰「尚父」。他擅自乘坐只有皇太子才能乘坐的青蓋車，對親戚大加封賞，其子孫即使還是幼童，也都一概授官，男的封侯，女的做邑君。宗族內外，並列朝廷，聲勢煊赫。

但可惜他是一專橫跋扈、濫施淫威的暴徒，沒有能很好地利用這一優勢，很快便落得個「暴屍於市」、「焚屍於路」的下場。

董卓的前車之鑒如何汲取，曹操陣營內部謀士們的不同意見如何採納，是對曹操能力和膽識的嚴峻考驗。對於這樣一個重大問題的決策，曹操的重要將領們是有分歧的，建安元年（西元一九六年），曹操在賀年節的會議中向重要的幕僚和將領提出了這個問題。富於謀略的程昱首先表示意見：「依目前情勢，皇上在楊奉、董承等挾持下離開關中，進駐於安邑，如果能乘機奉迎皇上，必能取得競爭優勢。」

荀彧也表示：「豫州離司隸區最近，目前有一半以上已在我們的控制中，如果要迎接皇帝，應以洛陽及許都最為合適，因此，要準備這件工作，必先清除豫州境內其他的力量。」

曹仁則有不同意見：「雖然張邈的勢力已清除，但呂布、陳宮等雄據徐州，和袁術勾結，隨時可能再度威脅兗州。因此，屬下認為應先穩定東方，徹底摧毀袁術及呂布力量，再行經營豫州。」

夏侯惇的意見也差不多：「純就軍事形勢觀察，豫州連接司隸區和荊州，目前擁有部分傾向袁術和劉表的小軍團部署，正好可做緩衝。清除豫州反會使自己陷北方袁紹、東方呂布、南方劉表、西北面西涼及司隸區軍團的層層包圍中，是相當不利的。」

幾乎大部分將領及幕僚都贊同夏侯惇的看法。

曹仁更進一步表示：「奉迎天子並不一定有利，董卓便成了眾矢之的，以我們現有實力，『挾天子』不見得便能『令諸侯』。萬一掌握不好，未蒙其利反將先受其害。」

滿寵也表示：「目前最重要的是探詢袁紹的動向，奉迎天子來講，袁紹最有實力。如果這個時候因此事和袁紹鬧翻，很可能會遭到傾覆危機，應審慎對待。」

曹操回答道：「由冀州府傳來消息，袁紹陣營裏為了奉迎天子之事，意見紛歧，審配堅持反對意見，袁將軍本身似乎興趣不大，況且和公孫瓚間的戰爭仍在持續中，依目前情勢判斷，或許不至於有所行動。」

荀彧大聲表示：「奉迎天子絕非純為功利，從前高祖（劉邦）東向討伐項羽，便以為義帝復仇做為出師之名，因此得到天下諸侯回應。董卓之亂起，天子流亡關中，將軍便首倡義軍勤王，只因山東秩序混亂，才使我們無力兼顧關中。雖然戰事連連，我相信將軍仍然心向王室，以平定天下為己任吧！今皇上脫離西軍掌握，正是大好機會啊！擁護皇帝順從民望，此乃大順；秉持天下公道以收服豪傑，此乃大略；堅守大義招致人才，此乃大德。即使會遭到其他勢力圍剿，也難不倒我們的。要不及時決定大計，等到別人也有所行動，就來不及了。」

荀彧的話說到曹操心裏了，曹操知道他在與諸侯對抗中，惟一的法寶就是人心，漢獻帝雖早已名實不符，但在一片混亂的政局中，他仍是天下人心之所繫呀！

曹操當機立斷，決心奉迎漢獻帝。

此後，曹操又經過一番艱苦曲折的奮爭，終於在建安六年（西元一九六年）八月將當時處於困窘中的漢獻帝迎至許都。

將窘困流徙中的獻帝遷到許都，由自己來充當獻帝的保護人，是曹操政治生涯中的得意之作。曹操這樣做，不僅使自己獲取了高於所有文臣武將的地位，而且把獻帝變成了自己進行統一戰爭的工具，從此無論是征伐異己還是任命人事，都可利用獻帝名義，名正言順，置對手於被動地位，而給自己創造了極大的政治優勢。另一方面，這樣做在客觀上對國家、對人民也有好處。當時群雄割據，誰都想吞滅對方，獨霸天下。曹操迎帝都許，將獻帝置於自己有力的保護之下，雖然使獻帝變成了一個傀儡，但卻也使獻帝在局勢極為混亂的時期免除了被廢黜、殺害的危險，保留了這樣一個國家最高權力的象徵，使得不少割據者的野心、行為受到遏制，從而在一定程度上維護了中央集權，對控制割據、分裂局面的惡性發展，加速國家統一的進程發揮了一定作用。

東漢末年的軍閥割據和混戰，給社會造成了嚴重的破壞，給人民帶來深重的災難。但是，乘亂起兵的大多數領導者，只有軍事家的頭腦，而很少有政治家眼光。而只有曹操獨具慧眼，清楚地認識到政治決策的正確與否、民心的向背是決定勝負的首要因素。因此他毅然接受了僚屬們「挾天子以令諸侯」的「不世之略」，把獻帝迎接到自己的根據地許都。

2・「若天命在吾，吾為周文王」

曹操漸漸統一中國北方，在經營曹氏統治班底時，一個個掃除異己，而他自己也一步步走向權力的頂峰，成為漢末實際上的皇帝。然而，他始終是沒做皇帝。

關於曹操集權又不做皇帝，大體反映了曹操的清醒、明智與踏實，也反映了他熱中於權力和看重實利。而且由於他的個性，敢做敢為，也確實使出渾身解數大有作為，如此，他的怨主、對頭也多。這種情況也決定他一旦抓到權柄，就會緊緊地握到手裏，至死不放下。這一是保全自身，二是威重天下，三則是功名富貴的滿足。

關於這一點，與曹操同時代的有兩個人物可以比較，一是諸葛亮，一是袁術。

諸葛亮是道家人物，劉備三顧草廬方出山，他奉行的是「功成名遂身退天之道」。

也就是說諸葛亮是為著幫劉備的忙而出山的，因此，他個人不圖權位，因而治軍施政從來不做過頭事。所謂「諸葛一生惟謹慎」。曹操卻截然相反，他所有縝密的心術、凌厲的手段都是為了權與利。

袁術其人既無才又無德，只是仰仗四世三公的家門才割據一方。他只知道秦失其鹿，天下共逐之，高才捷足可先登。但他忘了自己的能耐究竟有多大，還忘了天下還有多少英雄，尤其忘了他自己還是漢家臣子。因此，他狂悖到稱帝自重，這就注定他要敗亡。曹操卻不同，他雖用霸術王道，並且這兩者他都受到人們的指責，霸術用得太濫太過，王道又顯得奸偽，他本人也被斥為「漢賊」。但從他的一系列作為看，他始終明白他是漢家臣子。不僅如此，作為一代英雄，無論他多麼急功重利，他心頭總有一團解不開的忠臣情結。儘管其忠誠的內含究竟為何物大可理論，但忠誠這一作為人臣的第一要素他始終不敢丟棄，乃至忘記。

他曹家自祖、父及至他的兒子曹丕等人，受漢朝皇恩已過三世，他能忘記嗎？正因為有此心思，有此情結，所以他始終力圖在漢家門庭裏扮演好一個忠臣的角色，從頭到尾都期望在天下人面前樹立起一個治亂有成的良臣的形象。因此，當孫權勸他稱帝時，他即一針見血地指出：這小子是想把我放到爐火上烤。

所以他做了魏王後，人家勸他取代漢獻帝，他坦率地說：「若天命在吾，吾為周文王矣。」曹操的高明之處在於集權而不當皇帝，不做天下眾矢之的，不冒天下大不韙。

曹操已經得到了太多的實利，他大權在握，生殺予奪，連皇帝都可以操縱，他加九錫，為魏公，擁有的太多，沒有的只是一頂皇冠。曹操把功利主義發揮到了極致。

為了實實在在的功利，早些時候曹操就毅然和董卓決裂，以獻身的精神首舉討董義旗，為天下倡。這是曹操生平極輝煌的篇章，充當了漢末第一英雄的角色。這當然是行王道。以後的事尚難逆料，在當時曹操肯定是大智、大勇、大忠。但陳留舉兵，曹操是行王道也是行霸道。當時曹操實際如何想不得而知，但至少有幾種可能：成，為漢家掃平董卓，重整河山，做一樁於漢家天下功德無量的事，做一個大大的忠臣。不成，擁兵自重，可「任天下之智力」，與群雄爭霸，這些考慮都是實實在在的。

為了實實在在的利益，他有雄才大略，但他絕不是耽於幻想的人。為了打敗袁紹，他可以冒死親率士卒去攻打烏巢，這樣果決、同時敢於置之死地而後生的統帥，古往今來比比皆是，但當此一時，並不多見。為了拿穩既得的勝利，官渡之戰後，他將袁軍降卒七萬人一舉坑殺。這與當時的劉備、諸葛亮形成鮮明的對比。諸葛亮治蜀定南方時，也曾多次捕獲孟獲叛亂兵將，但從來都是以王道教化之，以王德感化之。在這一點上，曹操的王道霸術在許多時候就見其急功近利的特點。

為了實實在在的利益，他能誠心誠意地禮賢下士。比如他光腳跑出寢帳歡迎許攸，謙卑問計。設想，若沒有許攸，曹操即便可以打敗袁紹，那難度也不知要增加幾倍。也是在這裏，他和袁紹形成鮮明的對比。許攸叫袁紹奇襲許都，當然是高明之見，袁紹不聽也就罷了，但還要做出足智多謀、成竹在胸的樣子。這樣，袁紹講面子、講虛名，曹操講實效、講踏實去做，一敗一成也就必然了。

3・不做皇帝，勝似皇帝

如何發揮「奉天子以令不臣」的威力？如何利用好天子這塊招牌，處理好他與天子及他與地方勢力的關係？這些問題處理不好就有可能重蹈董卓的覆轍。為此，曹操通過建立「國上國」的辦法來實現控制中央朝廷及天下諸侯的目的，這一過程大約經歷了以下若干步驟——

一是奉天子以令不臣。主要以戰爭的手段掃滅群雄，開疆拓土，以武力威懾朝野。二是削弱劉氏王朝。三是以自己的全班人馬控制中央政府。四是確立魏國事實上的中央帝國地位。

首先是控制中央朝廷。其實，在曹操把獻帝迎進許都時，他就已控制了朝廷。只是當時尚有漢朝的舊臣，且曹操自己的勢力也不大，因而對內控制不甚完全，對外也須妥協，比如把大將軍讓給袁紹。但實際的控制力是非常大的。

建安元年（西元一九六年），曹操雖讓出了大將軍職務，任驃騎將軍，但實際仍然總攬朝政，「錄尚書事」。因為東漢制度，尚書台為事實上的宰相府。那就是說曹操自將獻帝接到身邊，他就是事實上的宰相。當他不在的時候，這一職能就由他的主要謀士尚書令荀彧行使。

隨著戰場上的節節勝利，曹操也就覺得必須更嚴密地控制朝廷，以便自己更能言出法隨，令行禁止。於是，建安十三年（西元二〇八年），曹操以獻帝名義廢除三公職位，設丞相和御史大夫。這在體制上是恢復西漢做法。丞相為皇帝手下第一大臣，總理全國軍政大事，御史大夫為丞相副手。武帝以後，丞相府和御史府的實權轉到尚書台，東漢朝廷體制即無丞相、御史大夫，實權在大將軍手中。東漢又設太尉、司徒、司空，合稱三公，實為閒官並無實權。曹操恢復丞相一職，獻帝又命他任丞相，而不是當初被袁紹要去的大將軍。這表明曹操要把朝廷大權從名到實完全控制在手中，並且在無形中拋棄了那個令他不快的「大將軍」名號。當然，從這以後，尤其是南北朝時期，朝廷每設丞相大抵不是權臣自命，亦即皇帝不得不任之，因之當時丞相一出現即為改朝換代的信號。這也是曹操的影響了。

與自己任丞相一職配套，曹操建立起自己的丞相府工作班子，分別以崔琰為丞相西曹掾，主管丞相府內官員任免事宜；以毛玠為丞相東曹掾，主管二千石以下政府和軍隊中官員的升降事務，以司馬朗為主簿，以盧毓為法曹議法令，主管政法刑律事宜，徵司馬懿為文學掾，主管選拔人才等事務。

到建安十五年（西元二一〇年），又任曹丕為五官中郎將，為丞相副，也同丞相府一樣，建立完整的工作班子。

這一步步，看起來只是形式的，實際是圍繞權利佔有而進行的。可以看出曹操為集權、為鞏固政權並使之長治久安的深遠用意。

曹操為求控制朝廷，確立魏國為實際上的中央帝國地位，其重要的舉措便是建立國上之國。曹操控制朝廷，一個更為重要的舉措就是建立國上之國，而不僅僅是作為王侯封國的國中之國。這就是確立魏國的實際上的中央帝國地位。因為曹操是魏王，那就是曹操事實上是天下之主。並且這一舉措在曹操日益嚴密控制中央朝廷的過程中，也隨之完成。

在建立國上之國的過程中，第一步是在消滅袁紹的河北勢力後，曹操就將冀、青、幽、並四州完全控制在自己手裏。獻帝任他為冀州牧，他就在鄴城建立起自己的霸府。

第二步是建安十八年（西元二一三年）正月，獻帝下詔把天下十四州合併為九州。這也是建立國中國的一個步驟，這裏不再贅述。

這年五月，獻帝冊封曹操為魏公，並加九錫，魏國設置丞相以下群臣百官，也就是說這時曹操就只差個皇帝的頭銜了。進封魏國公加九錫為曹操求之不得，早一年因荀彧反對，曹操將荀彧逼死，不再有人敢反對，曹操自然做做推讓的姿態，如上《讓九錫表》、《辭九錫令》，群臣自然一起勸進，這樣，曹操方情到理到地接受了。

七月在魏國鄴城建立魏國社稷，即帝王祭祀土神、穀神的場所，又建魏國公宗廟，相應改制朝會宴饗禮樂。曹操又授意獻帝娶其三位女兒曹憲、曹節、曹華為貴人，一年後，曹節為皇后。這自然也是曹操控制、監視獻帝的一種策略。儘管後來有些事與願違，曹操去世，曹丕逼獻帝讓位，第一個反對和詛咒的就是曹節。

十一月，魏國開始設置尚書令、侍中和六卿。曹操自己循西漢制做丞相，而在自己魏國中又遵東漢制設置尚書令，這意味是極其深刻的。

建安十九年（西元二一四年）正月，曹操首次舉行耕種籍田的儀式。籍田即天子與諸侯徵民力所耕種的田。此舉表明曹操重農守本之志，同時表明魏的分封國地位確立。到此，可看作曹操建國計劃第三步的完成。

下一步就是曹操把他自己變為一個只是沒有皇帝之名，而盡有皇帝之實的能夠擺佈天下的真皇帝，這樣也就實現了他的「國上之國」的目的。

同年三月，獻帝把曹操的地位提高到諸侯王之上。

建安十九年三月，左中郎將楊宣、亭侯裴茂持節，赴鄴城宣詔：魏公曹操朝會時位列諸侯王之上，改授金璽、赤紱、遠遊冠。遠遊冠形如皇帝的通天冠，只是前無「山述」。按漢儀，只有皇太子和諸王才配享有金璽、赤紱和遠遊冠，魏公曹操得到它們，表明已為晉封魏王造了聲勢，只待正名。

十一月，伏皇后被廢黜。

建安二十年九月，獻帝授予魏公曹操分封諸侯、任命郡守國相的權力。以前，封侯授官在形式上由曹操舉薦、獻帝批准，而實際上是由曹操說了算。現在連形式上的程式也完全取消了，曹操從法制方面得到了國家最重要的組織、人事大權。十月，曹操設置名號侯、關中侯、關外侯、五大夫這四等爵位，與原有的列侯、關內侯共為六等，以獎賞立軍功者。如此，得官爵者無不感恩圖報，心中只有魏公而無漢天子了。

建安二十一年三月初三，曹操效法歷代帝王，春耕前親自耕種「籍田」，以奉祖宗廟、功率天下之人重農務農。

五月，獻帝下詔，晉封魏公曹操為魏王，命使持節代理御史大夫、宗正劉艾奉詔書、傳國玉璽等專程前往鄴城舉行封王儀式。按漢儀，中央政府發給郡守國相銅虎符和竹使符。銅虎符為銅質虎形之符，是調發軍隊的憑信，各分其半，右留京師，左予郡守國相，調兵時派人合符，符合方可發兵。竹使符由在五寸長的竹箭上鐫刻篆書而成，用於「出入征驗」，即作為機要通訊的憑證或使者的身分證。曹操職兼州牧，得金虎符，其效用與銅虎符一樣。因許都政權的軍隊就是曹家軍，故獻帝授予曹操兵符等於從制度上承認曹操有調兵權。

曹操依舊「上書三辭」，獻帝循例「詔三報不許」。獻帝又親手寫詔書以表誠心。於是，曹操接受了魏王的璽綬符冊，交還了魏公的璽綬符冊。自此，曹操在漢丞相兼冀州牧的職位上有了魏王的封爵。

漢朝立國之初，高祖劉邦在誅殺韓信、彭越、英布、盧綰等異姓王之後，曾宰白馬與群臣盟誓：「非劉氏而王，天下共擊之！」故此後未見有漢天子正式冊封的異姓王，曹操可謂兩漢四百年來第一人。又詔命曹操的諸千金小姐為公主，皆賜以湯沐邑。「湯沐邑」指以齋戒沐浴之地為名的封地。

八月，曹操任命大理鍾繇為魏國相國，以此為開端，全面進行鞏固其魏王政治地位的活動。

建安二十二年四月，詔命魏王曹操在其儀仗隊裏設置天子的旌旗，允許出入王宮之時按天子的規格警戒清道。五月，曹操修泮宮於鄴城之南，準備恢復太學，以之為魏國的最高學府，培養曹魏政權的各級後補官僚。六月，曹操任命軍師華歆為魏國的御史大夫。十月，詔命曹操的王冕上綴十二旒——像天子一樣在冠冕前後懸掛十二串白玉珠；坐天子所享用的金根車一套六匹馬拉的朱紅色御車，置五時副車——像天子出行時有青、白、紅、黑、黃五色裝飾的馬車跟隨，同時正式批准曹丕為魏國王太子。

從建安十七年至二十二年，曹操按計劃分步驟在體制方面從獻帝手中轉移權力，完成了建立曹魏王朝的全部準備工作。魏王曹操的政治地位僅僅是在名義上比漢獻帝劉協低一等，實際上他卻早已執掌了漢朝中央政府的所有大權。劉氏天下早已易姓為曹，曹操才是真正的皇帝，漢獻帝只不過是曹皇帝若隱若現、若明若暗的一個影子而已。

然而，曹操並不打算正式稱帝，因此他要盡力設法維持與獻帝在表面上的君臣關係。例如，他向獻帝貢奉御物即達十四次之多，每次不少於三十種。曹操本人生活儉樸，卻竭力讓獻帝一家人奢侈享受，自有深意蘊於其中。

二、重計策，用人謀，發揮群體智力優勢

——「三個臭皮匠，頂個諸葛亮。」只有善用他人之謀，發揮群智的優勢，才能取得鬥爭的主動權。

曹操作為北方一個勢單力薄的軍事政治集團，經過十八年的艱苦奮戰，能擊敗北方

所有對手，稱雄一方，這與他善用謀略、以智取勝有密切關係。在這方面，他不僅自己長於計謀，「其行軍用師，大較依孫吳之法，而因事設奇，溺敵制勝，變化如神」，而且善用他人之謀，發揮群智的優勢，取得政治軍事鬥爭的主動權。

1．成功「非惟天時，抑亦人謀」

諸葛亮曾在《隆中對》中，總結曹操成就事業的奧祕時評價說：「非惟天時，抑亦人謀。」的確，統御者珍策重計，有韜略的屬下才願意獻計獻謀，一旦被採用，就等於屬下的才能被統御者認可，這樣就會形成良性循環。可見知人善任、善用人謀是治人攏心的一個重要方面。

曹操在治人攏心的問題上，很早就領悟到善用人謀的重要性，在後來的征戰中，他越來越體會到「欲攻敵，必先謀」的道理，因而更加重視人謀。

曹操重視和善用人謀，突出表現在他重賞獻計獻策的有功之臣。西元二〇三年，他在《請爵荀彧表》中說：「臣聞慮為功首，謀為賞本，野績不越廟堂，戰多不逾國動。」把出謀劃策列為首功。認為戰場上功勞再大也比不上廟堂策劃之功。他引述歷史說：「西周初年分封時，對周公謀劃之功的封賞一點也不少於姜尚的野戰之功。西漢初年，漢高祖力排眾議，將參與決策的蕭何列為第一功臣，戰功最多的曹參只能名列第二。重賞謀臣不是我的發明，古往今來對用人謀、制訂正確的方策謀略都是十分重視的。」荀彧對曹操的封賞由是感激，但他總感自己的功勞沒有這樣大，這樣重賞自己，似有不妥，幾次請求辭去爵位。曹操親自給他寫信勸說：「與君共事以來，立朝廷，君之相為匡弼，君之相為舉人，君之相為建計，君之相為密謀，亦以多矣。夫功未必皆野戰也，願君勿讓。」說服荀彧接受了萬歲亭侯的爵位。西元二〇七年，曹操再次上表列舉了荀彧在官渡之戰和平定河北四州關鍵時刻獻計獻策的重大貢獻，仍然以「古人尚帷幄之規，下攻拔之捷」為由，請求增加荀彧的封戶，荀彧再次推辭，曹操說：「昔介子推有言『竊人之財，猶謂之盜』。況君密謀安眾，光顯於孤者以百數乎！」表示絕不埋沒荀彧幫助自己運籌帷幄的功勞。

曹操不僅重賞那些獻計獻策有功之人，還對為自己出過主意而沒被採納的人也給予安撫性的獎賞。西元二〇七年，曹操準備出兵征討三郡烏桓。絕大多數的僚屬擔心荊州的劉表在劉備的幫助下，趁虛北上，突襲許昌，不贊成北征。只有郭嘉認為劉表不信任劉備，不會聽他的意見率軍北犯，不要有後顧之憂。曹操聽從郭嘉計，經過艱苦奮戰，北征大獲全勝。凱旋之後，他將過去不贊成北征的人找來，不是「秋後算賬」處罰這些人，而是給這些人以獎賞。他在講話中說：「這次北征獲勝實屬僥倖，諸君之諫，萬安之計，是以相賞，後勿難言之。」希望他們今後不要心懷顧慮而不敢發表不同意見。出了主意未被採納，也給予獎賞，曹操當然有他的考慮。情勢錯綜複雜，不斷變化，誰也難以料定其發展趨勢和結果，何況這次出征，天寒且旱，二〇〇里無水，軍隊乏食，殺馬數千匹以為糧，鑿地三十餘丈乃得水，能夠勝利而歸，確如曹操自己說的有些僥倖。實情如此，當然不能責備人家。更主要的是，他要以這樣的舉動，以收廣開言路之效。況且這次的諫言者又多是平時為他出謀劃策的重要謀臣，他特別看重他們。因此，只要這些人能為他積極出謀獻策，即使未被採納，也要給予獎賞。

曹操重視和善用人謀，還表現在他在用人謀問題上勇於自我批評，善於總結經驗教訓。如建安三年，他攻打張繡，荀攸對他說：「張繡和劉表相恃為強，但張繡的軍食仰靠劉表，劉表不能供給他，勢必要分離。不如緩軍以待，誘敵而戰，如果太急了，他們反而會互相救助。」曹操沒有採納這個建議，仍進兵張繡，劉表果然相救，導致進攻失利。事後，曹操不無歉意地對荀攸說：「不聽你的話，以至這種地步。」公開向部下承認自己的失誤。這與袁紹殺田豐形成鮮名對比。

曹操重視和善用人謀，使他的「吾任天下之智力」的戰略方針，收到了預期的效果。在漢末一統政權崩潰，各地軍閥紛紛擁兵自立，逐鹿華夏時，很多士人經過觀察、比較，有感於他的善用人謀、從諫如流，不約而同地投奔到他的麾下，為其效命。他們中有的先投靠別的諸侯，後來棄舊主而主動投曹，甚或勸舊主一併歸曹，如荀彧、賈詡、劉放、劉馥、任峻等；有的一開始就拒絕為其他諸侯效力，主動投靠曹操，只受曹操徵召，如毛玠、徐奕、何夔、程昱、郭嘉、司馬朗等。這裏最具說服力的是郭嘉的投奔。郭嘉原想投附袁紹，後來看到袁紹只想效法周公的禮賢下士，卻並不懂得用人，尤其不懂得廣納雅言，聽取僚屬的意見，因而毅然離開袁紹投奔曹操。

曹操與袁紹相比，袁紹出身世家大族，人稱「四世三公」，「門生故吏遍天下」；而曹操出身宦官家庭，論羅致人才的客觀條件，遠不如袁紹，但他羅致的人才卻遠在袁紹之上，何也？

袁紹一生最明顯的敗著，一是獻計召董卓進京，二是官渡之戰定策。這兩次失手對袁紹固然至關重要，但其人也絕非庸庸碌碌，無所作為，僅從渤海太守到擁兵割據冀、幽、青、並四州即見其經營之才略。但袁紹的許多決策都有可議之處。在三國中，袁紹確有些像漢末爭天下的項羽。只是袁紹缺少項羽那樣的英雄氣概。袁紹營中，當時不乏一流的謀略家，沮授、田豐都是這類人物，但袁紹「多端寡要」，失去許多機會。如劉備到徐州後，公開叛離曹操，曹操親自出兵攻之，使後方空虛，田豐建議袁紹突襲，袁紹以兒子生病為由推託了。曹操部下也勸三思而行，但是曹操認為袁紹優柔寡斷，於是毅然決定發兵打劉備。劉備敗逃，遂有官渡之戰。曹操對袁紹一戰，即知早晚不免，又知須慎之又慎。甚至大軍啟動，曹操依然憂慮重重。

但荀彧首先分析此戰乃事關成敗，他說：「袁紹全部人馬集中在官渡，想要和您決一勝負。您以極弱的兵力去抵擋極強的敵軍，如果不能制服他，就一定會被他戰勝。這是天下成敗的關鍵時刻啊！」接著荀彧又分析了曹操能夠戰勝袁紹的四條理由——

「歷來爭天下的經驗教訓表明，有真本事，即使開始弱小，後來必越戰越強大。相反，即使開始強大，最後必衰敗下來。劉邦、項羽的一存一亡，大體可以見出這個道理。現在與明公爭天下的人，僅袁紹而已。袁紹待人表面寬厚，而心存猜忌，用人卻不信任人，而明公遇事通達，用人才不拘一格，合理棄使，這是器量上超過袁紹。

袁紹遇事遲疑不決，常常坐失良機，明公卻能多謀善斷，決大事能隨機應變，因事制宜。這是智謀上超過袁紹。

袁紹治軍寬緩不嚴，法規不全，兵將雖眾，但發揮作用有限。明公卻法令嚴明，賞罰必行，兵將雖少，卻能人人效死作戰。這是在武力上超過袁紹。

袁紹憑藉門第聲望，故作儒雅，又裝作足智多謀，因而許多華而不實，徒有虛名者都找到他門下。明公卻以仁道待人，真誠踏實，不尚虛榮，自己謹慎節儉，獎賞功臣不遺餘力，所以忠貞進取之士願為之用。這是在個人品德上超過袁紹。憑這四個方面的優勢輔佐皇帝，征討不臣，誰敢不從，袁紹一時強大又有什麼作為？」

郭嘉隨後也對比了袁、曹的優劣情勢。他說曹操有十個方面勝過袁紹——

其一，袁紹辦事，講求形式，曹操則注重實效。此為一勝。

其二，袁紹以不臣抗帝命，曹操奉天子號令征伐，順天應人。此為二勝。

其三，漢末政令寬而無制約，袁紹也寬緩馭人，以寬治寬，則難以整肅紛亂，曹操則嚴猛律令，上下振肅，各守法度。此為三勝。

其四，袁紹外寬內忌，用人疑人，放任人惟親，曹操則外簡內明，任人惟賢。此為四勝。

其五，袁紹多謀少決，猶豫不決，往往坐失良機，曹操則多謀善斷，隨機應變，雷厲風行。此為五勝。

其六，袁紹沽名釣譽，虛榮造作，曹操則以誠待人，儉樸踏實。此為六勝。

其七，袁紹因小失大，婆婆媽媽，婦人之仁，曹操大處著眼，疏忽小節，只抓大仁大道。此為七勝。

其八，袁紹左右的高級官員，爭權奪利，互相陷害，曹操則有一定的法則，極富英明智慧。此為八勝。

其九，袁紹不分是非，曹操循禮法辦事。此為九勝。

其十，袁紹虛張聲勢，不諳兵法真諦，曹操用兵如神，能以少勝眾。此為十勝。

這是荀彧和郭嘉對袁、曹二人的全面比較，說到底是對二人素質的鑒定。

而後，曹操的僚屬王粲在平定荊州後的慶賀宴會上做過這樣的評價性解釋：「袁紹起兵河北，仗恃人多勢眾，一心想吞併全國，但他喜歡賢才卻不能使用賢才，所以賢才紛紛離開了他。明公平定冀州後，立即整頓軍備，延攬豪傑並加以重用，所以能馳騁天下。平定荊州後，又大力進用賢士，把他們放在顯要位置上，文武並用，英雄盡力，這真是夏、商、周三代開國君王才有的舉措啊！」王粲的話，雖不無溢美之詞，但是他說的曹操延攬人才、善用人謀，應當說是比較符合實際的。

2·「集思廣益真宰相，開誠佈公肝膽傾」

漢末以來，能夠稱雄一時的豪強，除有的是憑一身強悍的武力外，很多人是憑他們能夠對軍國大事集思廣益，汲取眾長，擇善而從的智慧與能力而成功的。所謂集思廣益語出《三國志．董和傳》：「亮後為丞相，教與群下四：『夫參署者，集眾思，廣眾益。』」「集眾思」是集中眾人智慧的意思，「廣眾益」，使工作得到更大更好的效果。宋代許月卿在《先天集．贈李相士詩》中說：「集思廣益真宰相，開誠佈公肝膽傾。」這兩句用來形容曹操是再準確不過了。

對一些關係全局的問題，曹操是一定要傾聽部屬的意見，往往因此而改變了自己原有的打算。建安三年（西元一九八年）到下邳攻打呂布，呂布敗退固守，曹操連連攻打不能得手，士卒疲乏，曹操打算撤軍，荀攸和郭嘉勸他堅持，曹操聽取意見，結果攻破城池活捉了呂布。官渡之戰，在兩軍相持的最困難階段，曹操因缺糧打算撤軍，荀彧不同意，建議他再堅持，結果曹操堅持下來，終於抓住戰機，大敗了袁紹，像這樣的例子也並不少。可以說，曹操所取得的每一次重大的成功或勝利，都是他能虛心聽取部屬意見、集中集體智慧的結果。曹操雖然機謀出眾，但在決定重大行動時，往往並不固執己見、剛愎自用。反過來說，曹操斷然拒諫、一意孤行的情況雖並非沒有，但比較而言，並不多見。為了廣開言路，讓部屬敢於說話，曹操在建安十一年（西元二〇六年）還專門下了兩道《求言令》。

曹操說治理天下、管理百姓、設置輔佐，應當力戒當面順從、而背後又有不滿的情形出現。接著說自己肩負重任，常常擔心出現偏差，但連年以來，沒有聽到好的建議，這難道是自己不能經常徵求意見的過錯所造成的嗎？最後規定：從此以後各曹的掾屬，各州刺史的治中、別駕，要在每月的初一就存在問題提出書面意見，加上封套呈遞給他閱讀，主管人員在朝會時將各發給紙一張和封套一個。這裏看不出絲毫弄虛作假糊弄人的成分，有的只是坦誠和決心。作為一個政治家，曹操能有這等胸襟氣魄，確實是難能可貴的。作為統御者，不一定自己總是有卓識高見，而關鍵是他能夠明辨是非，多聽卓識高見之策。

程昱是三國時代傑出的韜略家，曹氏集團的核心智囊。程公善觀形勢，逆知變化，滿腹韜略，足智多謀。在極其複雜的形勢下，能抓住事物的本質，直指要害。在與曹操等人的交往中，以其大智大勇，力挽狂瀾，所作所為，舉足輕重。在曹操爭霸的早期階段，立有重大功勳。程昱識見高超，洞察一切。曹操多次聽從他的計策。採納他的意見拒絕派家人到袁紹那裏作為人質以及守鄄城不用增兵就是兩次突出的事例。

孫權也是一個對軍國大事能夠集思廣益，然後擇善而從的王者。正值孫權得到曹操要東來的消息時，便與諸將領進行商議。大家都勸孫權迎降曹操，惟獨魯肅一言不發。孫權起身上廁所，魯肅追隨到屋簷下，孫權知道他的意思，握住魯肅的手說：「您有什麼話說？」魯肅答道：「剛才我仔細考慮眾人的議論，簡直是要害將軍，不值得和他們共商大事。現在我魯肅可以迎降曹操，像將軍您是不可以的。為什麼這樣說呢？我迎降曹操，曹操就會把我交付給鄉里，評定我的名位，還可以做個下曹從事，乘著牛車，帶著吏卒，和士人們交遊，積功提升，還可以做到州郡長官。將軍迎降曹操，想要得到什麼呢？希望將軍早定大計，不要採用眾人的意見。」孫權歎息道：「這些人所持的議論使我大失所望，現在您闡明了大計，正與我意相同，這是上天把您賜給我啊！」結果採用聯蜀之策，大敗曹軍於赤壁，奠定鼎足而立的大勢。

可見，集思廣益是古人在長期實踐中總結出來的至理名言。其中蘊含著深刻的方法論原則，是統御者不可須臾離開的致勝法寶。因為，個人的認識是有限的，再高明的領導者，也不能單靠他自己的智慧，就制定出一整套達成大業的行動方針，他要集中群眾的智慧，要遍採眾人之長。因為他們在自己所研究的領域最有發言權。

比如，明太祖朱元璋農民出身，當過放牛娃，做過小和尚，拉起隊伍後，他認真聽取屬下意見，十分注意籠絡文人，集思廣益，終成大事。文人馮國用來投，向他提出兩條：一是不能帶著隊伍老是東走西轉，可以去奪取龍盤虎踞的建康（南京）做根據地；二是不要貪婪子女玉帛，要為民多做好事，爭取民心，朱元璋見說得有理，便收馮國用為幕府，成為謀士。後有李善長來投，對朱元璋說：「漢高祖（劉邦）家鄉在沛，離您家鄉鳳陽不遠吧？他的家庭和您的家庭不是一樣低微嗎？他能成為漢高祖，將軍也定能奪得天下。」朱元璋「心有靈犀一點通」，至此便拿劉邦做榜樣。當然出此高見的李善長也被留下來，封官為掌書記。就這樣朱元璋一個個招納了十幾個文人作為謀士，給以優厚待遇，專門為他們建立了「禮賢館」。

也正是「禮賢館」中眾謀士提出的謀略，使朱元璋一步步走向成功之路。這其中最重要的是老儒家朱升所提：「高築牆，廣積糧，緩稱王。」朱升提此建議時，朱元璋剛攻下南京，立足未穩，力量還弱，地盤尚小，還不足以與其他各路反元兵馬較量。此時「高築牆」可站穩腳跟，加強自己的防禦力量，以免被敵人吞掉；「廣積糧」是注意經濟建設，積蓄物質力量，維持一時還不能取勝的戰爭；「緩稱王」則可避免過早的稱王稱霸，扯旗放炮，樹敵過多，易招人嫉妒和打擊。朱元璋用了這三句話作為自己的戰略方針，贏得了最後勝利。建立了明朝。

3．「定國之術」不在多

作為一個統御者僅僅做到「廣開言路」和「言聽計從」還不夠，因為，手下的眾多「謀士」會在不同時期提出大量的「好主意」，這些「好主意」中有的是具有戰略意義的，如朱升給朱元璋提出的「高築牆，廣積糧，緩稱王」，就是屬於戰略方針；也有的是針對具體情況提出的對策。可見，其決策價值是不一樣，前者遠遠大於後者，因此，統御者一定有善於鑒別，發現具有戰略意義的「好主意」，使其進入自己的決策，並堅決執行貫徹。

古人云：「民以食為天。」兵馬未動，糧草先行，講的是行軍打仗，如果沒有軍糧做保障，那後果是不堪設想的。隨著割據形勢的形成，各集團無不受軍糧供給問題的困擾。而曹操則通過「屯田」的方式實現了他「修耕植以蓄軍資」的戰略方針。以使自己保證在軍事上立於不敗之地。

早在初平三年（西元一九二年），曹操剛做兗州牧時，治中從事毛玠就提出了兩條重要建議，一是要奉天子以令不臣，二是要修耕植以蓄軍資。對這兩條建議，曹操當時就極表讚賞，並積極創造條件施行。經過努力，曹操首先做到了第一條，將獻帝迎到了許都。接著，曹操開始做第二條。修耕植以蓄軍資，其中心任務就是要通過發展農業生產，增加糧食收成，解決十分緊迫的軍糧問題。

漢末以來的糧荒已到極其嚴重的地步。由於人民的大量死亡，加之人民流落四方，大量土地無人耕種，出現了地廣人稀的局面。由於戰亂連年，水利失修，旱災、蝗災等自然災害頻繁，一些已經耕種的土地，也往往顆粒無收，或者收之不多。這樣，就發生了全局性的缺糧問題，糧價飛漲。

面對嚴重的糧荒，不僅百姓身受其害，甚至連統治者及其軍隊也深受糧荒的威脅。獻帝在東遷洛陽途中，多次面臨斷炊的危險，隨從的官員有時不得不以棗菜代糧。到洛陽後，算是安頓下來了，但下級官員還得跑到荒野中去採摘野菜。那些大大小小的軍閥們，平時過著「饑則寇掠，飽則棄餘」的生活，等到百姓自己都餓得要死、實在無糧可搶的時候，他們的日子也就變得非常難過。袁紹的軍隊在河北，一度不得不靠採摘桑果過日子。袁術的軍隊在江淮，有一段時間僅靠捕食蛤螺充饑。公孫瓚的部將田楷在青州，因與袁紹連戰兩年，糧食吃盡，互掠百姓，弄得野無青草。劉備的軍隊在廣陵，因饑餓難忍，大小官吏和士兵竟自相啖食。有的武裝勢力因缺糧而混不下去，還沒等到同對手打仗，就自動瓦解離散了。

曹操也曾多次遭到糧荒的困擾。他第一次東征陶謙，就因糧食困難，不得不中途退兵。他同呂布爭奪兗州，在淮陽一帶同呂布相持百多天後，也因糧食接濟不上，不得不暫時罷兵自守。一次程昱在自己的轄縣東阿為曹操籌措軍糧，想盡辦法，只勉強籌得可供三天食用的糧食，其中還雜有人肉乾，為此，程昱後來頗遭非議。曹操前往洛陽迎接獻帝時，途中所帶的一千多人全部斷糧，幸得新鄭長楊沛把儲存的桑果乾拿了出來，才算度過了難關。曹操為此很感激楊沛，迎獻帝都許後，即將楊沛調去做了長社令。

糧食問題已嚴重到如此地步，到了非解決不可的時候了。然而，單靠一般的手段，或採用通常的一套發展農業生產的辦法，是不可能解決燃眉之急的。必須採用行之有效的非常手段，將勞動力和土地結合起來，以儘快獲得大的效益。曹操從當時的實際情況出發，採納部下建議，在建安元年（西元一九六年）迎獻帝都許不久，宣布實行屯田，將「修耕植以蓄軍資」的方針落到實處，解決緊迫的軍糧問題。

曹操實行屯田是經過充分醞釀的。首先，繼棗祗提出興辦屯田的建議後，曹操極為重視，立即召集部下開會討論，大議損益，權衡利弊。在基本統一認識之後，曹操正式公布了《置屯田令》。

屯田首先在許都周圍地區推行，以期取得經驗後再逐步推廣。曹操把原黃巾軍的一些人及從各地招募來的流民，用軍隊形式加以編制，組織成屯田民（或稱屯田客）。

曹操還派得力的將領做管理屯田的官員，在屯田過程中涉及到的一些具體問題，也都通過充分議論後再擇優定之，如在如何收取地租的問題上，就曾經歷過一番爭論。最初不少人主張採用「計牛輸穀」的辦法，即按屯田客使用國家耕牛的多少，來確定不同的租額。這個辦法已經定了下來，並開始付諸實行。但棗祗經過反覆考慮，覺得這個辦法不妥，認為如按這個辦法，收成好的年份也只能按原來的定額收租，國家並不能增加收入，而收成壞的年份，國家還不得不減免，對國家太不利。主張實行「分田之術」，根據每年的實際收成，按一定比例收取租穀，豐收多收，歉收少收。棗祗向曹操反映這一意見，建議重新考慮，但曹操認為已經做出決定，豐收年成也用不著再改變了。棗祗仍堅持自己的意見，一次又一次地去找曹操，曹操終於猶豫起來，於是就讓棗祗去同尚書令荀彧商議決定。

荀彧為此而專門召開了討論會。在會上，軍師祭酒侯聲說：「按照租用官牛的頭數收租，是為擴大官田著想。如果按照棗祗的意見去辦，對官家有好處，對屯田客卻沒有好處。」荀彧一聽，也猶豫起來，覺得兩種辦法都有道理。因為按牛收租的辦法，由於規定的租額是不變的，屯田客為增加收穫，就會擴大種植面積，開墾荒地，增加官田；如實行按產量分成收租的辦法，收成增加了地租也要跟著增加，屯田客不能完全佔有自己的增產所得，就會失去擴大種植面積的積極性，但對增加國家收入又確實有利。荀彧一時難以做出最後決定，會議只好不了了之。

於是，棗祗又去找曹操，非常自信地堅持自己的意見。曹操終於被他說動，最後採納了按產量分成收租的辦法。按照這個辦法，屯田客用官牛耕種的，要將收成的百分之六十交給國家，自己只得百分之四十；如果用自己的牛耕種，收成則各得百分之五十。

就這樣，經過一番緊鑼密鼓的準備之後，屯田制度正式推行。廣漠荒涼的原野上，出現了一處處農耕的人群，在兵荒馬亂的歲月中，掀起了一個農業生產的熱潮。

建安二十三年（西元二一八年），曹操根據司馬懿的建議，在建立民屯並成功的基礎上，又在一些軍事駐地建立軍屯，組織士兵生產，建立了「且耕且守」，即一面戍守、一面務農的體制。兵屯保持著原有的軍事體制，以營為生產單位，其屯田事務最初由典農中郎將或典農都尉代管，後來由大司農委派的司農度支校尉和度支都尉專管。軍屯的建立，對於開墾荒地，減輕農民養兵運糧的負擔，起了積極的作用。

許下屯田成功之後，曹操才隨著統治區域的不斷擴大，來擴大屯田的規模，到曹魏建國後，北方有不少地方成了屯田區。內地多為民屯，邊地多為軍屯，最大的軍屯區在淮河南北，即今皖北、蘇北一帶，最多時軍屯官兵達十餘萬人，每年生產的糧食除自己食用外，還有大量積餘。

曹操推行屯田政策的成功，把在長期戰亂中弄得凋敝不堪的農業經濟重新復蘇了起來，這不能不說是一個很大的功勞。而實行屯田給曹操帶來的直接和最大的收穫，則是解決了長期為之擔憂的十分緊迫的軍糧問題。實行屯田後不過幾年，各地收穫到的穀物每年總量即達數千萬升之多，基本上滿足了曹操進行統一戰爭的需要。而且這些穀物分儲各地，軍隊開到哪裏大體上能做到就地或就近供應，既免除了轉運之勞，又能保證及時，有力地支援了曹操對其他割據勢力的戰爭。

4．知錯就改，善於納諫

善於納諫是一個高超的任心之術。自從相傳堯時曾設鼓於庭，使民擊之以進諫。一直到明代，歷代王朝都設有諫官。其實，對上諫言，絕不僅僅是諫官們的事，所有下級都負有對上進諫的責任。納諫有風度，進諫有藝術。李世民「從諫如流」，魏徵「犯顏直諫」，都為人們所樂道。曹操善用人，也善納諫。

建安二十四年（西元二一九年），曹操丟了重鎮漢中，失了大將夏侯淵，不知有多惱火。偏在此時，有個叫許攸的將軍（這個許攸可能不是官渡之戰時那個許攸），糾集起自己的原班人馬，要與曹操鬧分裂，可把曹操氣壞了。

曹操決定去討伐。大家認為，此時不宜打內戰，應當招攬許攸，以共同對敵。曹操哪聽得進這個意見，把刀橫在膝蓋上，以示誰再多嘴就殺誰。「太祖橫刀於膝，作色不聽」。這時，長安長史杜襲站了出來，他決意冒險再諫，改變曹操的決定。曹操一見杜襲，就沒有好氣地對他說：「我的決心已下定，你不要再說什麼了！」杜襲毫無懼色，他心平氣和地說：「如果大王您的主意對，我就千方百計幫助您去落實；如果您的主意不對，就應當改變。您一見我的面就不讓我講話不好，何不聽我講完了再說。」杜襲這話，軟中夾硬，說得在理，反把曹操頂住了。曹操緩下了口氣說：「許攸慢吾，如何可置乎？」杜襲一看有門兒，就表面是恭維，實則是批評地論起了大道理。他問曹操對許攸有什麼看法，曹操說許攸是個很平庸的人。杜襲說：「對呀，只有賢人知賢人，聖人知聖人，平庸之輩怎能與大智大賢相比呢？您怎麼能跟許攸鬥氣呢？如果您執意討伐許攸，人們就會說您放著豺狼不打專打狐狸，欺軟怕硬，不管勝負都不仁義。殺雞焉用宰牛刀呀，為一個小小的許攸，您生這麼大氣值得嗎？」曹操聽了這些話，陰雲密佈的臉色頓時轉晴，高興地說：「好，就按大家的意見辦。」沒用一兵一卒，解決了一觸即發的內亂。

杜襲這次進諫成功，實在值得稱讚。一是他冒殺頭之險，挺身而出的精神好。在那種形勢下，他敢於出來說話，本身就會引起曹操的高度重視。曹操雖然愛殺人，但他不能不想：前線危機，內部不穩，如殺人太多可能會引起更大的波動。曹操一想到這裏，滿腔的怒氣能不消散？二是他因勢利導的發問好。杜襲見曹操的注意力有所轉移，立即抓住不放，把曹操的思路納入了自己的思維軌道。三是他的反證法用得好。他接受別人從正面勸說無效的教訓，從反面啟發曹操的思路，收到了奇兵捷徑之效。

納諫者和進諫者，用人者和被用者，一般來說，是在共同的政治和經濟基礎之上的相互矛盾又相互依賴的關係。納諫者靠進諫者的智慧，保證決策的正確，統治的穩固；進諫者靠納諫者的領導，施展自己的才華，保證切身的利益；用人者決定被用者，被用者又反作用於用人者；納諫者虛心聽取進諫者的意見，是對進諫者的直接使用；進諫者的意見變成納諫者的行動，則是對納諫者的間接支配。因此，用人既包含著上用下，也包含著下用上。聰明的進諫者，都是注意研究自己的意見怎樣發表才能被採納的。賈詡戲諫曹操立太子，是一個很好的說明。

賈詡，是曹營內與荀彧齊名的大智囊。是他，在董卓被殺以後，為西涼的將軍出謀，安全西歸；是他，幫助張繡大敗曹操於宛城，殺死了曹操的長子曹昂；又是他，拉張繡一同進了曹營，並為曹操勝官渡、敗馬超、平定北方立了大功。曹操對他的意見一向很重視，惟一的一次，是拒絕了他提出的不宜順江東下攻孫權的意見，因而遭到了赤壁慘敗。對此曹操回想起來就後悔。

隨著曹操勢力的日益增大，立太子的問題尖銳地提到了最重要的議事日程上。曹操的長子死了，現有的二十多個兒子，有好幾個盯住這個位置，特別是曹丕和曹植，為此，各拉黨羽，盡施絕招，明爭暗鬥。丕和植，都是正室所出，在所有子兒中，一個排行二，一個排行三；論起二人的才能，又各有長短。究竟立誰呢？曹操絞盡腦汁，決心難下。為了解決這個難題，曹操祕密地寫了許多信，送給眾臣，讓他們幫助拿意見。「太祖狐疑，以函令密訪於外」。這可是進諫的好機會，誰不想露一手？可是曹操看完了又祕密寄回來的信，仍感到莫衷一是。這時，曹操直接找到了賈詡。他把左右退去，劈頭向賈詡提出了問題。賈詡聽了曹操的發問，眨著眼睛，慢條斯理地嘿嘿直笑，就是不說話。這一笑把曹操笑愣了，他著急地問：「你怎麼不說話呀？」賈詡說：「我正考慮著事呢？」曹操問：「你考慮什麼？」賈詡說：「我在想袁紹、劉表這二人與他們的兒子們。按照那時的規矩，選接班人必須是嫡長。袁紹、劉表都是因沒有立長子，引起了兒子們動干戈，先從內部壞了大事，後被曹操消滅的。」賈詡這句看去漫不經心的話，如一聲巨雷，打中了曹操的要害。他略一思考，開懷大笑起來，很快就立了曹丕，擾煩了多年的一大難題終於解決了。

賈詡跟曹操多年，對曹操和他的兒子們都瞭若指掌。他是曹丕的心腹，當然願意立曹丕為太子。立長子的規矩曹操豈能不知？所以遲遲不立，是曹操想在二子中選一個最合適的。如果像別人進諫一樣，只說立長的道理或只說曹植的才氣如何，曹操在這二者之間還是難以選擇。針對曹操想統一天下，並且通過子孫世代傳下去的思想實際，非常巧妙地把深思熟慮的話說出來，把曹操的思路一下子引到了這樣一個軌道：在兩個兒子各有長短的情況下，立長，保住江山的把握較大；反之，危險性較大。從而迫使曹操在常規決策和風險決策中，選擇了常規決策。賈詡熟慮於胸，戲弄於人，嘻笑之間，達到了盼望立曹丕為太子的目的。

曹丕當了皇帝，立即報答賈詡，不僅讓賈詡當了三公之一「太尉」，而且加封了他的兩個兒子。曹操留下的重要謀臣中，賈詡是職位最高，下場也最好的一個。

如果說在統御者雷霆之怒、主意已定時進諫最難，那麼，在其舉棋不定、主動徵詢時，進諫又最易。但是，在易的情況下，也不是所有進諫者的意見都能被採納，也有一個藝術問題。最關鍵的還是統御者有足夠的治人攏心的智慧來納諫，漢高祖劉邦就由於能夠在一些危急之時和決策失誤時，採納張良的正確意見，才最終在楚漢相爭中勝出。

張良，字子房，韓國人。祖父張開地、父張平相繼在韓國為相，史稱張良祖上「五世相韓」。西元前二三〇年，秦始皇滅韓，張良由貴族公子一落而為秦皇朝統治下的黔首。爵位官職，榮華富貴，一夜之間化為泡影。極度的失落，使年少氣盛的張良對秦皇朝產生了不共戴天的仇恨。從此，便立志推翻秦朝的統治。秦二世元年（前二〇九年）七月，陳勝、吳廣起義反秦，張良認為時機已到，立即聚合百餘人回應。不久，景駒自立為楚假王，屯駐於留。張良原想投奔景駒，後來，他發現在諸多反秦隊伍的首領中，劉邦的智慧超群，謀略出眾，獨具特點，屬於佼佼者。於是決定追隨劉邦建功立業。

張良熟讀兵書，有著豐富的閱歷和知識，具備過人的文韜武略。他追隨劉邦後，出謀劃策，運籌帷幄，一展奇才。劉邦信任張良，並放手使用，使其在楚漢戰爭這個威武雄壯的大舞臺上有機會盡展聰明才智。

秦二世二年秋，劉邦在同項梁等起義軍首領共立楚懷王的孫子為義軍共同領袖後，率軍從洛陽南出轘轅，接連攻克韓國故地十餘城，基本肅清了這一帶的秦軍主力。接著，南下猛攻宛城（今河南南陽），因為秦郡守奮力抵抗，難以奏效。當時，劉邦急於入關，不想在宛城糾纏，決定放棄攻打宛城向西進發，進擊關中東南部的門戶武關。張良針對當時的形勢，認為劉邦的決策存有很大的失誤，就勸他說：「沛公雖欲急入關，秦兵尚眾，距險，今不下宛，宛從後擊，強秦在前，此危道也。」張良的分析，合情合理，切中要害。劉邦立即採納，晝夜回師，以迅雷不及掩耳之勢兵臨宛城，迫使宛城秦朝守將投降歸漢，解除了後顧之憂。

劉邦奪取宛城後，繼續西征，智取武關，轉軍北上，威逼秦都咸陽。嶢關是咸陽最後一道屏障，劉邦到達後，決定以兩萬兵力向其發起攻擊。見此，張良勸阻劉邦不能強攻，只能智取。劉邦按照張良計謀行事，一舉攻下嶢關，全殲秦軍，打開了咸陽最後一道門戶。秦王子嬰見大勢已去，無可奈何，只好投降。

劉邦率領大軍進入咸陽之後，立即被阿房宮堂皇的宮苑、豪華的帷帳、燦爛的珍寶、迷人的嬌姬美妾所迷醉。劉邦不想再離開這個地方，一心在此盡情享樂，雖經樊噲等人哭勸，他也執意不聽。張良語重心長地對劉邦說：「夫秦為無道，故沛公得至此。夫為天下除殘賊，宜縞素為資。今始入秦，即安其樂，此所謂『助桀為虐』。且『忠言逆耳利於行，毒藥苦口利於病』，願沛公聽樊噲言。」劉邦終於接納了張良的規諫，立即命令大軍撤出咸陽，移駐霸上。同時封閉府庫，採取一系列安定民心、穩定社會秩序的政策，給關中百姓留下了良好的印象。

漢元年（前二〇六年）十二月，劉邦又採納張良的計策，在驚心動魄的鴻門宴上化險為夷，免遭項羽的殺害。劉邦在封為漢王，率眾去漢中時，為了麻痹項羽，使之疏於防範，以便積蓄力量，張良又建議劉邦燒掉漢中通往關中的棧道，向天下尤其是項羽表明自己沒有東向與楚軍爭天下的野心。

漢元年八月，劉邦、韓信指揮漢軍還定三秦，楚漢戰爭由此拉開了序幕。漢二年十月，張良由韓地回到劉邦身邊，全力以赴協助劉邦謀劃對項羽的鬥爭。劉邦利用楚軍主力被拖在齊國的機會，率軍十萬向東攻楚，一路勢如破竹，直下彭城。不久，項羽反攻，大敗漢軍，劉邦敗退下邑。為了反擊項羽，劉邦決定以關東的廣大土地做籌碼，封賞可以擊敗項羽的將領。當他徵詢群臣誰可擔當這一重任時，張良建議說：「九江王英布，楚梟將，與項羽有隙；彭越與齊王田榮反梁地，此兩人可急使。而漢王之將獨韓信可屬大事，當一面。即欲捐之，捐之此三人，則楚可破也。」劉邦接受了張良的建議，一面令說客隋何入淮南，成功地策動了英布背楚向漢；一面給韓信、彭越以重賞，使他們傾全力對項羽及其依附勢力作戰。後來發展的結果證明，張良所推舉的這三人對於劉邦最後戰勝項羽都起了舉足輕重的作用。

在楚漢戰爭進行到第三個年頭，劉邦被項羽圍困在滎陽，形勢十分危機。此時，正值張良因事外出，劉邦就向酈食其請教解圍的辦法。酈食其建議劉邦將六國的後裔都封為王，使項羽廣泛樹敵，形成對楚軍四面夾擊之勢。劉邦未加深入思索，決定採納此計，並命人速刻王印，準備委派酈食其作為使者奔赴各地宣布劉邦分封的命令。在酈食其即將動身之時，張良返回滎陽，當他得知分封六國後裔之事後，吃驚地問道：「誰為陛下劃此計者？陛下事去矣。」劉邦一下子怔住了，忙問什麼原因？張良提出了分封六國後裔有「八個不可」，指出：「昔湯武伐桀而封其後者，度能制其死命也。今陛下能制項籍死命乎？其不可一矣。武王入殷，表商容閭，式箕子門，封比干墓，今陛下能乎？其不可二矣。發鉅橋之粟，散鹿台之財，以賜貧窮，今陛下能乎？其不可三矣。殷事已畢，偃革為軒，倒載干戈，示不復用，今陛下能乎？其不可四矣。休馬華山之陽，示無所為，今陛下能乎？其不可五矣。息牛桃林之野，天下不復輸積，今陛下能乎？其不可六矣。且夫天下遊士，離親戚，棄墳墓，去故舊，從陛下者，但日夜望咫尺之地。今乃立六國後，惟無復立者，遊士各歸事其主，從親戚，反故舊，陛下誰與取天下乎？其不可七矣。且楚惟毋強，六國復橈而從之，陛下焉得而臣之？其不可八矣。誠用此謀，陛下事去矣。」

張良雖然出身於韓國貴族，但他清醒地看到，當時歷史的發展趨勢，已經再不可能復回到七國並立稱雄的時代。他列舉的「八個不可」，儘管有不少困於歷史傳統的「迂闊」之詞和對湯、武的過分美化，但在當時的歷史條件下，其主導思想無疑是正確的。張良十分清楚，封六國後裔為王，非但不能壯大劉邦的力量，而且適得其反，還會使現有的力量受到削弱。六國後裔得到王位後，不一定都歸附劉邦，成為他的同盟力量，而且他們中還很可能吸收一大批攀龍附鳳的文武之士為其服務，使劉邦集團中的有些能臣和驍將改換門庭，投奔六國後裔。張良高出酈食其一籌的見解與分析，使劉邦頓時恍然大悟，下令立即銷毀已經刻好的印信，撤銷了分封六國後裔的決定。

在劉邦、項羽對峙的楚漢戰爭中，每到劉邦遇到緊急危難關頭，都是張良獻出良策解劉邦之圍，為劉邦最後戰勝項羽立下了不朽的功勳。

「知臣莫如君」，在建立漢皇朝的偉業中，張良所創建的功績劉邦是十分了解與清楚的。所以劉邦在洛陽南宮總結自己戰勝項羽的原因時說：「運籌策帷幄之中，決勝於千里之外，吾不如子房。」這完全是發自肺腑的由衷之言。張良的才幹和功績被世代所推崇，明朝劉基曾對朱元璋說：「漢家四百年天下，盡在張良一借間。」認為張良藉著規勸劉邦放棄對分封六國後人的宏論，顯示了高瞻遠矚的戰略眼光。

像張良為劉邦所用，服劉邦所用，正說明劉邦具有善用人才的技巧一樣，曹操手下的大批才智之士，能心甘情願地為他發揮其聰明才智，建立了不可磨滅的功勳，也說明曹操任心術之高超。

〈全書終〉

國家圖書館出版品預行編目資料

曹操領導力／東野君 著， -- 修訂二版 --
；－新北市：新BOOK HOUSE，2018.10
面； 公分
ISBN 978-986-96787-1-1 (平裝)
1.應用心理學 2.謀略

177 107012394

曹操領導力

東野君 著

〔出版者〕新BOOK HOUSE

電話：(02) 8666-5711
傳真：(02) 8666-5833
E-mail：service@xcsbook.com.tw

〔總經銷〕聯合發行股份有限公司
新北市新店區寶橋路235巷6弄6號2樓
電話：(02) 2917-8022
傳真：(02) 2915-6275

印前作業 東豪印刷事業有限公司

修訂二版 2018年10月